W0044583

Gebrauchsanweisung
für Ostdeutschland

Jochen Schmidt

Gebrauchsanweisung
für Ostdeutschland

PIPER
München Berlin Zürich

Mehr Bäume.
Weniger CO$_2$.
www.cpibooks.de/klimaneutral

Mehr über unsere Autoren und Bücher:
www.piper.de

ISBN 978-3-492-27669-6
© Piper Verlag GmbH, München/Berlin 2015
Redaktion: Margret Trebbe-Plath, Berlin
Comic auf S. 169–173: Markus Mawil Witzel, Berlin
Karte: cartomedia, Karlsruhe
Satz: le-tex publishing services GmbH, Leipzig
FSC-Papier: Munken Premium von Arctic Paper
Munkedals AB, Schweden
Druck und Bindung: CPI books GmbH, Leck
Printed in Germany

Für Christine Schmidt

Inhalt

Vorwort

Ich gehe in Berlin spazieren und gucke dabei, wie als Kind, immer nach unten. So gelingt es mir manchmal für eine Weile, mir vorzustellen, ich sei fünf Jahre alt. Am Boden sieht es nämlich oft noch aus wie früher, ich denke dann: Hoffentlich ist nicht so bald Geld da, um die Bürgersteige neu zu pflastern. Dann gucke ich doch nach oben und freue mich, dass da alte Straßenlaternen sind. Die schönsten, die aussehen wie ein Mann mit Blechhut, werden leider durch ein neues Modell ausgetauscht, das ihnen ähneln soll.

Ich bin unterwegs zu einem Kinderflohmarkt im Prenzlauer Berg. Mit den Jahren findet man hier immer weniger Sachen aus der DDR, aber wenn ich alte Kinderbücher sehe und die Verkäufer darauf anspreche, freuen sie sich manchmal, dass ich die Herkunft erkannt habe. Ein Ratespiel mit einer Wählscheibe, das »Wähle mit« heißt, was im Osten nicht ohne Ironie war. Ich liebäugle damit, das Spiel zu kaufen, da ich es als Kind auch besaß, obwohl meine Wohnung schon überquillt von Dingen, die ich auf diese Weise rette. Mit meinem Interesse bringe ich die Dame dazu, das Spiel dann doch lieber zu behalten. Das ist in Ordnung, ich will nur nicht, dass es auf dem Müll landet. Eine silberne Stoppuhr leiste ich mir, so eine hatten wir auch, ich habe damit monatelang Fernsehsendungen vermessen und sogar geprüft, ob die Uhr vom Testbild richtig ging. Sonst hatten ja nur die Sportlehrer eine Stoppuhr. Erst jetzt sehe ich, dass die Uhr »Made in USSR« ist. Ich lerne so viel über mein Leben, indem ich die Dinge von früher noch einmal genau betrachte. Am schönsten ist der Moment, wenn man etwas wiedersieht, von dem man gar nicht wusste, dass man es nicht vergessen hatte.

Jetzt ist es Zeit, wählen zu gehen, denn heute ist Wahlsonntag. Mein Wahllokal ist in einem Seniorentreff untergebracht, in der Nähe meiner Wohnung. Beim Schlangestehen kann man sich dort immer mit einem Tisch voller alter Bücher ablenken, die es hier gegen eine Spende zum Mitnehmen gibt: »Man wird nicht als Soldat geboren« von Konstantin Simonow, aber auch »Tod am Meer« von Werner Heiduczek und »Unsere Menschen in Protzendorf« vom genialen Karikaturisten Henry Büttner.

Im Raum mit der Urne stehen in einer Schrankwand gebundene Jahrgänge vom *Magazin*. Die Zeitschrift mit den gesitteten Aktaufnahmen war früher so eine Kostbarkeit, dass man sie zum Buchbinder gebracht hat und das Abo weitervererbte. Zum Verkauf habe ich das *Magazin* nur gesehen, wenn ich morgens um 5 mit der S-Bahn aus Berlin-Buch zum ESP-Unterricht (»Einführung in die sozialistische Produktion«) im Bremsenwerk am Bahnhof Ostkreuz musste und der Kiosk gerade aufgemacht hatte. Mich freuen auch der Kachelofen und die elegante hölzerne Faltwand, mit der der Raum geteilt wird.

Joseph Beuys hat 1980 in seiner Installation »Wirtschaftswerte« als Erster ein Regal mit DDR-Waren zur Kunst erklärt. Inzwischen gibt es im Land Dutzende neue »Heimatstuben«, in denen DDR-Produkte ausgestellt werden, oft privat betrieben. Ich bin für jede Form von Bewahren, denn die Wiederbegegnung mit Gegenständen des täglichen Lebens ist immer lehrreich und weckt Emotionen. Die DDR findet sich aber auch dort, wo man sie nicht vermutet. Die Stahlträger vom Palast der Republik wurden angeblich im Burj Khalifa verbaut, andere sagen in den Motorblöcken von Phaeton und Golf. Eine alte DDR-Klospülung im Haus für russische Kultur und Wissenschaften an der Friedrichstraße. Ein Stern-Radio auf einem Flohmarkt in Haifa. Eine Wernesgrüner-Pilsner-Werbung auf einem Dach in Budapest. RFT-Lautsprecher an einer Westberliner S-Bahn-Station. Eine alte S-Bahn-Heizung in einem Büro an der Humboldt-Universität. Mir machen solche Entdeckungen Freude, und ich staune immer, wie schnell man darüber ins Gespräch mit Fremden kommt.

Auf den Straßen Berlins will die Schwalbe einfach nicht verschwinden, im Einigungsvertrag soll ihr eine Klausel das Überleben gesichert haben, obwohl man mit ihr 60 km/h fahren kann statt der üblichen 45 km/h. Seit ein paar Jahren tauchen auch massenhaft Klappräder von MIFA auf, manchmal im besten Zustand, noch mit den alten Lampen und Rückspiegeln – standen sie so lange im Keller? Bei meiner Physiotherapeutin fällt mein Blick auf ein Gerät aus dem Dresdner VEB Transformatoren und Röntgenwerk. Es sei ihr nach der Wende von ihrem Medizinausstatter gebraucht verkauft worden, berichtet sie mir, sie bekommt dafür jedes Jahr immer noch den TÜV.

Im Meilenwerk in Moabit, wo Hunderte Oldtimer angeboten werden, steht der EMW vom DDR-Kulturminister Johannes R. Becher (genannt Johannes »Erbrecher«). Zu meiner Zeit fuhren die Funktionäre Citroën, was wir immer seltsam fanden, denn warum hatten sie nicht Autos, die bei uns hergestellt wurden?

Dann gehe ich mit meiner Tochter zu einer Aufführung von »Spuk unterm Riesenrad« im ehemaligen Akademiegebäude an der Prenzlauer Promenade, in dem meine Eltern gearbeitet haben. Es wird sicher irgendwann abgerissen werden, das ist nur eine Zwischennutzung. Die Waschbecken auf der Toilette haben keine Mischbatterie, sondern zwei separate Plastehähne. Und noch dazu haben beide einen blauen Punkt für »kalt«, da hat wer gepfuscht. Ich erinnere mich wieder, wie man sich in der Schule in der Pause drunterbeugte und gierig Wasser trank oder damit spritzte. Abends habe ich eine Lesung im RAW-Tempel im Friedrichshain, früher ein Reichsbahnausbesserungswerk. Auf dem Gelände befindet sich hinter Büschen ein kleiner Ehrenhain für Franz Stenzer und Ernst Thälmann. Irgendwer hat ihre Köpfe golden angemalt. Die Büsche dienen als Depot für die zahlreichen Drogendealer auf dem Gelände, Asylbewerber von heute, die uns Ostdeutsche daran erinnern sollten, dass wir alle einen sogenannten Migrationshintergrund haben. Da ich weiß, was von den Dingen von früher stammt und was von heute, kommt es mir oft vor, als lebte ich in zwei Ländern auf einmal. Aber ich empfinde das als Bereicherung. 25 Jahre war ich in der ganzen Welt unterwegs, aber auf die Idee, durch meine alte Heimat zu reisen und nachzusehen, was davon geblieben ist, komme ich erst jetzt. Und plötzlich habe ich es eilig, denn vieles von dem, was ich sehen werde, wird in wenigen Jahren schon verschwunden sein.

Autofahren nach Norden

Ich komme immer so schwer los, wenn ich im Hausflur meinen Nachbarn treffe. Er war vor der Wende kein Freund der DDR und hat aus Bettlaken für Mitschüler USA-Victory-Zeichen genäht. Aber das Leben im Kapitalismus setzt ihm so zu, dass er zu seinem Schrecken sogar schon beim Hören einer Ostrock-CD sentimental wird, Musik, die man damals aus Prinzip verachtete. Er hat seine Arbeit als Filialleiter einer Buchkette gekündigt, weil er das niveaulose Sortiment und die Gehirnwäsche in den regelmäßigen Marketingschulungen nicht mehr ertrug. Dafür hat er jetzt kein Geld. Ich habe einige Freunde, die wie er dem Osten nicht nachweinen, aber mit dem Westen nicht warm werden. Mein Nachbar erzählt mir, dass er die Unterlagen seiner ersten Wohnung in Pankow gefunden hat, für die er damals 21 Mark Miete zahlen musste; heute geht das ganze Geld, das er verdient, für Miete und Heizung drauf. Sein einziger Trost: wenn der FC Bayern mal verliert.

Wie schön ist es immer, am Alexanderplatz vorbeizufahren, aber es ist jedes Mal ein Abschiedsbesuch, denn seit der

Wende wird über neue Wolkenkratzer geredet, also vor allem über Abriss. Sogar das schöne Haus des Reisens soll fallen. Über die unmenschlich großen Freiflächen würden sibirische Winde pfeifen, die »sozialistische Einschüchterungsarchitektur« müsse dringend auf traditionelle Blockrandbebauung umgestellt werden. Die ästhetischen Argumente sind für mich reine Folklore, man könnte ja darüber diskutieren, aber in Wirklichkeit geht es um Geld. Der Plattenbau neben dem Berliner Verlag gilt der BZ als größter Schandfleck von Berlin. Wenn das so ist, wünsche ich mir mehr Schandflecken, immerhin kann man dort im Zentrum einer europäischen Hauptstadt noch günstig wohnen. Ich habe mich an den Bau gewöhnt, und dass heute so nicht mehr gebaut würde, macht ihn für mich interessant. Da es im Osten keine wirkliche Öffentlichkeit gab, haben Gerüchte immer eine große Rolle gespielt. Von diesem Haus hieß es, dass in der einzigen Wohnung, die an der seitlichen Fassade ein zusätzliches Fenster hatte, Honeckers Tochter wohnte, was natürlich nicht stimmt, da sie ja in der Leipziger Straße ihre Wohnung hatte, das Fenster erklärt sich durch die Konstruktion des Hauses. Reicht so eine Geschichte, um das Haus unter Denkmalschutz zu stellen? Rechts daneben steht das ehemalige Presse-Café, heute »Escados«. Es hatte bis zur Wende einen bunten Wandfries von Willi Neubert, der inzwischen in Thale, wo er vor seiner Zeit als Künstler in den Eisen- und Hüttenwerken gearbeitet hat, wieder geschätzt wird. Der Emailfries wurde übrigens nicht abgenommen und ist unter der Verkleidung noch vorhanden. Vielleicht nur eine listige Form von Konservierung?

In Neuruppin fahre ich von der Autobahn auf die Landstraße, Dörfer mit Feldsteinkirchen. Hier sind die Häuser viel weniger bunt renoviert als zwischen Berlin und Frankfurt (Oder). Überall gibt es interessante Technikmuseen, in Kyritz ein Agrarflugmuseum, in Lindenberg ein Kleinbahnmuseum.

In Perleberg ist neulich von der Polizei ein Multicar angehalten worden, das seit der Wende mit DDR-Kennzeichen gefahren ist. Es gibt ein DDR-Museum, an der Fassade hängen zwei Mauersegmente und der etwas seltsame Spruch: »Den Opfern zum Gedenken 1945 1989« – »Das Wunder vom Herbst 1989. Wir sind das Volk – das Volk sind wir!« Man müsste mal eine Datenbank aller noch erhaltenen Mauersegmente erstellen. Ich kenne sogar eines in einem Friedrichshainer Hinterhof, niemand weiß, wie es dort gelandet ist. Warum war ich noch nie in Perleberg? Ein Busfahrer in Moskau hat mir, als er hörte, dass ich Deutscher bin, einmal gesagt, dass er dort gedient habe. Auf einem zentralen Platz finde ich einen russischen Soldatenfriedhof mit dem roten Stern. Ich freue mich, dass ich inzwischen die russische Inschrift lesen kann; in der Schule wäre ich dazu nicht in der Lage gewesen, aber jetzt, wo ich freiwillig Russisch lerne, liebe ich diese Sprache. Dann fahre ich im Dunkeln weiter, und ich sehe Irrlichter am Himmel, Dutzende blinkende rote Punkte, das sind Windräder, der einzige Wirtschaftszweig, der in manchen östlichen Regionen noch floriert.

Schwerin

In Schwerin suche ich nach einem preiswerten Hotel und lande am Hauptbahnhof. Parken ist nicht so einfach, früher gab es die Parteileitung, heute das Parkleitsystem. Im Innenbereich des Hotels ist alles rosa überlackiert. Drei Uhren im Flur zeigen die Zeit von Tokio, Schwerin und New York. Auf Leinen gezogene Fotos von Schwerin schmücken das Treppenhaus. Ein Stadtplan auf Lackpapier liegt im Zimmer bereit, außerdem eine Werbebroschüre für »Gyulova Rakiya«, Rosenschnaps aus Kazanlak in Bulgarien. »*Die Liebe zum Leben ent-*

fachen! Schenke ihm nur einen Blick und brich das Eis, tobe mal wild herum! Ein einmaliger feiner Geschmack und dezenter Duft, die die Seele dazu treiben, das Eis zu brechen, in der Unordnung Ordnung zu stiften! Oder gerade das Gegenteil? Unwichtig! Mit jedem weiteren Schluck wird die Existenz des Offensichtlichen verleugnet, des Nicht-Existierenden – bestätigt! Das Geheimnis bleibt ungelüftet. Das Getränk wird heutzutage von einer einzigen Person hergestellt, die auch das Herstellungsrezept streng geheim hält. Das Getränk wird aus vorsichtig erlesenen Blättern der Ölrose hergestellt.«

Mein Verdacht bestätigt sich, als die Rezeptionistin am Telefon bulgarisch spricht, manchmal flicht sie auch deutsche Wörter wie »Hüftspeck« ein. Gibt es das Wort bei ihnen nicht? Ich bin in einem bulgarischen Hotel! Ich war oft genug in Bulgarien, um diesen speziellen Kitsch zu erkennen und zu schätzen. Bestimmt kann sie auch wahrsagen! Im Restaurant gibt es Kebaptscheta, Kjufteta, Schweineleber »Dorf Art«, Schopska-Salat. Ein bulgarisches Hotel in Deutschland scheint mir eine gute Idee, dann muss man nicht so weit fahren im Urlaub. Ähnlich geht es mir immer im tschechischen EC nach Dresden, wenn im Restaurant »behmische Biere« angeboten werden. Eigentlich sollten in Deutschland nur ausländische Züge verkehren, dann wäre man bei jeder Fahrt in den Ferien.

Am Pfaffenteich eine Eisbahn. Silvestermüll liegt noch rum. Von Stephan Horotas Skulptur »Schirmkinder«, die es auch in Berlin an der Danziger Straße gibt, steht nur noch der Sockel. Aber diesmal waren es keine Altmetalldiebe, sie musste dem Weihnachtsmarkt weichen. Dafür ist hier vor Kurzem eine Schliemann-Skulptur zersägt worden. Obwohl es jetzt so viel Wachschutz gibt. »Dieses Objekt wird bestreift durch ...«, schreiben sie auf ihren Hinweisschildern. In der Friedrichstraße mehrere Trödelläden. Im Schaufenster sehe ich das rote Maßband aus dem Sportunterricht, das die Sportbefreiten immer ausrollen durften. Die Holzkegel, mit denen auch die Jungen durch die Turnhalle tänzeln mussten. Die ganz Coolen spazierten einfach durch und holten sich eine 5 ab. Eine Flasche Bärenblut hat es auch in den Trödelladen geschafft. Wer sich die schon alles aufgespart hat?

Hoffentlich kaufe ich das nicht gleich alles. Eigentlich bin ich ja in Schwerin, um eine der westlichsten Lenin-Statuen Europas zu finden (die westlichste dürfte ein 9 Meter hoher Lenin aus Merseburg sein, den ein holländischer Unternehmer 1997 auf sein Firmengelände in Nieuweschans geholt hat). Im Laden gegenüber gibt es sogar ein Augenmodell aus dem Biounterricht. Beim Reingehen merke ich, dass ich beim Trödler immer unbewusst anfange, unschuldig vor mich hin zu summen, um nicht als Kenner aufzufallen und die Preise hochzutreiben. Das Augenmodell kostet 100 Euro! Ich nehme zwei kleine Plaste-Ikarus-Busse, den alten 66er, der noch die Form einer Zigarre hatte, und den 260er, ein Emblem meiner Kindheit. Der Ikarus 260 ist für mich einer der schönsten Busse, die es je gegeben hat. Warum sie wohl Ikarus hießen? Der Aussteigeknopf war oben über der Tür angebracht, sodass man als Kind nicht ranreichte. In der DDR fuhren mal 30 000 Ikarus-Busse, inzwischen ziehen sie sich, wie Elefanten, an den Ort ihrer Geburt zurück, um dort zu sterben, deshalb sieht man in Budapest noch so viele davon. Die aus Kuba kommen nicht über das Meer.

Was kostet denn der Roller, frage ich? (Mit Trittbremse und Klingel!) Den könne er nicht verkaufen, da renne seine Tochter immer gleich hin, wenn sie ihn im Laden besuche. Es gibt ein Blechauto, Ferrari aufgedruckt; das ging in der DDR, 50 Prozent der Spielzeugproduktion wurde ja exportiert. Sehnsüchtig gucke ich einen Plastekipper an. Wie schön unser Spielzeug war, aber wir haben es nicht zu schätzen gewusst und nach LEGO und Playmobil verlangt. Ich kaufe zwei Holzschweine, am Hintern ein Pfropfen, da gehören Salz und Pfeffer rein, eine Menage. Das hätten die Omas nach dem Krieg gehabt, sagt er. Zwei Postkarten von »Bild und Heimat Reichenbach«, »echt Foto« steht drauf, ein Zeppelin über Stralsund und eine Badeanstalt. Er wickelt mir alles in die Bildzeitung ein. »Bild und Heimat« eben.

Ein Schaukasten wirbt für eine Hoop-Manufaktur, die auch Kurse anbietet. *Jeden Sonntag treffen wir uns, um gemeinsam DURCHZUDREHEN.*« Man könne die Gruppe auch für Heiratsanträge mieten. Hula-Hoop war in der DDR mal als westlich-dekadente Unkultur verpönt wie Kaugummis, bedruckte Nickis, Petticoat, Comics und später die Jeanshose. Ich knipse übrig gebliebene Fahnenhalter an den Fensterbrettern und über den Hauseingängen; daran erkennt man, dass man im Osten ist. Bei der Fußball-WM werden sie jetzt für Deutschlandfahnen genutzt. Sie eignen sich aber auch gut als Abschussrampe für Silvesterraketen. Die Altstadt ist renoviert worden, viele der Häuser und viele Fassadendetails hätten im Westen den autogerechten Stadtumbau der betonseligen 60er- und 70er-Jahre nicht überlebt. In der DDR ist alles vergammelt, war aber zur Wende zumindest noch vorhanden.

Die Stadt liegt an mehreren Seen, und man kann ein Hausboot mieten. Ich gehe bis zum Schloss, aber es soll hier ja nicht um alte Kultur gehen, sondern um DDR-Relikte, da kann das Schloss noch so viele Türmchen haben. Ich lande in einem italienischen Restaurant. Ein Runde Senioren am Nebentisch, ein Sachse erzählt vom Zweiten Weltkrieg, so werden wir als Rentner beisammen hocken und über unsere Jugend in der DDR diskutieren. An einem anderen Tisch sitzen fünf junge Israelis, die mit der Kellnerin Russisch reden. Auf dem Klo sehe ich zum ersten Mal im Leben einen elektrischen Mülleimer. Per Knopfdruck öffnet er sein Mäulchen, per Knopfdruck schließt er es wieder. Man hat nicht das Gefühl, dass das eine Erleichterung darstellt. Die Betreiber der Pizzeria sind Armenier, deshalb können sie Russisch. Es würde mich nicht wundern, wenn ich heute auch noch einem Eskimo begegne.

Morgens weckt mich die Rezeptionistin: »Herr Schmidt, Sie haben Frühstück bestellt, Frühstück ist bis 10 Uhr, bitte kommen Sie frühstücken.« Auch im Frühstücksraum ist jede Oberfläche altrosa oder rot lackiert. Eine golden gerahmte elektronische Postkarte steht auf dem Buffet. Laute Popmusik? Ich traue mich nicht, sie zu fragen, ob das ein bulgarisches Hotel ist. Mich hat mal auf einer Silvesterparty eine Frau beschimpft, weil ich sie fragte, ob sie Bulgarin sei, wegen ihrer silbernen Stiefel. Offenbar hat sie das als Beleidigung empfunden. Auf die Idee wäre ich nie gekommen, ich hatte doch mal eine bulgarische Freundin und liebe dieses Land.

Ich gehe drei Schritte über den Bahnhofsvorplatz, wo ein Brunnen mit einer Skulptur steht: »Rettung aus Seenot«. Ein nackter Mann hebt eine nackte Frau in sein Boot, vier Seehunde schauen ihm dabei zu und ich jetzt auch. Viel begeisterter bin ich, als mein Blick auf die vier Platzleuchten fällt, von denen jede aus fünf »Kindersärgen« besteht, diesen quaderförmigen Leuchten aus schwarzem Polyäthylen vom VEB Narva Leuchtenbau Leipzig, die anscheinend unverwüstlich sind. Gegen Ende der DDR hatte ich den Eindruck, dass, wo es möglich war, an allen Produkten Metallteile durch Kunststoff ausgetauscht wurden; das war im Chemieland wohl billiger. Man sieht überall noch alte Leuchten aus den verschiedensten DDR-Epochen, manchmal auch importiert aus Osteuropa. Ich freue mich, wie lange so etwas überlebt. Aber Kindersärge, die zu einem Kranz kombiniert worden sind, hatte ich noch nie gesehen. Dass das an so prominenter Stelle nicht ausgetauscht wurde!

Ich fahre zum Großen Dreesch, einem Schweriner Neubaugebiet. Es ist windig, nur wenige Spaziergänger sind draußen. Schön, dass hier Möwen fliegen. Ich bin sofort begeistert von der verstörend konsequenten Geometrie der Plattenbauten. Manche sind allerdings ziemlich heruntergekommen. Die Vorgärten sind ungepflegt. Man könnte die schönen, filigranen Beeteinfassungen aus Bewehrungsstahl mal wieder streichen. Neu im Westen war, dass die Briefkästen vor dem Haus aufgebaut wurden, bei uns hingen sie noch im Hausflur. Weil wir keinen zweiten Schlüssel hatten, habe ich den Hausbriefkasten immer mit einem Schraubenzieher aufgebrochen, wenn ich Liebesbriefe erwartete. Im Grunde hätte ich die Post aller Familien aus den Fächern nehmen können.

An den Giebelwänden sehe ich konstruktivistische Ornamente aus Kreisen und Halbkreisen, die mir noch nie begegnet sind. So geht das in jedem der 150 Neubauviertel, die es im Osten gab; die vermeintliche Einheitsarchitektur steckt voller überraschender Details. Ein Infoaufsteller mit Bildern von der Einweihung des Viertels, die Menschenmassen – das ist der große Unterschied: Menschen, und vor allem Kinder fehlen. Die Menschen kamen aus den verfallenden Altbauten und waren glücklich über den Komfort, heute sind die Altbauten im Zentrum saniert und nur die weniger Betuchten bleiben. Damals wohnte hier der Akademiker neben dem Bauarbeiter.

Eigentlich suche ich an der Ostsee den Papierkorb in Pinguingestalt, an den ich mich aus meiner Kindheit erinnere, stattdessen finde ich Lenin. Eine Statue, die von einem estnischen Künstler stammt. War er überhaupt so groß? Eine Plakette klärt über Lenins fragwürdige Leistungen auf. Lenin guckt kämpferisch auf die Hamburger Allee, die früher seinen Namen trug. Bürgerrechtler wollten Lenin am 17.6.2014 verhüllen. Die Stadt lehnte das ab, jemand könnte dabei von der Leiter fallen. Ein Gericht entschied: Die könne man ja festhalten.

Die Anekdoten aus dem Lesebuch über Lenins Klugheit, List und Bescheidenheit haben sich mir tief eingeprägt. Im Grunde waren es Heiligengeschichten. Besonders beeindruckt hat mich, dass er, von der Polizei gesucht, in einem Heuhaufen Bücher las, um die Revolution vorzubereiten. Wenn ich heute Heuhaufen sehe, denke ich immer, dass darunter vielleicht ein Revolutionär studiert.

Ich halte kurz im Hafen von Wismar. Daran, dass die DDR aus ökonomischen Gründen mal eine riesige Handelsflotte hatte, erinnern nur noch die neun Folgen der Fernsehserie »Zur See«, eine der Vorlagen vom »Traumschiff«, allerdings ungleich anspruchsvoller. Vier blau-gelbe Kräne stehen am Kai, wie staksige Insekten. Ich wollte ja immer Kranführer werden, eine kleine Kabine hoch in den Lüften war als Arbeitsplatz das Gegenteil von einem Großraumbüro. Man konnte langsam, aber sicher Ordnung schaffen in der Welt, indem man schwere Dinge an den richtigen Platz stellte. Ich leide unter dem zeitraubenden Zwang, durch bloßes Anstarren die Konstruktion solcher Großgeräte verstehen zu wollen, falls ich einmal in die Verlegenheit kommen sollte, so etwas selbst herstellen zu müssen, zum Beispiel, wenn ich alleine auf einer einsamen Insel strande. Dieses geniale System von stählernen Armen und Gelenken. Eigentlich heißen die Kräne Einlenkerwippdrehkräne »Kalmar« und wurden im VEB Kranbau Eberswalde, Teilbetrieb des Kombinats TAKRAF hergestellt (**T**agebau-**A**usrüstungen, **Kra**ne und **F**örderanlagen) und von einem zentralen Gestaltungsbüro des Kombinats in Leipzig designt. Der Name hat als Kind mein Sprachgefühl gestört, weil ich immer dachte, es müsste eigentlich TRAGKRAFT heißen, so wie »Badedamit« und nicht »Badedas«. Das Kombinat TAKRAF ist von der Treuhand aufgelöst worden, der Eberswalder Kranbaubetrieb nennt sich jetzt seltsamerweise Kirow Ardelt GmbH, immer noch nach dem sowjetischen Funktionär, mit dessen Namen man 1952 geehrt wurde, und seit 2008 auch wieder nach der Gründerfamilie Ardelt, die im Nationalsozialismus tief in Rüstungsproduktion und Zwangsarbeit verstrickt war und 1945 enteignet worden ist. Aber ich wollte eigentlich nur die schönen Kräne bewundern.

Rötlicher Buchenwald, Dörfer mit Agrarmuseen, reetgedeckte Häuser. Links sieht man schon die Ostsee. Der Himmel hängt tief. In Bad Doberan fährt gerade in einer Dampfwolke die »Molli« ab. Ich überlege, ob ich ihr nachrase, den Weg abschneide, um sie zu fotografieren, wie einer dieser Pufferküsser. Ich habe mich immer mit einem Schulfreund gestritten, was toller war, die »Molli«, der »Rasende Roland« oder die Harzquerbahn? Im Prinzip machte jeder immer dasselbe in den Ferien, je nachdem, wo der Betrieb der Eltern Ferienplätze bereitstellte, und ich fand das großartig.

In Warnemünde ein Gang ins Foyer des Hotel »Neptun« mit der schönen, angenehm unverschnörkelten Neonschrift auf dem Dach. Das Hotel war für DDR-Bürger unerreichbar gewesen, man wollte Devisen einnehmen. Der Direktor schaffte es, die Speisekarte zu beleben, indem er mit landwirtschaftlichen Betrieben Naturalien gegen Hotelzimmer tauschte. Es gibt eine 50-Meter-Schwimmbahn. Gegenüber steht der »Teepott«, ein Hyparschalenbau. Man könnte diese Dächer nicht »abwickeln«, also auf eine ebene Fläche projizieren. Trotzdem ließen sie sich mit Holzverschalungen bauen, ein geometrisches Kunststück. 2000 hat man einen der markantesten Hyparschalenbauten, das Berliner »Ahornblatt«, abgerissen und gegen einen völlig gesichtslosen Neubau ersetzt. Das sind die Dinge, die mich an Berlin verzweifeln lassen. Die Hyparschalentechnik war eine Weiterentwicklung des Rügener Bauingenieurs Ulrich Müther und eine Bauform, die gut zu den 60ern passte, auffallend elegant, ein bisschen futuristisch, materialsparend. Ich habe mir vorgenommen, den noch stehenden Gebäuden einen Besuch abzustatten. Viele sind aber bis zur Unkenntlichkeit entstellt. Und um alle zu sehen, müsste ich auch nach Tripolis fahren, wo es ein Planetarium von Müther gibt, und nach Amman, um seine Moschee zu besichtigen.

In Rostock-Lichtenhagen groß das Sonnenblumenhaus, der Ort der rassistischen Ausschreitungen vom August 1992. Die Erinnerung an die Wut, die man damals auf seine Landsleute empfand, woher kam dieser Hass auf die freundlichen Vietnamesen? Eben waren doch noch alle in der SED gewesen, und jetzt benahmen sie sich wie Nazis. Im Literaturhaus Rostock hatte ich einmal eine Lesung, leider vor sehr wenigen Zuschauern, während der Biergarten draußen voll war. Immerhin durfte ich dadurch das Peter-Weiss-Haus betreten, in dem sich das Literaturhaus Rostock befindet; es ist das ehemalige Haus der Deutsch-Sowjetischen Freundschaft. Die Wand des holzgetäfelten Büros ziert eine Besonderheit, eine Karte der Sowjetunion, in die alle Errungenschaften eingezeichnet sind, von denen damals immer die Rede war: Baikal-Amur-Magistrale, Olympia-Sportstätten in Moskau, Staudämme, eine Eismeer-Station, Baikonur. »*Das schönste Land, das wißt ihr schon, das ist die Sowjetunion.*« Aber auch einen Lenin-Kopf gibt es, dort wo er in der Verbannung war, manche erinnern sich an den Ort: Schuschenskoje. »In der Verbannung« – *w ssilke*, das war eines der Wörter aus dem Schulstoff der Mittelstufe, das sich mir eingeprägt hat, denn es war so sinnlos, solch ein ausgefallenes Wort zu lernen, wenn man die einfachsten Begriffe nicht kannte. Die Deutsch-Sowjetische Freundschaft war für mich eine reine Pflichtveranstaltung, ich war nur Mitglied, um mir Ärger vom Leib zu halten, im Ausweis gab es nicht mal ein Foto. Mich auf Befehl für die Sowjetunion zu interessieren, das gelang mir einfach nicht. Und doch hat die damalige Berieselung dazu geführt, dass ich zehn Jahre nach der Wende plötzlich neugierig auf Russland wurde, weil ich der Sache auf den Grund gehen wollte, und ab da immer wieder für Russischkurse hingefahren bin. Ich frage mich nur, ob *wegen* oder *trotz* DDR-Prägung. Ich würde diplomatisch sagen, weil es die DDR nicht mehr gab, musste man sich nicht mehr gegen alles wehren, was einem dort aufgezwungen wurde und eigentlich ja eine Horizonterweiterung war, über die man im Nachhinein froh sein kann. Beim Russischkurs im Haus der russischen Kultur und Wissenschaften in Berlin habe ich meine Lehrerin immer amüsiert, wenn ich die alten Begriffe und Themen anbrachte. Als das Wort »ссылка« vorkam, konnte ich stolz anmerken, dass Lenin »в ссылке в Шушенском« war, in der Verbannung in Schuschenskoje. Die Lehrerin lachte, denn das Wort hat inzwischen eine ganz andere Hauptbedeutung, es heißt nämlich nicht nur »Verbannung«, sondern auch »Verweis« und von hier ist es nicht weit zum Neologismus »Link«. Es ging gar nicht um Lenins Verbannung, sondern um den aktuellen Wortschatz für die Computerbenutzung. Über Lenins Zeit in Schuschenskoje gibt es ein Pionierlied: »*Joschka aus Schuschenskoje! Nichts Schönres gab's für ihn / als auf dem Eis zu laufen mit Schlittschuhn wie Lenin / mit Schlittschuhn wie Lenin / der nach des Tages Mühen im Dämmern auf dem Schusch / dahinglitt, dahinglitt, dahinglitt, husch / Doch Joschka konnt nicht stehen alleine auf dem Eis / Da flüstert ihm ins Öhrchen Wladimir Iljitsch leis / der nach des Tages Mühen im Dämmern auf dem Schusch / dahinglitt – husch: / ›Komm, reich mir deine Hände, ich führ dich, bitte sehr / von rechts nach links und rundum, es ist gar nicht so schwer / so nach des Tages Mühen im Dämmern auf dem Schusch / zu gleiten – husch.‹*« (Worte: Anne Geelhaar, Weise: Siegfried Bimberg)

Das Navi soll mich weiter nach Markgrafenheide leiten, aber es geht kreuz und quer durch Hafenanlagen. Groß Klein, sicher einer der kuriosesten Ortsnamen, die es gibt. Dann endet die Straße an einem Zaun, hier kommt nur noch Wasser. Seltsamerweise hält hinter mir ein Auto, ich bin nicht der einzige Dumme. Doch dann klärt sich alles auf, denn eine Fähre legt an und ein Tor öffnet sich. Auf dem Dach haben sie einen Weihnachtsbaum angebracht. Wie herrlich es ist, Fähre zu fahren, für den viel zu kurzen Moment der Überfahrt ist man ein Seefahrer. In Markgrafenheide finde ich eine Ferienanlage, aber in der Dunkelheit nicht das runde Wellblechkino, das es hier noch geben soll, diese Kinos der Dauercamper, wo man in den Ferien »Der stille Don« sah, oder »Beverly Hills Cop«.

Über eine breit ausgebaute Straße komme ich nach Ahrenshoop, ohne von der nahen Ostsee etwas zu merken. Im Nachbarort Wustrow habe ich nach der Wende mal in einer Pension eine Klobrille kaputt gemacht, weil ich draufstieg, um den Spülkasten zu reparieren, deshalb habe ich in dieser Gegend immer noch ein mulmiges Gefühl. Ahrenshoop war für mich ein unerreichbares Reiseziel, hier konnten sich nur Funktionäre und »Kulturschaffende« einquartieren, einer der Gründe, warum ich Künstler werden wollte. Und jetzt habe ich es geschafft und habe eine Lesung mit David Wagner aus unserem Buch »Drüben und drüben«, der Parallelerzählung unserer Kindheiten; er stammt aus Andernach bei Bonn und ich aus Berlin.

Anschließend raunt man mir zu, dass der Ort jetzt ziemlich in der Hand der Wessis sei. Ein Zuschauer meint, wir Berliner hätten es früher besser gehabt als der Rest der DDR. Er ist aus Dessau, fuhr nur zum Einkaufen in die Leipziger Straße. Jahrelang hatte er dort Möbel bestellt, dann kam der Anruf und er musste beim Chef Urlaub nehmen, um gleich am nächsten Tag sein erstes Ehebett abzuholen. Der Buchhändler verwirrt mich, weil er sächselt, aber seit 1956 in Westberlin lebt. Sein Vater war im Krieg Offiziersanwärter und sollte dann als Werkmeister die Betriebskampfgruppe aufbauen, er wollte aber keine Waffe mehr anfassen. Sie bekamen einen Tipp, dass sie vor der Stasi abhauen sollten. Er bekniete seine Eltern, noch zu warten, weil er erst noch den Thälmann-Film mit Günter Simon sehen wollte, der gerade in die Kinos kam. Sein Vater hat sich bei der Flucht alles Lametta angeheftet, also die Orden und Auszeichnungen. Erst sind sie nach Karl-Marx-Stadt, dann nach Berlin. Große Angst im Zug. Sie hatten viele Koffer. Die Westberliner verteilten ihre Koffer im Zug wortlos auf sich, damit es nicht so auffiel.

Anschließend fahren wir zum Hotel »Der Fischländer«, wo man noch etwas zu essen bekommt. Der Kellner ist sehr beflissen und erklärt uns sein Fach. Wasser verkoste man blind, und dann entscheide man sich. Das Hotel, in dem er gelernt hat, da gab es 21 Wassersorten. Als Kellner beriet man den Gast: Welche Sauna haben sie heute genommen? Aha, und dann empfahl man zum Beispiel entmagnetisiertes Wasser aus den Pyrenäen, bei Mondschein abgefüllt. Er ist in Magdeburg geboren, lebt aber schon ewig hier. Selbst in den Bergen möge er nur die Flüsse, er brauche das Wasser. »Könntest du noch das Besteck einsetzen?«, sagt er zum anderen Kellner. Mich begeistern solche Fachbegriffe. Wir überlegen, ob es noch Moulin Rouge gibt oder ob das ein DDR-Drink war. Neben mir sitzt Kai aus Dortmund, der gerade mit einer MZ aus den 60ern eine Ostdeutschland-Tour gemacht hat, um mit einer alten EXA von Pentacon für ein Fotobuch zu fotografieren. In Zschopau hat er einen ehemaligen internationalen Enduro-Meister getroffen, das war ein Höhepunkt für ihn. Ab einem bestimmten Tempo fliege man über das Kopfsteinpflaster, das hat er festgestellt.

Am nächsten Morgen packe ich mich in drei Schichten, dazu eine Windjacke, und laufe eine Allee entlang zum

Strand. Eine DDR-Seilwinde für Boote steht in den Dünen. Ein neues, bombastisches Terrassenhotel fällt völlig aus dem Rahmen, wer hat das hier erlaubt? Es ist sehr windig, die Brandung erzeugt Schaumflocken: »*Gischt schäumt um den Bug wie Flocken von Schnee.*« Durch den zentralen Lehrplan wurde in der DDR der Lehrstoff zu einer Generationenerfahrung. Bestimmte Gedichte haben alle gelernt. Und natürlich dieselben Bücher gelesen. »Wie der Stahl gehärtet wurde«, die sowjetische Heiligengeschichte eines sozialistischen Märtyrers, die im Osten jeder lesen musste und im Westen viele für ein Fachbuch der Metallurgie halten würden. 1952 hieß es in einer Broschüre darüber: »*Dieses Buch ist uns heilig, man darf es nicht unachtsam beiseitelegen, in seiner Gegenwart schämt man sich, ein böses Wort zu sagen.*«

Ich verlasse den Darß über eine schöne Metallbrücke. Daneben, auf einem Damm, eine nicht mehr betriebene Eisenbahnbrücke. Straßenschilder warnen vor »Otterwechsel«. Über Betonbohlen fahre ich durch die Felder, manchmal denke ich, mein Navi ist auch noch aus der DDR und weiß noch nichts von den besseren Straßen. Etwas erhöht steht eine LPG-Anlage da, die typischen Funktionsgebäude, aus denen man früher die Kühe muhen hörte. Draußen weht eine DDR-Fahne. Ein handgemaltes Schild: »trabi-Club Nordlichter. Ifa, robur.« Ein alter Trabi steht an der Ecke des Grundstücks auf einem Hügel. Man sieht ja überall noch Trabis als Werbeträger für Autohäuser oder Bowlingbahnen, die sozusagen nachsitzen müssen. Ich gehe rein, ein Hund bellt. Es würde mich nicht wundern, wenn ich mit einer Waffe vertrieben würde. Durch einen Spalt in der Tür schaue ich in die Halle: Dutzende Trabis, manche mit offener Motorhaube. Ein roter Robur-LO. Das herrliche Durcheinander einer Werkstatt. Ich bedaure wieder, dass ich von Akademikern abstamme und nicht, wie unser Nachbarjunge im Neubau, jedes Wochenende mit dem Vater unter der Kühlerhaube seines Saporosh (»T 34 Sport«) verbracht habe (der trotzdem nie fuhr).

Ein junger Mann kommt aus der alten Meisterbude, er ist überraschend freundlich. Ob das ein LO sei, frage ich. Nein, das sei ein LD, ein luftgekühlter Dieselmotor. Der LO sei ein luftgekühlter Ottomotor. Die hatten wir bei der Armee. Ich konnte bei der Nachtwache nie die Lichter vom LO und vom W 50 unterscheiden, aber das war wichtig, um dem Unteroffizier durchzugeben, wenn eine Kontrolle vom Stab kam, damit er schnell aufstehen konnte. Der LO schlucke 35 Liter auf 100 Kilometer. Das Dach der Halle ist innen mit Planen abgedichtet, weil der Hagel Löcher reingeschlagen hat. Das Gebäude haben sie für 50 Euro Stromkosten im Monat von der LPG gemietet.

Ein »Kugelporsche«, der Vorgänger vom Trabi 601. »Das isn reiner Scheunenfund, so geholt, wie er ist. P70, der stand nur inner Scheune, 37 Jahre, wir wollen den P so lassen. Der hat den originalen Motorblock drinne, den hab ich nach 40 Jahren zum Laufen gebracht. Haben die alle nicht mit gerechnet, ich sag, komm, einen Sonntag hier und das Ding muss laufen. Noch Unterbrecherzündung, alles, und die ersten Bremsen. Im DDR-Fahrzeugbrief steht die Motornummer drin, und hier, die 51, wenn die davor steht, ist das noch der originale Motor, 20 PS. Und das erste Getriebe mit Zwischenkuppeln noch. Der wollte 'n Boot haben, haben wir getauscht. Ich mach nur Reparaturen, freiwillig, das ist mein Hobby, ich will nicht, dass es ausstirbt. Habe ich mir alles selbst angelernt, über die Jahre. 19 Jahre hab ich jetzt am Trabant geschraubt.«

»Lernt man da noch was dazu?«

»Gibt immer noch Kleinigkeiten, die neu sind.«

Ich würde gerne etwas Fachliches sagen, um zu zeigen, wie sehr ich diese Tätigkeit bewundere. Eine Schwalbe, da fällt mir ein, dass ein Freund mal zu mir sagte, mit der könne man schneller fahren, wenn man den Kolben nachschleife.

»Aber erst nach dem vierten Schliff, dann macht die 70 km/h. Weil der Verdichtungsraum größer wird.«

Er sei mit der Schwalbe schon als Jugendlicher schwarzgefahren, auf einem Feldweg, und in einer Pfütze ausgerutscht, beide Kreuzbänder gerissen.

Das große Oldtimertreffen in Pütnitz, in der Nähe von Ribnitz. »Da ist die Halle leer, wenn wir losgehen.« Den Wohnwagen hat er ausgebaut, alles neu gemacht, Laminat verlegt. Kostet 50 Euro Steuern und Versicherung. »Den Trabi hab ich schon so lange, wie ich hier bin, für Showzwecke eben, ne? Showfahrzeug. Nachgestellt mit 'm Dachgepäckträger. Nehm ich nur mit, wenn irgendwo 'n Treffen ist.« Sie seien 15 Leute, auch Frauen, aber die säßen gerade drinnen, Kaffeezeit.

Und was ist das dort, in der Ecke, hinter dem Vorhang, frage ich. So eine große Krabbe aus Blech und Draht. Sieht aus wie das Lunochod, das russische Mondmobil, mit dem der Sandmann eines Abends zum Abendgruß angereist ist, nachdem er alle anderen Fahrzeuge schon ausprobiert hatte. Das wird doch kein echtes Lunochod sein? Hat er das von einer russischen Einheit gekauft, als sie aus Ostdeutschland abgezogen sind? Oder nachgebaut?

Das sei noch nicht fertig, das habe er aus einem alten Behindertenfahrzeug und verschiedenen ausrangierten Maschinen der LPG gebaut. Die Fernsteuerung funktioniert noch nicht richtig, aber wenn es fertig ist, sei das weltraumtauglich, jedenfalls nicht schlechter als das Original.

Und soll das mal zum Mond fliegen?

Das wäre natürlich schön, Träume darf man ja haben.

Und die DDR-Fahne vor dem Gebäude? Hat da niemand was dagegen? Nein, wenn die draußen hänge, wisse man, dass er da ist. Der Wind hat sie jetzt so festgewickelt. Die dreht sich so ein, da muss er einmal im Jahr eine neue kaufen. Die Leute wissen Bescheid, wenn die Fahne oben ist, dann ist er hier. Er sei aber sowieso meistens ab morgens hier, das sei eben sein Hobby, das gebe er zu, er habe keine feste Arbeit.

Auf Rügen, wo man normalerweise nur im Urlaub war, fühle ich mich gleich erholt. Von Bergen aus geht es eine kleine Straße nach Buschvitz, wo Ulrich Müther 1974 eine Bushaltestelle gebaut hat, die die Form einer Taucherglocke hat. Die Straße ist eine Sackgasse. Gegenüber die freiwillige Feuerwehr, neben der Sparkasse die stabilste Institution in strukturschwachen Regionen. Die ovalen Öffnungen der Haltestelle gefallen mir. Man kann die Struktur der Oberfläche befühlen und sieht gut, dass es aufgespritzter Beton ist. Müther hatte sich dafür eine Betonspritze aus dem Westen besorgt. Die Bushäuschenbaukunst ist ja leider bei uns verkümmert, in sowjetischen Republiken hat es da wahre Kunstwerke gegeben.

In Prora, einem Ortsteil der Gemeinde Binz, möchte ich zu einem DDR-Trödler, den ich hier mal entdeckt habe, ein ganzes Gebäude hat er für seinen Kram. Erst einmal werde ich angeblafft, weil ich angeblich in der Einfahrt stehe, dafür kaufe ich ihm aus Demut buntes Kahla-Teegeschirr ab. Leider gibt es keine Kinderteller mit schönen Motiven, die sind inzwischen nur noch bei eBay zu bekommen. Es war als Kind immer eine Motivation aufzuessen, wenn man am Boden des Tellers dann die spielenden Bärchen freilegen konnte. »Timur und sein Trupp« möchte ich mal wieder lesen. Ein graues Schulmikroskop, Reagenzgläser, ein Rattenpräparat. Ein Jahrgang *Neues Deutschland* von 1978, gebunden, ich lese mich sofort fest. Zufällig schlage ich die Titelseite vom Tag auf, als Werner Lamberz mit dem Hubschrauber abgestürzt ist. Selbst diese langweiligste aller Zeitungen wird mit 40 Jahren Abstand interessant. Auf jeder Seite ein kurioses Fundstück, das sich zum Vorlesen eignen würde. Am 6.3.1978 ein Hinweis auf einen Auftritt des griechischen »*Spitzeninterpreten der Unterhaltungskunst Costa Cordalis*« mit seiner Gruppe aus Griechenland beim Leipziger »Goldenen Löwen«. Weil ich 45 Euro ausgebe, verzeiht mir der Mann meine Parksünde und überlässt mir einen Pikser für Pellkartoffeln umsonst. Er macht das hier schon zehn Jahre. Aber heute schließt er erst mal, Rügen sei ja jetzt »leer«, die Saison zu Ende.

Das merke ich auch an der Jugendherberge, die in einem Segment des kilometerlangen Kraft-durch-Freude-Baus eingerichtet wurde. Der Einlassknopf geht nicht, die Schranke beim Pförtnerhäuschen bleibt unten. Ich gehe zu Fuß rein. Aber die Jugendherberge hat geschlossen. Eine verwaiste Tischtennisplatte steht davor. Ein paar Spaziergänger sagen, ich solle es in Binz versuchen. Dort war ich in meiner gesamten Kindheit nur dreimal, als meine Eltern FDGB-Ferienplätze hatten. Weil das so tiefe Erinnerungen hinterlassen hat, bin ich mit meiner Tochter noch einmal hingefahren.

Binz

Zuletzt war ich 1981 in Binz, das Essen im Ferienheim bestellte man am Tag vorher mittels bunter Plastechips, von denen es drei zur Auswahl gab. Ich suche auf meinen Reisen zunehmend den Schlüssel zu verborgenen Kammern meines Gedächtnisses. Meine Tochter weiß schon, dass ich manchmal komisch bin: »Verlier die blaue Brotbüchse nicht, das ist eine Brotdose ›Normal‹ vom VEB Novopack Dresden!« Eine Zeit lang war sie der Meinung, alle nicht renovierten Häuser im Prenzlauer Berg seien »noch aus der DDR«. Als wir mal nach Hamburg fuhren, sagte ich an der ehemaligen Grenze: »In Hamburg hat meine Oma gewohnt, aber ich durfte sie nicht besuchen.« – »Warum denn? Hattest du dich nicht gut benommen?«

Ein erster Spaziergang, auf der Suche nach dem »Waldhaus«, wo wir 1981 in den Ferien im Akademieheim waren. Damals entdeckte ich hier im Speisesaal die *Fuwo*, eine Zeitung nur über Fußball, die ich dann jahrelang abonniert hatte. Ich finde das Waldhaus nicht, und die schöne Herford-Kinderklinik von 1925 ist 2012 abgerissen worden, um Platz für einen weiteren Ferienwohnungspark von der Stange zu schaffen. Ich erinnere mich, dass meine Eltern uns erklärten, hier würden Kinder mit Diabetes behandelt, die zu viel Zucker gegessen hätten. Die bekämen jeden Tag eine Spritze. Nach dem Sturm mussten wir Bernsteine suchen, interessierten uns aber mehr für den aus Dänemark angeschwemmten Müll. Das Waldhaus ist einfach nicht aufzuspüren, aber dafür das Hotel »Arkona«, in dem wir beim dritten Aufenthalt waren und das mir noch mehr gefiel, weil es dort Fahrstühle und ein Buffet gab. Der sachliche DDR-Bau ist im deprimierenden Hotelstil der 90er überformt worden, er könnte auch ein Altersheim sein. Wie modern einem dagegen die DDR-Bauweise im Nachhinein vorkommt! Beim Nachbarhotel wirkt es noch grotesker. Die Plattenbaubalkons haben jetzt verschnörkelte, goldene Metallgitter mit kleinen Krönchen, bei der Kaskade von Terrassen mit kitschigen Laternchen schnürt es einem die Luft ab. Die DDR-Skulpturen, die immer noch verloren an der Strandpromenade stehen, erinnern an eine Zeit, als man Kunst für ein Mittel hielt, das geistige Niveau der Menschen zu heben. Jetzt steht im Kurpark eine in Bronze gegossene Karikatur der »Schirmkinder«, als hätte sich ein Gartenzwerggestalter daran gewagt. Nach der Wende wäre die Hotelbranche auf Rügen fast eingebrochen, weil die Ostler erst mal ausblieben und man noch nicht gewohnt war, das Toilettenpapier in Spendern zu verschließen und die neuen westdeutschen Gäste so viel davon mitgehen ließen; darauf wäre man ja früher nicht gekommen, weil es sich nicht gelohnt hätte.

Am Horizont sieht man den Königsstuhl. Als wir 1981 dorthin fuhren, war ich sehr enttäuscht, weil ich mir einen goldenen Thron vorgestellt hatte, und dann war da nur dieser weiße Kreidefelsen. Von hier holten die Lehrer also ihre Kreide. Leider war noch genug da, sie würde ihnen nicht so bald ausgehen. Ausgerechnet an Kreide herrschte in der DDR kein Mangel. An einem Vorgarten hieß es: »Ein Hühnergott!« Ich sah nur ein paar Steine. »Wo denn?« – »Da!« – »Ich seh nichts.« – »Da! Da!« Und am Abend sollten wir am Strand zu den Sternen gucken, da sei der Große Wagen. Ich konnte keinen großen Wagen sehen. »Da!« – »Wo denn?« – »Na, da!« Weil wir mit unseren neuen Taschenlampen leuchteten, tauchten Grenzer auf, die uns überprüften, ob wir vielleicht »Republikflüchtigen« Zeichen gaben.

Eine der schönsten Urlaubserinnerungen sind die neuen Gummistiefel, und deshalb will ich Trixi auch welche kaufen. Größe 27, die passen erst mal eine Weile. Sie spielt »Fange« mit den Wellen und haut ihnen immer mit der neuen Schippe auf den Kopf, während ich den Strand umgrabe. Das macht solchen Spaß, weil es so einfach geht. Wenn man die Schippe in den nassen Sand steckt und hochdrückt, färbt sich der Sand weiß, weil man das Wasser rauspresst, das hat sich seit damals nicht geändert. Hinter uns steht eines der schönsten Gebäude der Insel: Ulrich Müthers Rettungsstation der Strandwache von 1981, ihr Zwilling ist 1993 leider abgerissen worden, als die neue Seebrücke gebaut wurde.

Dann der »Rasende Roland«, die Lokomotive ist aus Stettin, von 1914, im »Abort« genannten Klo hängt noch eine

Narva-Glühbirne. Trixi will mir nicht glauben, dass man wirklich durch ein Loch in der Kloschüssel auf die Gleise gucken kann, aber sie traut sich auch nicht nachzusehen. Wir stehen auf dem Absatz am Ende des Wagens und lassen uns vom Dampf einnebeln. Alle Reisenden sind aufgeregt und glücklich, obwohl die Bahn höchstens 50 km/h fährt. Im ICE sind alle gestresst und genervt, obwohl er viel schneller ist. Die Dampflok hat man einfach gern, ein liebes Fortbewegungsmittel. Sie ist schon so alt und sieht aus wie ein Spielzeug.

»In dem andren Umlauf ist ein Buffetwagen«, sagt der Schaffner.

Toll, wenn Berufsgruppen ganz eigene Wörter benutzen. Mit »Umlauf« meint er wohl den Zug, der wieder zurückfährt. Wo wir denn hinfahren, will Trixi wissen. Nach Göhren, da kommen die Gören her und von da haben wir sie damals als Baby abgeholt. So richtig glaubt sie mir das nicht, aber ein bisschen doch.

Weil ich alles machen will, was wir 1981 gemacht haben, will ich zum Jagdschloss Granitz wandern, durch den Wald. Ich versuche, sie mit der spektakulären Wendeltreppe im Jagdschloss zu motivieren. Aber als wir um 16.00 Uhr da sind, stellt sich heraus, dass es nur bis 16.00 Uhr und nicht, wie ich dachte, bis 17.00 Uhr offen ist. Ein Minizug für Urlauber, der auf der Straße verkehrt, fährt zurück nach Binz; sehnsüchtig sehe ich zu den fünf Türmen hoch. Kaum sind wir losgefahren, werden wir mit Ansagen über Lautsprecher unterhalten: »*Damit Ihnen die Rückfahrt Vergnügen bereitet, wird Ihnen nun ein firmeneigenes Lied dargeboten.*« Als das Schunkellied zu Ende ist, kehrt leider noch keine Ruhe ein. »*Nun aber ein Wort zu unserer Jagdschlossbahn. Der Motor ist ein 4-Zylinder Diesel von zwei Tonnen Gewicht. Rügen ist nicht nur die größte, sondern auch die schönste Insel Deutschlands. Ja, liebe Eisenbahngäste, heute gehört zu einem richtigen Rügenbesuch eine Fahrt mit* nostalgicher *Eisen-*

bahn.« Das finden wir nun so komisch, dass sich der Ausflug spätestens jetzt gelohnt hat. Am Abend kommt Trixi schluchzend ins Zimmer.

»Warum weinst du denn?«

»Weil ich vielleicht erst in 40 Jahren wieder herkomme, und beim ersten Mal ist es immer am schönsten. Das ist der beste Urlaub aller Zeiten, so abenteuerlich.«

Ich bin enttäuscht von der Verkitschung und dem Ausverkauf dieses Urlaubsorts, und für Trixi wird es eine bleibende Erinnerung sein. Genauso ging es meinen Eltern vermutlich mit unserem FDGB-Plattenbauhotel, das mir damals so gefiel und ihnen sicher nicht.

Sassnitz

Ich fahre an Mukran vorbei, das mir aus »Mukran-Klaipeda« nachklingt, mit der Bedeutung dieser damals neuen Fährverbindung in die Sowjetunion (in den 80ern gebaut, um die »unzuverlässigen« Polen zu umgehen) haben sie uns jahrelang im Geografieunterricht gequält. In Sassnitz entscheide ich mich für das Hotel »Rügen«, weil es ein Hochhaus ist; von außen ahnt man nicht, wie gut diese Wahl ist. Vom Foyer führt ein langer Gang ins Schwimmbad, rechts und links vergilbte DDR-Kunstdrucke, Van Gogh und »L'Angélus« von Millet. Es wird eine Kreidewarmpackung für den Rücken angeboten: »*Warme kremige Kreide auf der Haut, diese Wonne läßt sich kaum noch steigern.*« Auch auf dem Zimmer fallen mir die Bilder auf, gut gemachte Radierungen. Ein großer Unterschied zu heute, wo in den Hotels in der Regel unfassbar hässliche Pseudokunst hängt. Hier dafür im Foyer eine Laubsägearbeit, die die Umrisse der Insel darstellt. Das Hotel war einmal luxuriös, und bis jetzt hat es sich zum Glück noch nicht gelohnt, die Einrichtung komplett durch den aktuellen Standard auszutauschen.

Ich gehe zum Hafen. Fischkutter, die lange Mole. Vollmond, ein unwirkliches Licht, gut, dass das Caspar David Friedrich schon gemalt hat, so muss man sich damit nicht mehr aufhalten. Die glitzernde Ostsee, die schmatzenden Wellen. Als ich die Seebrücke betrete, fährt ein Polizeiwagen vorbei und eine Taschenlampe richtet sich auf mich. Ich lande in einem bulgarischen Restaurant – die schönen Farben, die roten, gewebten Tischdecken mit Mustern. Dazu die Tropfenkeramik, die in jeder DDR-Schrankwand stand. Eine starke Reiselust nach Bulgarien erfasst mich, das Land habe ich leider erst nach der Wende entdeckt, für mich waren die Reisemöglichkeiten noch nicht ausgeschöpft. Schopska-Salat, im Osten bekam man selten zur gleichen Zeit die dafür notwendigen Tomaten, Gurken und den Schafskäse. Die Kellnerin sagt, sie hätten das Restaurant vor einem Jahr gekauft. Mit meiner Begeisterung für ihr Land kann sie, wie es mir bei Exilbulgaren meistens geht, nichts anfangen. An jedem zweiten Tisch sitze jemand, der sich wehmütig an Bulgarien erinnere, besonders an den »Goldstrand«.

Ich laufe am Hafen zurück: Fischhallen, Kutter, seltsame Geräusche macht das schwankende Metall nachts. Zum zweiten Mal fährt die Polizeistreife an mir vorbei und leuchtet mich an. Eine weit geschwungene Fußgängerbrücke führt über das Hafengelände genau zum Hotel. Gegenüber das leer stehende Gebäude der »Stubnitz Lichtspiele«, die schöne Neonschrift hängt noch an der Fassade, alle Fenster sind verrammelt. Ich trinke ein Bier in der Hotelbar, am Nebentisch sitzen Schweden, vielleicht Nachkommen der Schweden, die das Hotel damals gebaut haben. Dieses Schild am Knauf »Bitte Zimmer aufräumen«. Irgendwie verstehe ich das immer als Aufforderung an mich.

Die Frau an der Rezeption hat als Kind in den Lichtspielen viele Filme gesehen. Oben gab es noch einen kleineren Vorführraum, den man reservieren konnte, mit Tischen. Die Eigentumsverhältnisse des Kinos sind ungeklärt, ich solle es doch kaufen, die Sassnitzer wären froh. Als Jugendliche ging man unten tanzen und danach in den neunten Stock vom »Rügen«-Hotel. 1978 im Katastrophenwinter haben sie als Kinder bei der Silvesterfeier mit Topfdeckeln Stimmung gemacht, der Strom war ja weg, es gab nur Kerzen. Für sie als Kinder war das toll. Ihre Tante hat damals entbunden und musste mit einem Kettenfahrzeug nach Bergen ins Krankenhaus. Ich erinnere mich, dass wir in Berlin-Buch damals wochenlang rodeln konnten. Der Chef meiner Mutter saß mit seinem Auto an der Ostsee fest, und sie hatte dadurch mehr Zeit, ihr Jahressoll abzuliefern, an dem sie über die Feiertage immer fieberhaft arbeitete. Ab und zu gingen die Lichter aus und man holte die Kerzen hervor. Walter Kempowski hat angeregt, Gottesdienste durch Stromausfall zu ersetzen, einmal die Woche im Dunkeln sitzen, würde spirituell mehr bewirken als der Gang in die Kirche.

Am Morgen gehe ich laufen. Direkt hinter dem Hotel steht auf einem Rasenstück, wohin man ihn umgesetzt hat – der Zugang ist von einem Geländer versperrt –, ein Findling mit Gedenkplakette, die so verwittert ist, dass man Lenins Profil und die Inschrift nur mit Mühe lesen kann: »*Wladimir Iljitsch Lenin kehrte 1917 aus der Emigration über Sassnitz zur Leitung der Großen Sozialistischen Oktoberrevolution nach Russland zurück.*« Einer von Dutzenden Orten im Osten, an denen noch Gedenktafeln oder Reliefs an Lenins Aufenthalte in Deutschland erinnern, eine sehr spezielle Schnitzeljagd.

Von der Mole sieht man die farbigen Plastekästen vor der Fischhalle, wie ein LEGO für Erwachsene. Auf der »längsten Außenmole Europas« laufe ich an Kuttern vorbei. Am Ortsausgang die Kurmuschel von Ulrich Müther, spektakulär die Betonform. Hinten ein DDR-Treppchen und die wie Bobbahnen zum Raufklettern einladenden Rinnen. In der Altstadt fotografiere ich Zaunvariationen aus Bewehrungsstahl und Stanzresten. Auf einer Wiese steht eine Steinstele, die die Befreiung thematisiert. Russische Soldaten mit Schapka und Helm helfen den zerrütteten Deutschen wieder auf die Beine. Auf der Rückseite studiert Lenin gemeinsam mit schnurrbärtigen Revolutionären, die Budjonny-Mützen tragen, eine Karte. Schon wieder Lenin und schon wieder fahren die Polizisten an mir vorbei, diesmal prüfen sie mich ohne Taschenlampe.

Frühstück gibt es im neunten Stock. Sogar Milchreis mit Apfelmus. Herrlicher Blick nach allen Seiten, auch zum Kreidebruch. Die Thermoskannen mit dem Kaffee stehen auf einer hölzernen Telefonschaltzentrale, die ein Aufkleber ziert: »Mitropa Fährbetrieb Sassnitz«. Die ist hier im Hotel benutzt worden, erfahre ich. »Seniorentanz. Am 7.1. um 15:00 Uhr mit dem ›Singenden Seemann‹ im Restaurant ›Neptun‹«, wird auf einem Zettel angekündigt.

Jede meiner Ostdeutschland-Reisen führt mich zu sakralen Orten meiner Kindheit, die ich jahrelang gemieden habe, um von der Wiederbegegnung nicht enttäuscht zu werden. In Juliusruh war ich mehrmals im Winterferienlager der Akademie der Wissenschaften, Angela Merkel habe ich dort als Leiterin nur knapp verpasst. Ich suche erst vergeblich nach der Anlage, in der Touristeninfo wissen sie mehr, ich solle zum »Jugenddorf Wittow« gehen. Dort schleiche ich wie ein Dieb über das Gelände, auf dem ich im Winter für jeweils zwei Wochen wunschlos glücklich war. Mühsam rekonstruiert mein Gedächtnis den Ort, denn ich sehe lauter neue Wohngebäude. Vorne am Eingang war unser Speisesaal, in dem auch die Disko stattfand. Daneben der Kiosk für Kekse und Brause. In welchem Bungalow schliefen die Mädchen? Ich hatte einen Nachschlüssel, aber der Fahrer, der um seine Tochter fürchtete, entdeckte uns unter den Betten. Wir wurden zu den Leitern abgeführt, die im Clubraum Pfeffi-Likör tranken. Statt uns zu bestrafen, bat mich der eine, ihm meine Pink-Floyd-Kassette zu borgen. Wo stand die Tischtennisplatte, die uns anzog wie ein Planet seine Trabanten? Hinter welchem Bungalow haben wir Trinkflaschen aus Plaste angekokelt? Für den benachbarten Strand haben wir uns kaum interessiert, obwohl man dort massenweise Donnerkeile fand. Manchmal malten sich die Mädchen die Lippen mit C-Vitchen-Brause-Granulat mit Johannisbeergeschmack rot an. Es ist alles fort, als hätte es nie stattgefunden.

Zwei Kilometer vor dem Kap Arkona muss man parken und zu Fuß weiter. Ich habe immer noch ein Problem mit staatlicher Autorität und widersetze mich der durchaus sinnvollen Regelung. Rentnergruppen gehen zu Fuß und beäugen mich misstrauisch. Eine Holztreppe die Klippe runter ist gesperrt. »Lebensgefahr« steht auf einem Schild, die Nähe des Todes fanden wir als Kinder ungeheuer spannend. Ich steige die gusseiserne Wendeltreppe vom Schinkelturm hoch. Man kann in der Ausstellung Knöpfchen verschiedenster Leuchtturmsignale drücken, da muss ich noch mal wiederkommen, wenn mein Sohn im Knöpfchen-Alter ist. Mein Blick sucht die Insel ab, wo ist Sundevit? Und treibt dort irgendwo auf einer Eisscholle ein kleiner Hund?

Ich mache einen Abstecher nach Bakenburg, eine Bungalowsiedlung mitten im Wald, ganz im Norden der Insel. Hier kann man für ein Bruchteil des Budgets, das man in Binz benötigt, Urlaub machen. »*Campen ist der Zustand, in dem der Mensch seine eigene Verwahrlosung als Erholung empfindet*«, steht auf einem Holzschild. Das Bedürfnis der Ostdeutschen, sich im Urlaub dauercampend dicht an dicht aufzuhalten und womöglich nackt zu baden, habe ich zwar nie verstanden, aber ich habe mich im Osten auch nicht als Ostdeutscher gefühlt, das kam erst nach der Wende. Ich sehe mir das im Winter verwaiste Gelände an und bleibe plötzlich wie angewurzelt stehen. Das gibt es doch nicht, unser alter Kletterpilz mit den nach oben immer kleiner werdenden Ringen! Das Dach fehlt, unter dem man sich bei Regen verstecken und seine erste Zigarette rauchen konnte. Manche versuchten auch – was sehr schwer war –, auf das Dach zu klettern und sich zu sonnen, während sie eine Schulstunde schwänzten. Wie lange habe ich dieses Spielgerät nicht mehr gesehen! Und es gibt auch noch eine originale Wippe, mit Holzsitz und zum Abbremsen eingegrabenen Autoreifen!

Ein Weg führt die Steilküste runter, wo man alleine ist mit der Brandung, kein Mensch ist hier zu sehen. Hinter Wiek nehme ich wieder eine Fähre. Der junge Fährmann hört in seiner Kajüte mit einem SKR 700-Kassettenrekorder Radio, das typische Jugendweihegeschenk. Der Westen der Insel Rügen ist, anders als im nationalen Rahmen, der naturbelassenere Teil, richtige Bauernwirtschaften, herrliche Backsteinkirchen, holprige Straßen.

Stralsund

Nach Stralsund führt wieder die herrliche Rügendammbrücke, spontan beschließe ich, doch eine Nacht in der Stadt zu bleiben. Das alte Pflaster strengt an beim Gehen. Vor dem Meeresmuseum hängt in einem beleuchteten Glaskasten ein Walskelett. An einer Wand steht: »HELFT CHILE!« Welches DDR-Kind war nicht irgendwann einmal in diesem Museum? Aber die Milchbar am Platz davor hat mich damals mehr gereizt, der Schwedeneisbecher. Ich lande in einem Antiquariat und kaufe eine »Wohnraumfibel« von 1974. Die abgebildeten Musterzimmer, in denen es immer so aufgeräumt aussieht, erinnern mich an die Wohnungen meiner Klassenkameraden. Ausschneidebögen für das Einrichtungsprogramm Carat, also die Schrankwand, die damals alle hatten, liegen bei, zum Planen seines Umzugs. Dazu kaufe ich ein Buch mit Farbfotos von den X. Weltfestspielen in Berlin und ein Buch über Freizeitflächen in der DDR. Der Betreiber kennt die Möbel noch. Er hat jahrelang als Möbelträger gearbeitet und die kaum durch die Türen bekommen bei den verstorbenen alten Leuten im Neubauviertel, erzählt er. Im Restaurant lese ich das Buch über die Freizeitflächen, in dem die Magdeburger »Promenade der Völkerfreundschaft« ausführlich gewürdigt wird. Ich zeige dem Kellner ein Bild vom damals neu hergerichteten Ernst-Thälmann-Ufer in Stralsund. Das kann er zuordnen, da stehe auch noch ein Thälmann-Denkmal. Und im Nautineum gebe es eine original DDR-Fischerhütte, eins zu eins gerettet.

Am nächsten Tag gehe ich in der Morgendämmerung laufen, die Sonne zeigt sich über dem Hafen. Herrlich frische Luft. Die Firmen-Namen: Rummelhagen oder Ter Smitten müsste man heißen. Vor einem Kindergarten eine lange Sitzbank aus unseren alten Kindergartenstühlen. Selbst gebaut? Oder gab es das in Serie? Den Stadionzaun schmücken schöne Piktogramme aus gestanztem Blech. Auf den subtilen Jagden nach Resten von DDR-Ästhetik entwickle ich langsam einen Instinkt für mögliche Fundorte. Schulen und Sportstätten sind immer vielversprechend. Meine ersten Sport-Piktogramme habe ich 1980 anlässlich der Olympischen Spiele in Moskau kennengelernt und mich später sehr gewundert, dass sie nicht für alle Zeiten international normiert waren, sondern für jeden Anlass immer wieder neu gestaltet wurden.

Am Ortsausgang prangt die Neonschrift an einer Brauerei: »Trinkt Stralsunder Bier.« (Eigenartigerweise mit Punkt.) Daneben, an der Ecke Greifswalder Chaussee / Wamper Weg, halte ich, weil ich wieder Klettergerüste sehe, diesmal vor einer Grundschule. Sie sind bunt angemalt. Ein vollständiger Pilz, mit Dach! Ich spreche mit einer Passantin, die gleich ganz aufgeschlossen ist. Die Gerüste solle man bloß erhalten! Die stehen schon so lange wie die Schule. Na, ich bin Jahrgang 70, sage ich, ich kenne das alles noch. Aber die Schule ist noch älter! Man hört ja, dass die nicht sicher seien und deshalb weg mussten, sage ich. Das sei alles Quatsch. Damit sei schon ihr Sohn großgeworden. Man höre auch, dass die neuen Holzgeräte schnell vergammeln. Ja, damit müsse man was machen, nicht einfach nur aufbauen und sich selbst überlassen. Da müsse man nach einem Jahr gucken, wie die erhalten seien. Nein, die alten Geräte *bloß erhalten!* Ich freue mich, die hier zu sehen, sage ich. Na, und wir freuen uns auch, jeden Tag!

In Greifswald halte ich spontan am Riek, um eine Freundin, die bei einer Buchkette arbeitet, zu begrüßen. Sie ist, wie ich, in Berlin-Buch aufgewachsen, obwohl wir uns damals nicht kannten. Mit einem Jungen im Hochhaus gegenüber schrieb sie sich unbekannterweise Briefe, Neubaukinder. Meerschweinchen hätten im Osten immer Peggy geheißen, meint sie. Ich esse eine Bratwurst auf dem Markt. Weil ich dabei eine SMS tippe, bittet mich der Verkäufer, ihm mein Handy mit Nummern von Frauen zu geben, wenn die interessiert seien an einem älteren, grauhaarigen Mann. Mit dem vor mir in der Schlange spricht er Platt, herrlich. Bildbände zeigen, wie viel alte Substanz man hier verfallen lassen hat, um die Lücken mit Plattenbauten zu füllen. Über den Eingangstüren einiger dieser Häuser finden sich ungewöhnliche Mosaike, die mich an mein erstes und liebstes C64-Spiel »Bruce Lee« erinnern, eine gecrackte Version, auf Datasette kopiert im Computerclub vom Berliner Haus der jungen Talente, circa 1985. Das kleine, flinke Männchen in Pixelgrafik ist für mich unerreicht in seinem Charme. Einen Fisch musste es im Lauf des Spiels nicht stemmen, wie der Mann auf dem Mosaik, aber rennen, rennen, rennen. Ob der Gestalter der Mosaike hiervon inspiriert wurde? Die DDR-Computer konnten ja nur Pseudografik, vielleicht hat er seine Sehnsucht nach einem C64 künstlerisch verarbeitet?

Ausfahrt durch ein großes Plattenbaugebiet, in dem sie die Flachdächer mit künstlichen Giebeln kaschiert haben. Interessant ist, dass schon die Nazis gegen das Flachdach der Bauhäusler polemisiert haben, sie hielten es für arabisch, orientalisch, semitisch. Und heute meint man, Plattenbauten zu verschönern, indem man die Fugenstruktur hinter Wärmedämmplatten versteckt und in vielfältigster Weise Giebelattrappen und Spitzdächer anbringt sowie Ziegel anklebt oder aufmalt. Das ist so lächerlich wie chinesische Shopping-Promenaden, in denen Gebäude nach europäischem Vorbild Kirchtürme bekommen.

Schwedt

In der Abenddämmerung erreiche ich Schwedt. Beeindruckend und schön sehen die beleuchteten Industrieanlagen des PCK aus (Petrolchemisches Kombinat; seit 1991 bedeutete dieselbe Abkürzung »Petrolchemie und Kraftstoffe«), die sich an der Straße hinter einer Reihe Bäumen langziehen. In Schwedt endete die Druschba-Trasse, von der ich als Schüler so oft und viel gehört habe, dass ich mir nachts vor dem Einschlafen vorstellte, wie sie von unseren fleißigen Jugendbrigaden Meter für Meter durch Sibirien weitergebaut wurde, um uns das lebenswichtige Öl zu liefern. Die DDR hat das russische Erdöl raffiniert und in den Westen verkauft. Als ich einmal im Kino eine alte DDR-Doku über die Trasse gesehen habe, mit sozialistischen Goldgräbertypen wie »Achim, genannt der Karpatenbär«, die im sibirischen Schlamm lebten und im Winter riesige Rohre verlegten (die Holzbänke vor den Baracken wischten sie vor dem Essen mit alten Scheibenwischern trocken), fragte ich in der Pause bei Schmalzbroten und Wodka einen Ehemaligen, wie realistisch das Gezeigte gewesen sei? Na, zu 70 Prozent, sagte er. Die Russen hätten sie schon mal mit Hitlergruß begrüßt. Die dachten, sie seien alles Strafgefangene und wunderten sich, dass sie Radio und Ausgang hatten. Ein Drittel wohnte im Dorf »puffmäßig« bei Frauen.

In der Innenstadt geht es nur noch im Schritttempo weiter, weil sich vor mir ein riesiges Walross langsam die Straße entlangbewegt. Ich reibe mir die Augen, aber es bleibt ein Walross. Ich bin wohl etwas übermüdet. Aber man muss hier bei der Wahl seiner Unterkunft darauf achten, dass sie über Nacht nicht abgerissen wird; auf einer beleuchteten Baustelle machen sich Bagger an einem Plattenbau zu schaffen.

Am nächsten Morgen treffe ich mich mit Jan Brokof, einem jungen Künstler, der von hier stammt und zur Wende zwölf Jahre alt war. Ich habe einen Ausstellungskatalog von ihm gesehen und war sofort fasziniert: Holzschnitte von Plattenbaufassaden, die mich in ihrer Traurigkeit und Schönheit berührt haben. Wer in so einem Viertel aufgewachsen ist, wird immer ein ganz spezielles Verhältnis zu dieser Ästhetik haben. Er ist aber noch weiter gegangen in der Erkundung seiner Herkunft und hat sein Plattenbau-Jugendzimmer eins zu eins als Modell rekonstruiert. Ich treffe ihn in einem Viertel von Schwedt, wohin sich Besucher nicht sofort verirren. Der Himmel ist weit, die Sonne scheint, alles wirkt friedlich. Wir sind uns sofort einig, dass die Art, wie die Plattenbauten nach der Wende mit Farbe, Balkons und falschen Giebeln versehen worden sind, ihnen ihre Identität genommen hat. Auf seinen zerrissenen Adidas-Turnschuhen sind Farbspritzer, und unter dem Basecap gucken lange Haare hervor. Er hat in Dresden Kunst studiert, gerade noch in einer Zeit, als man etwas Richtiges gelernt hat im Studium, bevor alles reformiert wurde. Wir unterhalten uns über die Integritätsprobleme des Künstlers, er hat zum Beispiel ein Stipendium von Krupp ausgeschlagen und dafür jetzt kein Geld. So etwas Dummes kann nur ein Ossi machen, die »Westlinge«, wie er sie nennt, würden das eher nicht tun, auch nicht die Generation der Nachgeborenen, die unsere moralischen Bedenken nicht mehr kennen. Wenn Ostdeutsche über die Gesellschaft redeten, sagten sie immer: »Wir müssten.« Westdeutsche sprächen vom Ich.

Ich bin begeistert von einem wunderschönen Bibliotheksflachbau mit der typischen VT-Falte, diesem genialen Dach, das man überall auf Turnhallen und Neubaugaststätten sieht. Besonders gefällt mir die raffinierte Fensteraufteilung. Sogar ein Friedrich-Engels-Mosaik hängt noch an der Vorderfront. Aber das Gebäude steht leer und dient den Kids dazu, sich auszutoben und zu zündeln. Wie viel Energie dazu gehört hat, hier die gesamte Einrichtung zu zertrümmern! Hinter der Bibliothek kommen Wiese und Asphaltwege, Bäume wurden gepflanzt. Hier standen Jans Haus und viele andere, die abgerissen wurden. Wie bei einem Zeltlager ist alles verschwunden, nur dass es sich um den Lebensraum seiner Kindheit handelt. Auf einem einzelnen Plattenelement, das als Denkmal stehen geblieben ist, steht: »Leben heißt Veränderung«, und man sieht eine von einem Kind gemalte Abrissbirne, die einen Plattenbau niedermacht, was mir zynisch vorkommt. Für ihn war nicht der Osten schlimm, sondern die Zeit nach der Wende, die Verfolgung durch Nazis. Er zeigt mir Stellen, wo er verprügelt und mit einem Elektrostab traktiert wurde. Er war damals Hip-Hopper und wollte sich nicht äußerlich unauffällig geben. Mir fehlt auch ein Stück vom Backenzahn, durch einen Stiefeltritt, aber das ist nicht mit dem zu vergleichen, was Jan hier erlebt hat, weit weg von Berlin.

Vor dem Rathaus stehen viele DDR-Skulpturen im Park. »Maler und Modell«, Peter Fritzsche, 1977, eine dicke Arbeiterin mit Helm, die eine Stulle in der Hand hält und gerade von einem Künstler porträtiert wird. Das Menschlich-Unpathetische war ein Ausweg, um von den Helden-der-Arbeit-Darstellungen wegzukommen; deshalb gefällt mir die Klappstulle in Bronze so. Sehr schöne Plastiken gibt es von Axel Schulz, nicht dem Boxer. Die Weltkugel, von der auch in Eisenhüttenstadt ein Abguss steht. Der Künstler war im Osten Kommunist und eckte dadurch an, aber im Westen erst recht. Es ist ja ein Mythos zu denken, als aufrechter Linker sei man in der DDR am richtigen Platz gewesen. Es gibt auch eine absurde Großplastik: »Bürgerbrücke« von 2004, ein Metallbogen, auf dem bunte Kugeln und drei große Aktenordner aufgespießt sind, und der in einem großen blauen Stuhl endet. Früher musste man im Künstlerverband sein, heute muss man Beziehungen haben, um solche Aufträge zu bekommen, die Qualität beurteilen kann offenbar niemand mehr.

Das Schwedter Theater, ein kühner Bau mit braun getönter Fensterfront, wird neuerdings von einer dreidimensionalen Illusionsmalerei entwertet, die das Dachgeschoss ziert, eine breite, von Menschen bevölkerte Treppe. Vielleicht soll dadurch signalisiert werden, dass das Theater kein Elfenbeinturm sein will. Nicht weniger schlimm finde ich aber die an die Fassade geklebten, kursiven Buchstaben *Uckermärkische Bühnen Schwedt*, die aussehen, wie mit MS-Word gesetzt und vergrößert. Bei so etwas fängt für mich die Barbarei an, als gäbe es keine talentierten Typografen im Land. Auf dem Vorplatz steht eine Stele mit einem Pablo-Neruda-Zitat: »*Erhaben ist des Volkes Triumph. Unter seinem Schritt gewaltigen Sieges die blinde Kartoffel und die himmlische Traube erglänzen auf Erden.*«

Wir ziehen an der Tür vom Theater, sie ist offen. Techniker kommen uns entgegen, wir gucken traurig, das wirkt dann immer so, als hätte man beruflich hier zu tun. Tatsächlich spricht uns niemand an, so gelangen wir bis zum Zuschauerraum, in dem wir allein sind, vermutlich könnten wir hier sogar ein Stück inszenieren ohne aufzufallen. Im oberen Foyer hängen sehr interessante Deckenleuchten, wie aus Ofenrohren gebastelt, in Berlin wäre so ein Ort längst eine »*location*«. Jan zieht einen Vorhang zur Seite, dahinter kommt ein meterlanges Wandbild von Ronald Paris zum Vorschein, »Triumph des Todes, Triumph des Lebens« von 1977. Der Intendant wäre es wohl gerne losgeworden, aber es passte nicht durch die Tür, deshalb hat man es verhängt. Der Blick aus dem Fenster auf die Hauptstraße eröffnet eine imposante Sichtachse. Die Straße sei so breit, weil die Häuser im Krieg zerstört wurden und es billiger war, die neuen seitlich zu versetzen, statt auf den alten Kellern Fundamente zu errichten. Im Fluchtpunkt der Straße sieht man die Anlagen des PCK Schwedt. Stadt und Fabrik, das eine würde es ohne das andere nicht geben. Für mich war »Schwedt« allerdings immer ein fester Begriff: »Dafür kommst du nach Schwedt«, also in den Armeeknast, wenn man zum Beispiel beim Wachdienst seine Waffe verbummelte oder einen Vorgesetzten ohrfeigte. Im Rücken des Theaters beginnt der »Nationalpark Unteres Odertal«, der den Hintergrund für eine Freilichtbühne bildet. Hier könnte man »Hamlet« spielen, und Ophelia treibt im echten Fluss davon. Aber erst einmal wird demnächst »Stahlzeit – Die spektakulärste Rammstein-Tribute-Show« zu sehen sein und bald darauf das Orchester Holger Mück »Eger-länder Blasmusik aus Leidenschaft«.

Es regnet jetzt kalt und heftig, Jan führt mich zum Wasser-sportzentrum PCK Schwedt e. V., und hier sehe ich wieder das große Walross, das mir gestern auf der Straße den Weg versperrt hat, drei Meter hoch, man kann durch den Kopf klettern und auf seinem Rücken runterrutschen. Es stammt aus dem Waldbad von Schwedt, das wegen des Bevölkerungs-rückgangs geschlossen wurde. Ein paar Schwedter haben sich zusammengetan und die Rettung organisiert. Generationen von Kindern haben dieses Walross geliebt, beziehungsweise, wie Jan sagt, sich beim Runterrutschen die Badehose aufge-rissen. Ich stoße immer wieder auf solche privaten Initiativen. In Neubrandenburg will eine Gruppe einen alten Spielplatz-Betonelefanten, der auf einem Betriebshof verrottete, wieder aufbauen und aufstellen lassen. In Frankfurt (Oder) versuchen Studenten, das schöne »Lichtspieltheater der Jugend« wieder zu eröffnen. Vielleicht wird ja auch irgendwann in Berlin die längste Fußgängerbrücke Europas vom S-Bahnhof Storkower Straße zum Forckenbeckplatz wiedererrichtet, deren Abriss im Jahr 2006 mir einen Kindheitsort geraubt hat. Man hätte lediglich ein Jahr lang das Berliner Ensemble schließen müs-sen, das Geld hätte genau für die Renovierung ausgereicht.

Wir fahren zu Jans Mutter, die in einem Fünfgeschosser wohnt. Es gibt Rippchen, Sauerkraut und Kartoffelklöße, »Ostessen« extra für mich, wobei das bei uns eher Nudelauf-lauf mit Büchsengemüse und einer dicken Schicht Käse war, weil sich keiner am Fleischstand anstellen wollte. Ostdeutsche äßen immer auf, erfahre ich. Wir reden über Computer-spiele – soll man seine Kinder am Computer zocken lassen? Ich erwähne »Maniac Mansion« und »Zak McKracken«, zwei komplexe, ungeheuer witzige Adventurespiele, die ich als Abiturient wochenlang am C64, den wir von Westverwandten geschenkt bekommen hatten, gespielt habe. Jan holt sein Handy raus und spielt mir eine Version der Monkey-Island-Titelmelodie vor, uns leuchten die Augen. Mich hat mal ein Westredakteur der *taz* ganz erstaunt gefragt, ob wir denn im Osten Computer gehabt hätten? Aber das bin ich schon gewohnt, bei einem Text über einen Trampurlaub wurde ich gefragt, ob wir denn trampen durften. Nein, wir hatten täglich nur zehn Minuten Hofgang.

Jan telefoniert und überrascht mich mit der Nachricht, dass wir uns das PCK angucken können, er kennt die PR-Chefin von einem Pleinair, an dem er teilgenommen hat, also einer gemeinsamen Kunstsession an der freien Luft. Das im Osten inzwischen seltene und erhebende Gefühl, vor einem Werkstor zu stehen, hinter dem sich keine Industrieruinen befinden! Richtige Arbeiter kommen uns entgegen, man möchte jeden ausfragen, was er heute gemacht hat. Auch wenn von 8000 nur 1400 geblieben sind, die man noch braucht. Immerhin ist für das Werk mal die Stadt gebaut worden. Wir füllen einen Passierschein aus und betreten das schöne, helle und sachliche Verwaltungsgebäude. Das alte Treppengeländer ist durch einen höher liegenden, verchromten Handlauf ergänzt worden, weil die Norm sich geändert hat; sie liegt jetzt bei 90 Zentimetern, die Menschen sind größer geworden seit der Wende. Auf jeder Etage hängen Gemälde, die früher vom Kombinat in Auftrag gegeben und gesammelt worden sind. Viele Künstler waren offenbar genauso fasziniert von den verwirrend verschlungenen Rohr- und Kesselanlagen wie ich. »Landschaft der Erdölleitung Freundschaft«, »Junge Familie – Kraft der Arbeiterklasse«, »Porträt eines Anlagenfahrers« wären heute ungewöhnliche Sujets. Bei »Winterlandschaft« von Eberhard Hückstädt hängt nur noch das Schild, aber die weiße Raufasertapete macht ihre Sache als Ersatz ganz gut. Im Archivraum sind noch mehr Gemälde eingelagert, immerhin sind sie aufgehoben worden, viel ist ja nach der Wende auf dem Müll gelandet. Was malen Künstler heute? Damals sollte die Kunst die Arbeit thematisieren, aber wirklicher Realismus war gar nicht gefragt, sonst hätten die Bilder anders ausgesehen. Chemie wurde als Zukunftsversprechen zur Magie überhöht. Max Zimmering dichtete: »*Lob der Chemie – Jedoch es weiß auch jedermann, / daß man Chemie mißbrauchen kann, / zum Gift- und Napalmdestillieren, / um gegen Kinder Krieg zu führen. / Nur dort, wo sie dem Volk gehört, / den Menschen, die den Frieden schützen, / und die Chemie nach Kräften nützen, / zu überwinden Mangel, Not, / hervorzubringen Kleidung, Brot, / und Freude, Glück an jedem Ort – / Chemie – Chemie! / Welch Zauberwort!*«

Man kann die Gründe für den ökonomischen Zusammenbruch der DDR auch ganz kurz und trocken so zusammenfassen: Die Russen haben den Ölpreis erhöht. Das war in den 80ern, und der DDR blieb dann nichts anderes übrig, als besondere Verfahren zum Einsatz zu bringen, das Öl noch besser zu raffinieren, um weniger Rohöl zu verbrauchen. Mit der »Schwedter Initiative« wurden 2000 Arbeitskräfte bereitgestellt, um die neuen Anlagen zu bauen und zu betreiben, man hatte ja nie genug Arbeitskräfte. Also musste intensiviert werden, jeder an seinem Arbeitsplatz, und dafür gab es Häme im Land, denn viele wollten lieber so weitermachen wie bisher. Es war aber eine Kulturrevolution, die Ressourcen besser auszunutzen, die Russen hatten das damals und heute nicht nötig. Und deshalb war Schwedt in vielen Technologien führend. Heute steht das Labor leer, Forschung wird eingekauft. Die russischen Anteilseigner am Werk sind aber ganz begeistert von dem, was sie hier vorfinden. Davon wolle man bloß im Westen nichts wissen, dass sie damals ein guter Betrieb waren. Manche Westdeutsche hätten ja eine Phobie gehabt, bei Reisen auf der Transitautobahn Ostbenzin zu tanken, dabei wurde Westberlin seit '68 über eine Pipeline mit Benzin versorgt, ganz Westberlin hat Ostbenzin getankt.

Wir machen eine Rundfahrt mit einem Kleinbus über das Werksgelände und bekommen die Anlagen erklärt. »Entschwefelung von schweren Rückständen«, »katalytischer Cracker«, »Leichtbenzinverätherung«, »High Conversion Soaker Cracker«. Ich könnte mich ewig in diese Rohrlandschaften vertiefen, die aussehen, wie von den Doozers errichtet, diesen kleinen, grünen, fleißigen Bauarbeitern, die in Höhlen unter der Erde ständig neue Gerüste bauen, zur Freude der Fraggles, denen die Gerüste als Snack dienen. Ich bezweifle, dass noch irgendwer durchschaut, welche Leitung hier was für eine Funktion hat. Programmierer bauen ja immer Kleinigkeiten in die Software ein, die nur sie kennen, um sich bei Entlassungen rächen zu können. Vielleicht gibt es so etwas auch hier, geheime Leitungen noch aus Ostzeiten, deren Funktion niemand mehr kennt? Rohre, in denen damals Kaffee aus der Kantine an den Arbeitsplatz floss? Oder sogar Bier? Eine Rohrpostanlage, um die so seltenen privaten Telefone zu ersetzen? Und wegen der Entlassungen nach der Wende hat sich das Wissen um dieses Kommunikationssystem verloren? Auf jeden Fall soll es ab und zu Hirschsalami geben wegen des vielen Rotwilds auf dem Gelände. Menschen begegnet man dagegen kaum. Wir hätten uns vorgestellt, dass an derart gewaltigen Anlagen ständig irgendwer schraubt, hämmert und nachbessert, wenigstens zur Dekoration. Aber selbst an dem bunt gekachelten, original DDR-Bushäuschen, das hier auf dem Werksgelände überlebt hat, wartet niemand.

Ich nehme Jan mit nach Berlin, und während es eine Sturmwarnung gibt und die Aufforderung an Laster, am Straßenrand zu parken, und ich mich frage, ob die Anzeige auf dem Navi, dass in 3 Kilometern ein Unfall komme, sich auf einen

Unfall beziehst, den ich haben werde (ist die Technik schon so weit?), reden wir über unsere Begeisterung für Brasilien und Jans Recherchen zum Kannibalismus und zur Kolonialgeschichte. Damit könne man auch die Wende erklären. Wir als Ostlinge sind von den Westlingen gefressen worden, aber dadurch geben wir unsere Eigenschaften an sie weiter. Manche von ihnen essen sogar schon ihren Teller leer. Er erzählt mir noch einen Witz: Ein Pole, ein Ostdeutscher und ein Westdeutscher kommen in den Himmel und haben einen Wunsch frei. Der Pole sagt: »Ich will, dass vor jedem Haus ein Westauto steht.« Der Ostdeutsche sagt: »Ich will, dass die Mauer wieder steht.« Der Westdeutsche sagt: »Die Polen haben unsere alten Autos? Und die Mauer steht wieder? Dann nehme ich einen Cappuccino.«

GEBRAUCHS-ANWEISUNG

für die schönste Art, unterwegs zu sein

PIPER

DEUTSCHLAND VON A – Z

Bruno Jonas
GEBRAUCHS ANWEISUNG
für
Bayern

€ 14.99 (D) / € 15.50 (A)

Jakob Hein

GEBRAUCHS ANWEISUNG
für
Berlin

€ 14.99 (D) / € 15.50 (A)

Wolfgang Koydl
GEBRAUCHS ANWEISUNG
für
Deutschland

€ 14.99 (D) / € 15.50 (A)

Christine von Brühl
GEBRAUCHS ANWEISUNG
für
Dresden

€ 14.99 (D) / € 15.50 (A)

Harald Hordych
GEBRAUCHS ANWEISUNG
für
Düsseldorf

€ 14.99 (D) / € 15.50 (A)

Jacques Berndorf
GEBRAUCHS ANWEISUNG
für die
Eifel

€ 14.99 (D) / € 15.50 (A)

Constanze Kleis
GEBRAUCHS ANWEISUNG
für
Frankfurt am Main

€ 14.99 (D) / € 15.50 (A)

Stefan Beuse
GEBRAUCHS ANWEISUNG
für
Hamburg

€ 14.99 (D) / € 15.50 (A)

Jana Thiele
GEBRAUCHS ANWEISUNG
für den
Harz

€ 14.99 (D) / € 15.50 (A)

Reinhold Neven Du Mont
**GEBRAUCHS
ANWEISUNG
für
Köln**
PIPER

€ 14.99 (D) / € 15.50 (A)

Bernd-Lutz Lange
**GEBRAUCHS
ANWEISUNG
für
Leipzig**
PIPER

€ 14.99 (D) / € 15.50 (A)

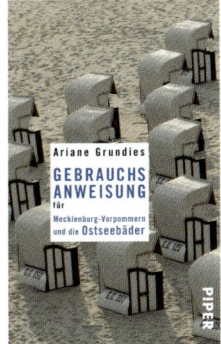

Ariane Grundies
**GEBRAUCHS
ANWEISUNG
für
Mecklenburg-Vorpommern
und die Ostseebäder**
PIPER

€ 14.99 (D) / € 15.50 (A)

Thomas Grasberger
**GEBRAUCHS
ANWEISUNG
für
München**
PIPER

€ 14.99 (D) / € 15.50 (A)

Bruno Jonas
**GEBRAUCHS
ANWEISUNG
für das
Münchner
Oktoberfest**
PIPER

€ 14.99 (D) / € 15.50 (A)

Jürgen Kehrer
**GEBRAUCHS
ANWEISUNG
für
Münster und das
Münsterland**
PIPER

€ 14.99 (D) / € 15.50 (A)

Teja Fiedler
**GEBRAUCHS
ANWEISUNG
für
Niederbayern**
PIPER

€ 12.95 (D) / € 13.40 (A)

*„Herschenken
oder selber lesen
oder beides."*

★ IN München über die Gebrauchsanweisung für das
Münchner Oktoberfest

Jochen Schmidt
GEBRAUCHS ANWEISUNG für Ostdeutschland

€ 14.99 (D) / € 15.50 (A)

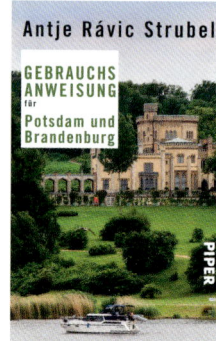

Antje Rávic Strubel
GEBRAUCHS ANWEISUNG für Potsdam und Brandenburg

€ 14.99 (D) / € 15.50 (A)

Holger Teschke
GEBRAUCHS ANWEISUNG für Rügen und Hiddensee

€ 14.99 (D) / € 15.50 (A)

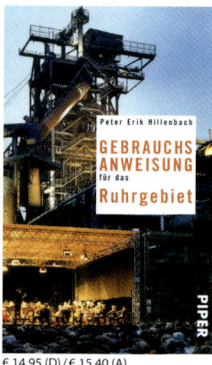

Peter Erik Hillenbach
GEBRAUCHS ANWEISUNG für das Ruhrgebiet

€ 14.95 (D) / € 15.40 (A)

Anton Hunger
GEBRAUCHS ANWEISUNG für Schwaben

€ 14.99 (D) / € 15.50 (A)

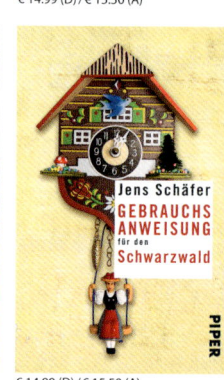

Jens Schäfer
GEBRAUCHS ANWEISUNG für den Schwarzwald

€ 14.99 (D) / € 15.50 (A)

Elisabeth Kabatek
GEBRAUCHS ANWEISUNG für Stuttgart

€ 14.99 (D) / € 15.50 (A)

Silke von Bremen
GEBRAUCHS ANWEISUNG für Sylt

€ 14.99 (D) / € 15.50 (A)

Ulf Annel
GEBRAUCHS ANWEISUNG für Thüringen

€ 14.99 (D) / € 15.50 (A)

Mit einem Vorwort von Harald Krassnitzer

Andreas Weinek und Martin Weinek
**GEBRAUCHS
ANWEISUNG**
für das
Burgenland

€ 14.99 (D) / € 15.50 (A)

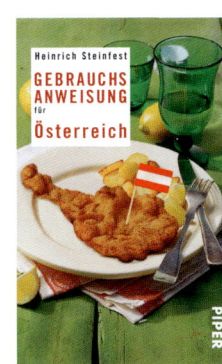

Heinrich Steinfest
**GEBRAUCHS
ANWEISUNG**
für
Österreich

€ 14.99 (D) / € 15.50 (A)

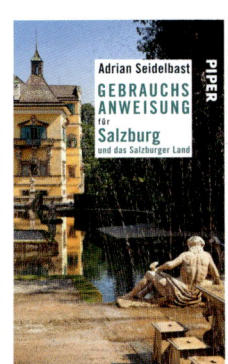

Adrian Seidelbast
**GEBRAUCHS
ANWEISUNG**
für
Salzburg
und das Salzburger Land

€ 14.99 (D) / € 15.50 (A)

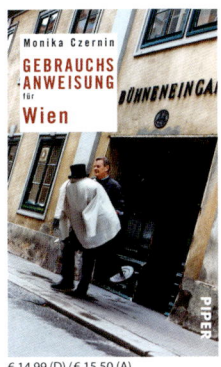

Monika Czernin
**GEBRAUCHS
ANWEISUNG**
für
Wien

€ 14.99 (D) / € 15.50 (A)

Thomas Küng
**GEBRAUCHS
ANWEISUNG**
für die
Schweiz

€ 14.99 (D) / € 15.50 (A)

Milena Moser
**GEBRAUCHS
ANWEISUNG**
für
Zürich

€ 14.99 (D) / € 15.50 (A)

Bene Benedikt
**GEBRAUCHS
ANWEISUNG**
für die
Alpen

€ 14.99 (D) / € 15.50 (A)

„Kenntnisreiche Geschichten, die höchst kurzweilig zu lesen sind."

Auto Bild über die Gebrauchsanweisung für die Alpen

€ 14.99 (D) / € 15.50 (A)

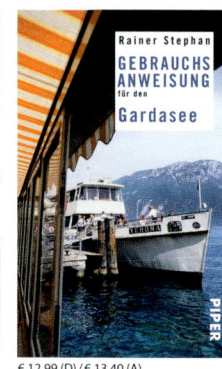

€ 12.99 (D) / € 13.40 (A)

€ 14.99 (D) / € 15.50 (A)

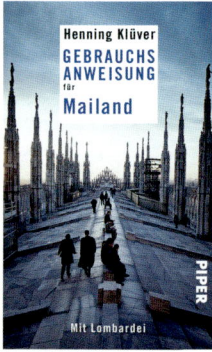

€ 14.99 (D) / € 15.50 (A)

€ 14.99 (D) / € 15.50 (A)

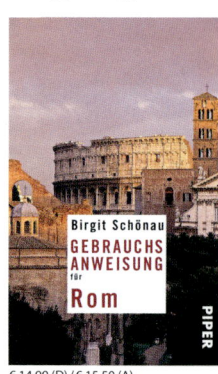

€ 14.99 (D) / € 15.50 (A)

€ 14.99 (D) / € 15.50 (A)

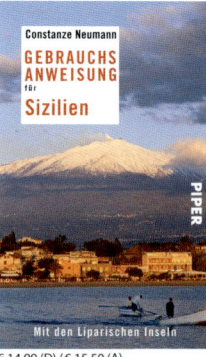

€ 14.99 (D) / € 15.50 (A)

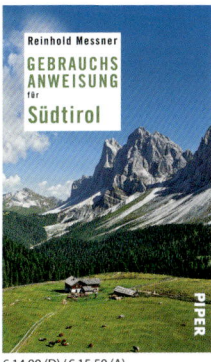

Reinhold Messner
GEBRAUCHS ANWEISUNG
für
Südtirol

€ 14.99 (D) / € 15.50 (A)

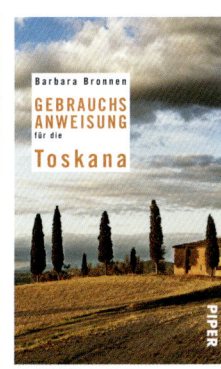

Barbara Bronnen
GEBRAUCHS ANWEISUNG
für die
Toskana

PIPER

€ 14.99 (D) / € 15.50 (A)

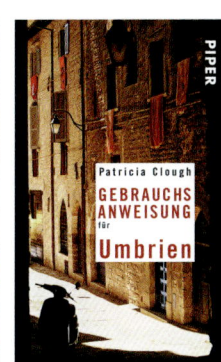

PIPER

Patricia Clough
GEBRAUCHS ANWEISUNG
für
Umbrien

€ 12.90 (D) / € 13.30 (A)

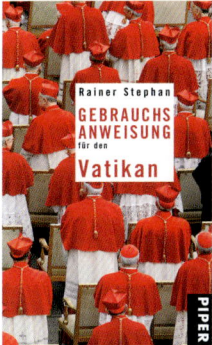

Rainer Stephan
GEBRAUCHS ANWEISUNG
für den
Vatikan

PIPER

€ 14.95 (D) / € 15.40 (A)

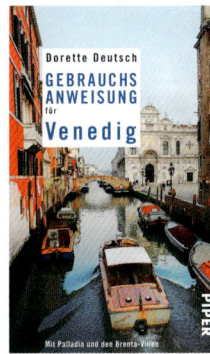

Dorette Deutsch
GEBRAUCHS ANWEISUNG
für
Venedig

PIPER

Mit Palladio und den Brenta-Villen

€ 14.99 (D) / € 15.50 (A)

„Liebevoll erzählt und scharfsinnig geschrieben."

Italien Magazin über die Gebrauchsanweisung für Mailand

BEGINNE

Multimediale R
Scroll dich um die Welt u

WWW.TRAVEL

EPISODES

DIE REISE

eisereportagen:
nd erlebe das Abenteuer!

PISODES.COM

€ 14.99 (D) / € 15.50 (A)

€ 14.99 (D) / € 15.50 (A)

€ 14.99 (D) / € 15.50 (A)

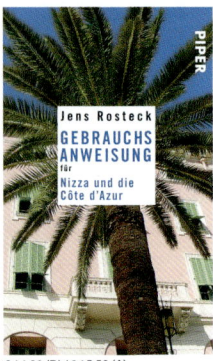

€ 14.99 (D) / € 15.50 (A)

€ 14.99 (D) / € 15.50 (A)

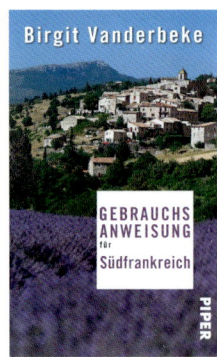

€ 14.99 (D) / € 15.50 (A)

„Das Buch ersetzt zwar keinen Aufenthalt, darf aber künftig nicht im Reisegepäck fehlen."

★ Abendzeitung über die Gebrauchsanweisung für Korsika

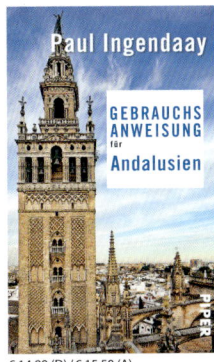

€ 14.99 (D) / € 15.50 (A)

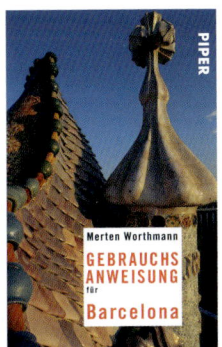

€ 12.99 (D) / € 13.40 (A)

€ 14.99 (D) / € 15.50 (A)

€ 12.90 (D) / € 13.30 (A)

€ 14.99 (D) / € 15.50 (A)

€ 14.99 (D) / € 15.50 (A)

€ 12.99 (D) / € 13.40 (A)

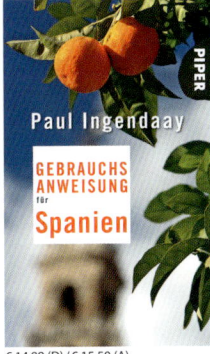

€ 14.99 (D) / € 15.50 (A)

€ 14.99 (D) / € 15.50 (A)

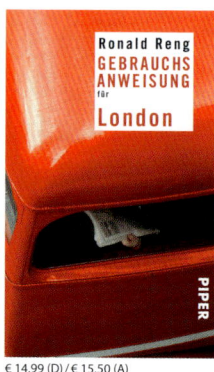

€ 14.99 (D) / € 15.50 (A)

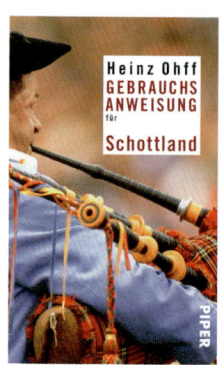

€ 14.99 (D) / € 15.50 (A)

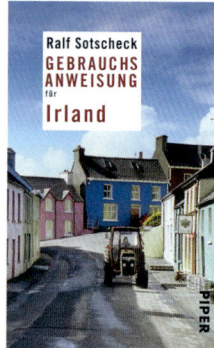

€ 14.99 (D) / € 15.50 (A)

„Sowohl für Erstbesucher als auch für Kenner spannend, unterhaltsam und informativ."

€ 14.99 (D) / € 15.50 (A)

€ 14.99 (D) / € 15.50 (A)

€ 14.99 (D) / € 15.50 (A)

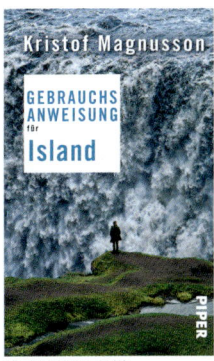

€ 14.99 (D) / € 15.50 (A)

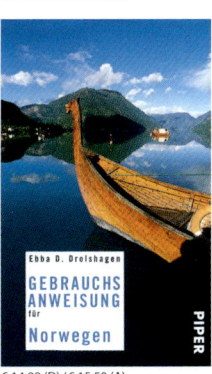

€ 14.99 (D) / € 15.50 (A)

€ 14.99 (D) / € 15.50 (A)

„Das Buch ist eine heitere Annäherung und alles andere als ein Reiseführer."

★ Frankfurter Neue Presse über die Gebrauchsanweisung für Island

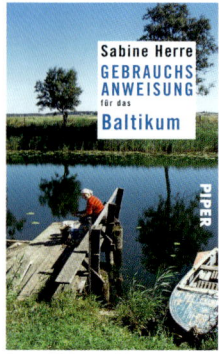

Sabine Herre
**GEBRAUCHS
ANWEISUNG**
für das
Baltikum

€ 14.99 (D) / € 15.50 (A)

Viktor Iro
**GEBRAUCHS
ANWEISUNG**
für
Budapest
und Ungarn

€ 14.99 (D) / € 15.50 (A)

Kai Strittmatter
**GEBRAUCHS
ANWEISUNG**
für
Istanbul

€ 14.99 (D) / € 15.50 (A)

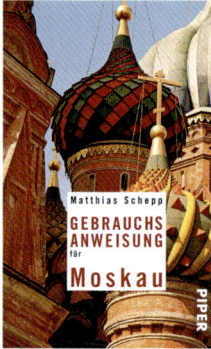

Matthias Schepp
**GEBRAUCHS
ANWEISUNG**
für
Moskau

€ 14.99 (D) / € 15.50 (A)

Radek Knapp
**GEBRAUCHS
ANWEISUNG**
für
Polen

€ 12.99 (D) / € 13.40 (A)

Jochen Schmidt
**GEBRAUCHS
ANWEISUNG**
für
Rumänien

€ 14.99 (D) / € 15.50 (A)

Jiří Gruša
**GEBRAUCHS
ANWEISUNG**
für
Tschechien
und Prag

€ 14.95 (D) / € 15.40 (A)

Iris Alanyali
**GEBRAUCHS
ANWEISUNG**
für die
Türkei

€ 14.99 (D) / € 15.50 (A)

Thomas Blubacher
**GEBRAUCHS
ANWEISUNG**
für
Bali

€ 14.99 (D) / € 15.50 (A)

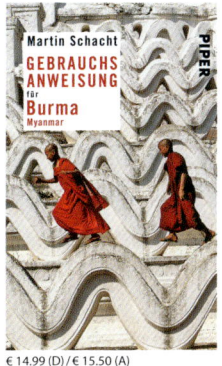

Martin Schacht
GEBRAUCHS
ANWEISUNG
für
Burma
Myanmar

PIPER

€ 14.99 (D) / € 15.50 (A)

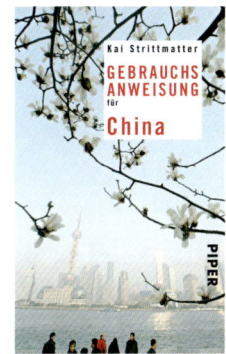

Kai Strittmatter
GEBRAUCHS
ANWEISUNG
für
China

PIPER

€ 14.99 (D) / € 15.50 (A)

Ilija Trojanow
GEBRAUCHS
ANWEISUNG
für
Indien

€ 14.99 (D) / € 15.50 (A)

Andreas Neuenkirchen
GEBRAUCHS
ANWEISUNG
für
Japan

PIPER

€ 14.99 (D) / € 15.50 (A)

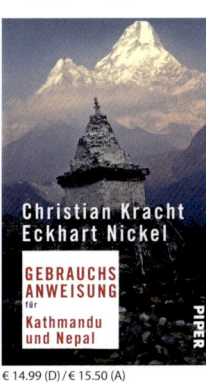

Christian Kracht
Eckhart Nickel

GEBRAUCHS
ANWEISUNG
für
Kathmandu
und Nepal

PIPER

€ 14.99 (D) / € 15.50 (A)

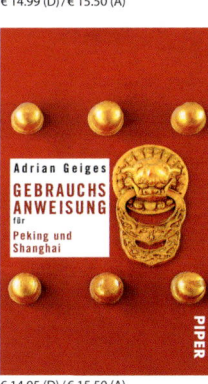

Adrian Geiges
GEBRAUCHS
ANWEISUNG
für
Peking und
Shanghai

PIPER

€ 14.95 (D) / € 15.50 (A)

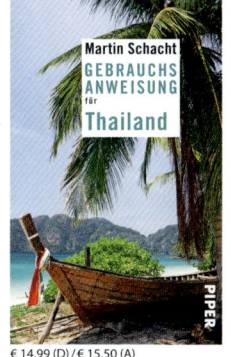

Martin Schacht
GEBRAUCHS
ANWEISUNG
für
Thailand

PIPER

€ 14.99 (D) / € 15.50 (A)

Uli Franz
GEBRAUCHS
ANWEISUNG
für
Tibet

PIPER

€ 12.90 (D) / € 13.30 (A)

Benjamin Prüfer
GEBRAUCHS
ANWEISUNG
für
Vietnam, Laos und
Kambodscha

PIPER

€ 14.99 (D) / € 15.50 (A)

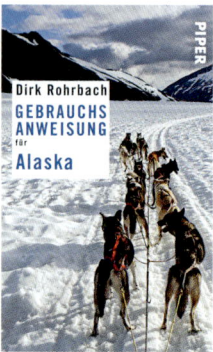

€ 14.99 (D) / € 15.50 (A)

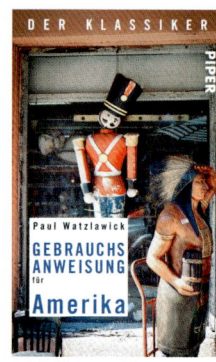

€ 12.99 (D) / € 13.40 (A)

€ 14.99 (D) / € 15.50 (A)

€ 14.99 (D) / € 15.50 (A)

€ 14.99 (D) / € 15.50 (A)

€ 14.99 (D) / € 15.50 (A)

€ 14.99 (D) / € 15.50 (A)

€ 14.99 (D) / € 15.50 (A)

Christian Thiele
GEBRAUCHS ANWEISUNG
für
Argentinien

€ 14.99 (D) / € 15.50 (A)

Peter Burghardt
GEBRAUCHS ANWEISUNG
für
Brasilien

€ 14.99 (D) / € 15.50 (A)

Ulrike Fokken
GEBRAUCHS ANWEISUNG
für
Peru

€ 14.99 (D) / € 15.50 (A)

Elke Naters
Sven Lager
GEBRAUCHS ANWEISUNG
für
Kapstadt und Südafrika

€ 14.99 (D) / € 15.50 (A)

Joscha Remus
GEBRAUCHS ANWEISUNG
für
Neuseeland

€ 14.99 (D) / € 15.50 (A)

Joscha Remus
GEBRAUCHS ANWEISUNG
für
Australien

€ 14.99 (D) / € 15.50 (A)

„Ein Appell aufzubrechen und eigene Abenteuer zu erleben, ein hinreissendes Plädoyer für Freundlichkeit, Neugierde, Achtsamkeit, Chuzpe, Herzensbildung, Eleganz."

Frankfurter Allgemeine Sonntagszeitung über die Gebrauchsanweisung für die Welt

Felicia Englmann
GEBRAUCHS ANWEISUNG
für
Dubai
und die Emirate

€ 14.99 (D) / € 15.50 (A)

DIE NEUEN SPORT-GEB

Heiße Motoren und Boxenstopps in
drei Sekunden, Rüpel auf Asphalt
und exzentrische Teamchefs,
Perfektion bis zum Heckflügel und
Tempo 300 – der Kabarettist und
Motorsportfan Jürgen Roth nimmt
Sie mit auf eine Reise durch die
Geschichte der Formel 1.

€ 14.99 (D) / € 15.50 (A)

Kultisch verehrt und abgrundtief
gehasst: Der FC Bayern ist zu einer der
wertvollsten Fußballmarken der Welt
geworden. Was diesen Verein aus-
zeichnet, wie er funktioniert und wie
er wurde, was er ist – all das zeigt
Helmut Krausser in diesem Buch.

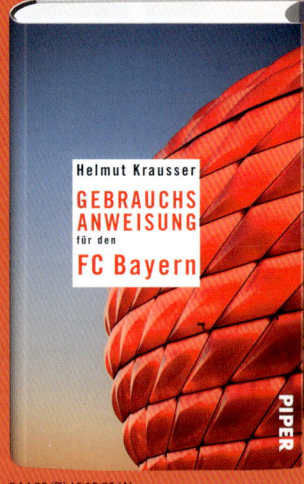

€ 14.99 (D) / € 15.50 (A)

RAUCHSANWEISUNGEN!

Kein anderer Sport ist so direkt und kompromisslos wie Boxen. Ob Klitschko-Kampf mit Millionen Zuschauern oder Fitnessprogramm im Gym: Hier wird die raue und glamouröse Welt des Faustkampfs vorgestellt.

€ 14.99 (D) / € 15.50 (A)

Wellness – kaum ein Zauberwort verspricht so viel. Aber was verbirgt sich dahinter genau? Kenntnisreich und humorvoll geht die Journalistin Susanne Hermanski den Geheimnissen von Tai Chi und Thalasso, heißen Steinen und Klangschalen auf den Grund.

€ 14.99 (D) / € 15.50 (A)

PIPER GEBRAUCHSANWEISUNGEN –
Was immer Sie begeistert, mit
diesen Büchern sind Sie mittendrin.

PIPER

Bestell-Nr. 90198 Stand: August 2015. Preisänderungen und Irrtümer vorbehalten.
Titelfoto: Roetting/Pollex/Look-foto

Poesie des Provisorischen

Eigentlich war es nur folgerichtig, dass Kati Witt irgendwann eine Liaison mit MacGyver einging, wahrscheinlich hat er sie mit seiner Frisur und seinem Basteltalent an die DDR-Männer ihrer Jugend erinnert, die ja, wenn sie ihrer Familie etwas bieten wollten, auf solche Fähigkeiten angewiesen waren. Man wohnte beengt und brauchte platzsparende Lösungen: Klappmöbel, Raumillusion durch Landschaftstapeten oder Spiegelkacheln im engen Bad. Es galt auch, die formale Strenge der Plattenbauwohnungen durch Gemütlichkeitsmobiliar, wie eine selbst gebaute Tiroler Sitzecke in der Küche, zu unterlaufen. Und das alles ohne Material! Das meiste wurde aus etwas gebaut, was dafür nicht vorgesehen war. Spätestens bei der Armee in den endlosen Monaten vor der Entlassung lernte jeder, aus hölzernen Wäscheklammern Rahmen für den Badezimmerspiegel und aus Streichhölzern sein Traumhaus zu kleben. Bei der Arbeit im Betrieb klaute man, um Nützliches zu basteln, für sich oder um es zu verkaufen. Aber auch die staatlich geforderte Konsumgüterproduktion war so ein Bastelprogramm, denn die

Betriebe mussten mit ihren Mitteln und Materialien Konsumgüter herstellen, die oft wenig mit ihrem Profil zu tun hatten. Eine Sargtischlerei baute Surfbretter, eine Schiffswerft Kaffeemaschinen, beim VEB Elektrokeramik Pankow haben wir als Schüler im PA-Unterricht (Produktive Arbeit) Laichgrotten für Aquarien hergestellt. Die tschechische Knetfigurenserie »Pat und Mat« kam mir immer wie eine Verfilmung unseres Alltags vor: Die beiden sympathischen Männlein wollten sich nur ein Huhn braten oder das Zimmer neu tapezieren, aber sie lösten durch ihre Ideen eine Kaskade von Pannen aus. Nicht Helden der Arbeit, sondern Helden der Freizeit. Unser Zentralorgan war nicht das *ND*, sondern das Bastelmagazin *practic*, auch wenn ich selten etwas daraus erfolgreich nachgebastelt habe. Hier wurde ganz offiziell gezeigt, wie man sich aus dem Bebo-Sher-Rasierapparat eine Art Dremel zum Schleifen und Bohren bauen konnte. Es gab eine Rubrik mit Lesertipps, zum Beispiel wie man aus Eierverpackungen einen Lampenschirm oder aus zwei Kleiderbügeln eine Trockenvorrichtung für Plastetüten herstellen konnte. 1988 wurde eine Anleitung zum Bau einer Maus abgedruckt, die »*sich zur Cursorsteuerung einen festen Platz erobert hat, bei manchen PC gehört sie sogar schon zur Standardausstattung*«. Das Baumaterial bestand aus zwei Holzkugeln, Schrauben, Muttern, Metallresten und einer Seifendose. »Hast du Isoband und Draht, dann kommst du bis nach Leningrad!« Aus einer Kaffeemühle wurde ein Nistkasten. Aus einer Schultüte wurde ein Papierkorb, Holzostereier, an denen offenbar kein Mangel herrschte, dienten als Füßchen. Ein Obdachloser in Dublin, der sich aus aufgeblasenen Plastetüten eine Sitzgelegenheit gebastelt hat. An der Hagia Sophia in Istanbul Straßenkehrer, die sich ihre Kehrschaufeln aus Plastekanistern zurechtgeschnitten haben. Kinder im marokkanischen Essaouira, die den unteren Teil eines alten

Staubsaugers als Spielzeugauto hinter sich herziehen. Das sind alles meine Landsleute.

Beim Lesen eines Buchs über aus Müll der Zivilisation gebastelte Objekte, die in einem riesigen Slum von Nairobi von fliegenden Händlern verkauft werden, ging mir ein Licht auf. Das Buch war die Publikation eines italienischen Design-museums, und die Objekte wurden in einer Ausstellung gezeigt, wie Kunstwerke. Den Kuratoren hatte sich die ver-blüffende Erkenntnis vermittelt, dass das, was wir als Design verstehen, nur eine Minderheit der Welt betrifft. Was in Nai-robi entstand, sollte niemandem gefallen, sondern es sollte funktionieren. Objekte, deren Hersteller unbekannt blieb, die Antworten auf Bedürfnisse gaben und die sich der Wieder-verwendung verdankten (wie bei uns im Kunstbereich das Ready-made), die von Handwerkern gemacht wurden, die immer wieder dasselbe Objekt produzierten, das aber immer etwas anders aussah. Wie bei Robinson Dinge, die am Strand angespült wurden, auf ihre Nützlichkeit für ein Leben auf der Insel interpretiert wurden, war es hier mit dem Müll der Zivi-lisation. Design war eine Waffe im Überlebenskampf. Man braucht Fantasie, um in einer Form eine andere zu entdecken, und das ist doch eigentlich Kunst. Außerdem hat es etwas Subversives, wenn unsere Produkte einfach uminterpretiert werden. Die Objekte wirken urban, aber gleichzeitig alt und von der Stammeskultur geprägt. Und sie sind absolut notwen-dig. Ein Herd wurde aus einer Gas-Kartusche gebastelt, eine Mausefalle aus Kabeln, ein aus Blechbehältern geformter Wischeimer hatte sogar eine Öffnung zum Auswringen des Mops. Selbst gegossene Aluminiumlöffel, ein Spielzeug-Trak-tor aus geschmolzenen Plasteabfällen, aus Plastetüten gehä-kelte Tierpuppen. Mir wurde klar, dass die DDR mit ihrer Bastel- und Improvisationskultur Teil der Dritten Welt gewe-sen war. Aber auch in Westberlin kannte man das damals, denn manche benutzten einen Kleiderbügel als Antenne, um DDR-Fernsehen zu empfangen. Ich hatte diese Lebensweise immer für das Poetischste an uns gehalten und war auch stolz darauf gewesen, dass man sich bei uns zu helfen wusste, statt einfach in den Baumarkt zu gehen, den es ja gar nicht gab. Eine eigene Lösung zu finden, war ein schöpferischer Prozess, der Befriedigung verschaffte. Und man lernte, mit unvollkommenen Lösungen zu leben, wie es aussah, war weniger wichtig, die Form folgte der Funktion, wie in den Manifesten der Design-Moderne. Im Garten diente eine Flurgarderobe aus Draht als Rankhilfe für Bohnen und eine alte Trommelwaschmaschine als Hundehaus. Mit einer Wäscheschleuder konnte man das Wasser aus dem Kloßteig ziehen. Bei den Motorrädern und Motorrollern von MZ und Simson hat der Gestalter Karl Clauss Dietel das »offene Prinzip« eingeführt: Alle Teile sollten vom Besitzer selbst ausgebaut und repariert werden können.

Ein Höhepunkt dieser Kultur sind die Gartenzäune, die man noch überall sieht, vorzugsweise in kleinen Dörfern, durch die nicht viel Verkehr fließt. Individuelle Kreationen, die zur Klassifizierung reizen. Wer hat diese Zäune hergestellt? Waren es Schmiede der LPG, die hier nach Feierabend oder während der Arbeitszeit Aufträge ausgeführt haben? Oder gab es Standardmodelle zu kaufen? Man sieht Zäune, die offensichtlich aus industriellen Stanzresten geschweißt wurden (vielleicht lässt sich daran ablesen, was für Fabriken es in der Gegend gab?), dabei sind konstruktivistische Muster entstanden, Poesie des Provisorischen. Andere Zäune variieren Motive, wie die Verbindung von Linien (Bewehrungsstahl) und Kreisen (Rohrsegmente), oft werden Blumen gestaltet und sehr oft Sonnen, was vielleicht Glück bringen soll, wie bei den prächtigen, geschnitzten Holztoren in der rumänischen Maramuresch. Es gibt auch Zäune aus Betonelementen, oft mit typischen geometrischen Mustern, manchmal aber auch interessante Gussformen. Es ist für mich eine Volkskunst, die leider niemand schützt. Denn diese Zäune werden dort, wo Geld da ist, gegen kitschige, gusseiserne Zäune aus Polen ersetzt, gegen Modelle aus dem Baumarkt oder generell gegen massivere Modelle.

Was ist schön? Was ist hässlich? Und ist das Privatsache? Im Osten sieht man immer noch überall Garagenwände und Zäune mit einem Muster aus Trapez und Fünfeck. Wer hat das entworfen? Warum war es in der DDR so verbreitet? Manchmal sind die Öffnungen mit verschiedenen Sorten geriffeltem Profilglas verschlossen worden, eine sozialistische Kirchenfensterkunst. Für mich hat das aber immer noch Charme, weil man eben nichts anderes hatte damals und sich diese Heimwerker sichtlich bemüht haben, mit den zugänglichen Materialien eine individuelle Lösung zu finden. Außerdem war es Eigenbau.

Die neueste Invasion droht von grauen Betonzäunen, die das Profil von Mauersteinen oder einen Gartenzaun aus Holz imitieren. Seit 1909 wurden von Gustav E. Pazaurek im Stuttgarter Landesgewerbemuseum in einer »Abteilung für Geschmacksverirrungen« hässliche Dinge gesammelt und erforscht, zwei der Kriterien waren »Materialvortäuschung« und »falsche Exklusivität«, was auf diese Betonzäune beides zutrifft. Vielleicht sollen sie auch nur ein subtiler Schutz gegen Einbrecher sein, weil man einfach nichts besitzen will, was von so einem Zaun geschützt wird? Ich glaube, so einen Gegenstand hätte das Amt für industrielle Formgestaltung in der DDR nicht zugelassen. Damals wurden Betriebe gedrängt, mit Gestaltern zusammenzuarbeiten, selbst wenn es um Kinderbadewannen ging, und man versuchte, das Sortiment der Hersteller auszudünnen. Heute muss der Kunde aus einer unendlichen Auswahl von Schrott, in dem das Gute völlig untergeht, selbst auswählen. Das ist demokratischer, überfordert aber die Menschen.

In der DDR waren Gartenzäune eher Markierungen, die anzeigten, wer hier wohnte, heute dienen sie als Schutz oder als protzige Besitzumrandung. Überhaupt sind ja mit dem Fall der Mauer überall neue Zäune gewachsen, die Hinterhöfe in Berlin wurden plötzlich parzelliert und konnten nicht mehr durchwandert werden. Ich bilde mir nicht ein, dass ich in einer brasilianischen Favela leben könnte, die Lebensbedingungen sind hart, aber die wundervoll wuchernde optische Vielfalt der Hütten, die sich nie wiederholen, gefällt mir viel mehr als die eintönigen Türme mit Eigentumswohnungen, von Stacheldraht abgegrenzt, die dort überall entstehen. Ein Pfarrer aus dem Westen hat mir mal erzählt, dass er als Student im »sozialistischen Büro« tätig war. »Nicht Brötchen mit Quark, Solidarität macht stark«. Man erzählte ihnen, dass, wenn bei »Hänsel und Gretel« das Pfefferkuchenhaus angeknabbert werde, sich darin die Angst der Hausbesitzer vor den Besitzlosen ausdrücke. Vielleicht werden bei uns wieder Grimms Märchen aktuell.

Der Fänger im Russenmantel

Heute will ich nach Magdeburg, komme aber wieder viel zu spät los und dann treffe ich auch noch in meiner Straße, wo Markt ist, Maik, meinen Nachbarn aus meiner alten Wohnung. Wenn man Maik hat, braucht man keinen Fernseher mehr, er redet so farbenfroh und ohne Pause, dass ich mir nie alle Sprüche merken kann. Maik wollte schon mit sechs Jahren Koch werden, später hatten sie sogar eine Lehrstelle für ihn, aber dann ging es nicht wegen seiner Füße. Sogar von der NVA wurde er freigestellt, aber die hätte er für den Traum vom Koch-Beruf sogar gemacht. Er ist dann Drucker geworden und war zur Wende sofort arbeitslos; es gab ja jetzt Visitenkartenautomaten. Jedes Mal, wenn ich ihn treffe, versucht er in einer anderen Branche Fuß zu fassen. In Wirklichkeit ist er aber Bluesgitarrist und spielt in verschiedenen Bands. Er genießt das Obst-und-Gemüse-Angebot, das wir heute haben. »Nimm die Cherry-Tomaten, da platzt dir der Hintern!« Er singt mit alten Leuten in Altersheimen, davon lebt er zurzeit. Dass sie lieber mit ihm singen als Bingo zu spielen, obwohl es da Preise gibt, darauf ist er stolz. Er versucht, mir die absurd-komplizierte Aufstockungsrechnung vom Arbeitsamt zu erklären. Ein Freund, sein erster Trommler, hatte schon einen Herzanfall. Das Leben sei endlich. Aber man könne sich jeden Tag entscheiden, ob man sich über die Welt aufrege oder zufrieden sei.

Noch etwas durcheinander von der Begegnung stecke ich den Schlüssel ins falsche Auto, weil ich Autos kaum unterscheiden kann, seit sie alle gleich aussehen. (Wie im Westen war auch in der DDR die Vielfalt früher viel größer, weil ja alle möglichen alten Typen aus dem RGW und aus früheren Jahrzehnten noch fuhren, die heute abgewrackt werden.) Ich fahre über Potsdam. Ich bin noch gar nicht richtig aus Berlin raus, als ich schon auf die Toilette muss. Als Autofahrer kommt man mit der Natur ja nur beim Urinieren in Kontakt; das sind immer schöne Momente, man hat sogar ein bisschen das Gefühl, sich nützlich zu machen. In den Wald ist eine Lichtung geschlagen – es gibt schon Asphaltwege und Laternen –, hier baut SAP ein »Innovationszentrum«, was nicht schlecht klingt, aber nebenbei werden auch Luxusvillen und Eigentumswohnungen am See verkauft. In einen Baum sind russische Buchstaben gekratzt, ich lese »Moskwa« und eine Jahreszahl. Erst nach und nach sehe ich, dass der ganze Wald hier russisch beschriftet ist, die verschiedensten Ortsnamen: Tjumen, Perm, Aschchabad. Die älteren Daten stehen weiter oben und die Konturen der Buchstaben sind unschärfer, weil die Bäume inzwischen gewachsen sind. Einstiche deuten auf Messerwurfübungen hin. Das war hier früher alles Sperrgebiet, um ganz Berlin zog sich ein Ring von russischen Kasernen, erkennbar an den Betonmauern mit dem simplen Kassettenmuster. Man hatte so gut wie keinen Kontakt zu den einfachen Soldaten, die den Leuten leidtaten. Für die Sowjetunion war die DDR wenig mehr als ein Truppenstandort, und ihren Soldaten und Offizieren waren inoffizielle Kontakte aus Geheimhaltungsgründen so streng untersagt, dass Offiziere innerhalb von 24 Stunden abberufen wurden, wenn sie sich nicht daran hielten. Trotzdem erinnern sich ihre Kinder heute gerne an die Jahre in der DDR, die für sie eine Heimat war. Wenn die deutschen Nachbarn Ostereier suchten, das kannten sie nicht. Sie warfen ihnen eine mit Konfekt gefüllte Matroschka über den Zaun.

Auf der anderen Straßenseite sehe ich einen Zaun mit Rotem Stern, dahinter Kasernengebäude in langen Reihen, von Büschen und kleinen Bäumen überwucherte Wege. Man kann durch das Gitter hineinschlüpfen. Ein verwaister Ehrenhain, mit den Halterungen für Fackeln. Viele DDR-Laternen und ein Feuerlöscher aus Apolda. Gut für meine Feuerlöscher-Topografie, ich freue mich ja immer, wenn ich noch welche aus Neuruppin sehe, Apolda kannte ich noch gar nicht. »Auf der Wacht für die Errungenschaften des Sozialismus« steht auf Russisch neben einer vermauerten Tür, darunter auf einem Schild mit gekreuzten Raketen »Warschauer Vertrag«. In den Gebäuden blättern drei Schichten Farbe ab. Die Russen waren ja beim ostdeutschen Handwerker dafür verrufen, dass sie Farbe einfach mit immer neuen Schichten übermalten, vor allem bei den Heizkörpern. In einem Raum stehen Bettgestelle. Die russischen Soldaten hatten nicht mal einen Spind, sie hatten nur einen Hocker und einen Rucksack, der an einem Nagel in der Wand neben dem Bett hing. Es sollen 100 und mehr in einem Raum geschlafen haben. Bei einem Russen habe ich gelesen, dass sie beim Essen nur acht Näpfe für zwölf Soldaten hatten und man sich um das Essen balgen musste. Man musste den, der das Essen austeilte, verprügeln, dann bekam man in Zukunft eine Kelle ab. Ein Land, das jede Generation seiner Söhne durch die Hölle einer von Sadismus und Entmenschlichung geprägten Armeezeit schickt, wird nie eine Zivilgesellschaft entwickeln.

Ein Raum mit einem Wandbild, Hase und Wolf als russische Folkloregruppe verkleidet; der Wolf spielt Balalaika, der Hase tanzt mit einem weißen Tuch in der Hand. Jemand hat Krokodil Gena das Gesicht rausgekratzt. Zwischenwände sind aus alten Papptafeln mit Losungen gebaut, als Tapete kleben überall russische Zeitungen. Ich entziffere die Einkratzungen an der Decke einer Dachkammer: »Ich, Andrjucha aus Simferopol, bis zur Heimkehr bleiben 6 Monate. Krim 88–90, Frühling«. An den Bäumen waren immer nur die Städte zu lesen, nie Namen, wohl wegen der russischen Spionage-Paranoia, weil die Soldaten sonst Ärger bekommen hätten. Ich höre ein Geräusch und erstarre. Als ich es wage, auf den langen Flur hinauszuspähen, entdecke ich dort eine Frau mit weißblonden Haaren. Jetzt ist es endgültig ein Tarkowski-Film. Sie geht langsam den Gang hinunter und verschwindet durch eine der Türen. Eine Russin, die sie hier vergessen haben? Oder ein Geist? Ich weiß gar nicht, was grusliger wäre.

Schnell mache ich mich mit dem Auto davon und beruhige mich erst wieder beim Anblick von Ulrich Müthers »Seerose« genanntem Uferpavillon an der Neustädter Havelbucht. Ob der Potsdamer Wahn eines Preußen-Historismus, der gerade das Zentrum zu verschlingen droht, wenigstens vor diesem originellen und lebensfrohen Bau von 1983 haltmachen wird? Es gibt zum Glück Initiativen, die gerade das Nebeneinander von Altem und Neuem als reizvoll begreifen. Denen stehen die entgegen, die zum Beispiel dem Hochhaus des »Mercure«-Hotels, ehemals »Interhotel«, nicht nachweinen würden, weil sie es für SED-Architektur halten. Dabei hat sich Ulbricht persönlich gegen diese »langweiligen Betonklötze« ausgesprochen; er wollte eine Architektur, die an Barock und Rokoko anschloss, und hätte sich in der Beziehung mit den Günter Jauchs von Potsdam bestens verstanden. Eine Potsdamerin erzählte mir, dass sie früher in den Ferien im »Interhotel« geputzt hat, einmal sogar das Zimmer von Dean Reed. Sie war richtig irritiert, dass sie hinterher noch derselbe Mensch war.

Ich parke auf dem Bordstein vor dem Rechenzentrum, das der wiederaufgebauten Garnisonskirche weichen soll. Über eine Seitenfläche und die Vorderfront des Viergeschossers zieht sich ein Mosaik. Man sieht einen sowjetischen Kosmonauten, der aus einer Wostok gestiegen ist und im All schwebt. Was mir gar nicht auffällt ist, dass die Flächen rechts und links versehentlich falsch montiert worden sind, so erkennt man die Erdoberfläche nicht. Aber man ist bei modernen Bildkompositionen ja auf alles gefasst. Die Zukunft lag im Kosmos – haben heutige Kinder auch noch solche romantischen Gefühle, wenn sie an Raumfahrt denken? Mosaikkunst war eine Spezialität im Osten. Ein Zitat von Marx ist zu lesen: »*Je weniger Zeit die Gesellschaft bedarf um Weizen, Vieh etc. zu produzieren, desto mehr Zeit gewinnt sie zu anderer Produktion, materieller oder geistiger Ökonomie der Zeit. Darein löst sich schließlich alle Ökonomie auf.*« Interessant, wie schwer das O mit Mosaik zu legen ist, es sieht unbeholfen aus.

Magdeburg

In Groß Kreutz überlege ich dreimal, woher ich den Ort kenne, bis mir der Fußballspieler einfällt. Obsthöfe, Äpfel und Birnen. In Genthin, wo »Spee« herkam, unser Waschmittel, gehe ich aus Verlegenheit zum Bäcker. Am Tresen liegt ein Ordner mit Thementorten aus, die zum Beispiel »Macho man« heißen. Immer mehr Bereiche unseres Lebens fallen heute einer Trashästhetik zum Opfer. Die schöne Schrift von »Der Augenoptikermeister« tröstet dafür. Noch existierender Einzelhandel und Gewerbe ist in kleineren Städten ja schon eine Sehenswürdigkeit. »*In Machdeburch ist's achte durch*«, das kann man heute wohl sagen, es ist schon dunkel, als ich dort ankomme. Mein sakraler Ort für diese Reise heißt Prester, die Kaserne der Bereitschaftspolizei, wo ich den Winter 1989/90 verbracht habe, während das Land seine glücklichste Stunde feierte. Am Ortsausgang befand sich ein umzäuntes Gelände, wo ich viele Nächte auf einem Wachturm verbrachte, in einer Wattejacke und mit Kalaschnikow. Dass wir TNT bewachten, machte ich mir nicht bewusst, es war mir egal, ich wollte nur schlafen. Heute ist das Gelände ein Bike-Inn, am Wachturm hängt ein Motorrad. Ich bin ganz verwirrt, die Hände zittern ein bisschen. Ich halte an der Straßenbahnschleife Pechauer Platz, wo ich immer aus- und einstieg, bei den wenigen Urlauben. Hier endet die Linie 4, Annett Gröschner, die aus Magdeburg stammt, porträtiert in Städten auf der ganzen Welt Straßenbahnstrecken der Linie 4.

Ich gehe an der Kaserne vorbei, einmal an der ganzen Front. Da ist das Haupttor, durch das man für die anderen beim Ausgang Schnaps schmuggeln sollte. Es brennen kaum Lichter. Die Fahnenmasten. Der Schlackeboden auf dem Exerzierplatz. Ich glaube, ich sehe die Kellerluke, wo wir die gefrorenen Schweineteile reintrugen, für die Küche. Es ist unbegreiflich, dass das alles überhaupt stattgefunden hat. Die meisten von uns waren nach ihrem Wehrdienst sofort arbeitslos.

Weiter zur Pension, die lange Halberstädter Chaussee entlang, westlich der Bahnstrecke. Die Häuser sind renoviert, aber kaum ein Mensch ist draußen. Ich parke auf der falschen Seite, klärt mich die Pensionschefin auf: »Also in Deutschland parkt man immer in Fahrtrichtung.« Die Fachwerkfassade, die mich beim Suchen im Internet überzeugt hatte, erweist sich als aufgemalt. Ein sauberes Zimmer mit rotem Teppichboden. Ob sie die Ölbilder auch selbst malt? Eine

Frau mit blauem Sonnenschirm in einer grün-gelben Landschaft.

Man übersieht es leicht, aber in der Friedrich-Ebert-Straße steht ein Denkmal für den russischen Offizier, der in seinem Mantel ein Mädchen gefangen hat, das aus dem Fenster gestürzt war. Ein Lot zeigt die Höhe an: 22 Meter. Seine Tasche hat er hingeworfen und in den Mantel einen Knoten gemacht, für einen festeren Griff. Sie hält sich noch mit einem Arm am Fensterbrett fest. Neben der Szene steht sie noch einmal und dankt ihm mit einem Blumenstrauß. Vom Haus gegenüber guckten ihre Eltern ihr Leben lang auf das Denkmal. »*Hauptmann der Sowjetarmee Igor Alexejewitsch Belikow fing die aus dem V. Stock fallende 4-jährige Kathrin Lehmann in seinem Mantel auf, geschehen am 13.III 69, W.-Pieck Allee 24.*« Einer der Mythen der DDR. So wurde einem vermittelt, dass es möglichst viele russische Offiziere in unseren Straßen geben sollte, damit sie herabstürzende Kinder retten konnten. Auf der Rückseite des Denkmals sieht man den Mantel in voller Größe. Es gab sogar ein Kinderbuch, das den Vorfall schilderte, »Kathrins Donnerstag«, aus der »Kleiner Trompeter«-Reihe: »*In der alten Stadt Magdeburg gibt es eine neugebaute breite Geschäftsstraße, die so schön ist, daß sie nach dem ersten Präsidenten unserer Republik benannt wurde. Viele Leute kommen täglich in die Wilhelm-Pieck-Sraße, um in den Geschäften einzukaufen und die Hochhäuser zu bewundern.*« Unser Physiklehrer rechnete uns in den 80ern vor, dass die Rettungstat gar nicht möglich gewesen war. Das Mädchen arbeitet heute in Berlin bei einer Unfallversicherung.

Gegenüber steht der »Blaue Bock«, ein Hochausriegel, die Scheiben verrammelt, früher war das ein Wohnheim für ledige Schwestern. Das Gebäude hieß so wegen der Betonpfeiler, die es stützen, aber auch wegen seines zweifelhaften Rufs. 2016 soll es abgerissen werden. »Tine Duschlampe« hat jemand rangesprüht. Eine Duschlampe? An der Seitenfront sieht man noch den Schatten des Centrum-Warenhaus-Logos auf dem Profilstein, so etwas entzückt mich.

Bei McDonald's frage ich eine Mitarbeiterin, ob sie von hier sei? Das sei doch das ehemalige Restaurant »Stadt Prag«? Die schönen Säulen und der Marmorboden erinnern daran. 2001 habe ich hier noch ein Wandbild gesehen, das inzwischen mit der Dekoration für McCafé überklebt worden ist. »Das hätte jetzt nicht mehr gepasst zum Café«, sagt sie.

»Wenn's noch mal wieder modern wird ...«, meint ihr junger Kollege.

Das Bild ist jetzt in Sicherheit, so kann man es auch sehen.

Im Nordteil der Breiten Straße war fast alles zerbombt. Man hat ab 1962 einen Fußgängerboulevard gebaut, nach dem Vorbild der Lijnbaan in Rotterdam, einer von den Deutschen zerbombten Stadt. Die Architekten waren damals junge Leute. Das Straßenraster wurde aufgegeben, die Wohngebäude zurückgesetzt, mit Läden, Gaststätten und Dienstleistungseinrichtungen unterbaut. Blumenbeete, Skulpturen. Auf alten Fotos sieht es sehr gelungen aus. Die perfekten Proportionen von Karstadt, ehemals das zweitgrößte Centrum Warenhaus der DDR. Die Fassade aus gefaltetem Blech mit schönem Muster, wie es an der Galeria Kaufhof am Berliner Alexanderplatz beim Umbau vernichtet wurde (angeblich war die Reinigung zu teuer). In Suhl sind die Waben nach dem Umbau sogar gestohlen worden.

Am Boden sehe ich die Sterne für die Magdeburger Olympiamedaillengewinner. Einer für die Handballer von 1980. Ich habe es live gesehen, wie Günther Dreibrodt, Hartmut Krüger, Wieland Schmidt und Ingolf Wiegert im Moskauer Olympiafinale die große UdSSR besiegten. Noch heute gucke ich in der Tabelle immer nach, wo der SC Magdeburg steht, obwohl ich nie Handball sehe.

Die Heizung im Zimmer ist über Nacht doch noch angegangen. Die nette Russin an der Rezeption erklärt mir den Weg zur Straßenbahn. Ich schreibe ins Gästebuch: »Viel besser als Prester 1989/90!« Schöne Stationsnamen in fremden Städten: »Lerchenwuhne«. Nadja sitzt schon im Café gegenüber vom Hotel »Grüner Baum«, einem früheren Restaurant und Schwulentreff. Sie will mich durch die Stadt führen. Als Erstes zeigt sie mir eine Schwimmhalle mit 50-Meter-Bahn in einem Wohngebiet. Unerschrocken betritt sie mit mir die Halle, sodass ich das Wandmosaik fotografieren kann, das Wasserballer zeigt und eine Frau, die sich den Rücken abtrocknet. Man darf nicht immer fragen, man muss einfach reingehen. Draußen sitzen fröhliche Rentner und genießen das Körpergefühl nach dem Sport. Ob sie noch Hamsterfleisch gegessen haben? Nach dem Krieg wurden in der Börde Hamster gefangen und das Fell gegen Zucker getauscht.

Als Nadja sieben Jahre alt war, zog die Familie vom Werder weg in eine Neubauwohnung, was sie schrecklich fand. Mit der Schwester hat sie ein Zimmer geteilt, eine Einhängeschrankwand in der Mitte wurde mit Tapete versehen. Die Mitschüler sagten: Heizung aus der Wand? Was macht ihr denn dann mit eurer Zeit? Das »Knattergebirge« war vor der Zerstörung bei einem Bombenangriff am 16.1.1945 ein dicht besiedeltes Wohngebiet gewesen. Das bleibt ein wichtiges Datum für die Stadt, da macht sie keine Kulturveranstaltungen, sondern geht in sich.

Unter ihnen wohnte ein Fußballspieler vom 1. FC Magdeburg, der ihre Wohnung im Auge gehabt und schon mit Westkacheln das Bad hatte rosa fliesen lassen. Die Wohnungen wurden aber verlost, sodass sie dann sein rosa Bad bekamen. Es gab eine Fahnenhängordnung für die Fassade: in der Mitte die DDR-Fahne, rechts und links davon die rote. Die Fahnen verwickelten sich im Wind mit den Fahnenstangen, einer aus der vierzehnten Etage erfand einen patentierten Fahnenhalter, der das verhinderte.

Um die Müllschlucker habe ich die Bewohner im Zehngeschosser immer beneidet, wir im Fünfer hatten keinen. »*Besuch uns mal, besuch uns mal / auf unserm Treppenflur / Es rutscht der Müll durch einen Schacht / das hat der Baumann klug erdacht / Von Asche keine Spur / Und Mutti freut sich nur.*« Nadja fand schrecklich am Plattenbau, dass der ganze Aufgang im selben Betrieb arbeitete. Heute sind die Bewohner in die Jahre gekommen, aber alte Menschen sind eine Ressource an Lebenserfahrung. Nadja veranstaltet Erzählcafés. Ein Küchenchef, der in den 70ern in New York für Außenminister Oskar Fischer gekocht hat. Das sei schrecklich gewesen, an so einem aufregenden Ort zu sein und weder Zeit noch Geld zu haben.

Magdeburg habe kein Image. (Außer dass es hier angeblich mal die größte Dichte an Nagelstudios gab.) Besucher fragten immer: »Wo ist denn hier das Zentrum?« Nadjas Vorschlag für einen Stadtslogan lautet: »Magdeburg, Stadt des Vakuums«. Tatsächlich heißt ja hier alles nach Otto von Guericke, dem Erfinder der Magdeburger Halbkugeln. Ich kann seine Leistung immer nicht recht würdigen, auf den Trick mit der Luftpumpe wäre ich auch gekommen.

Wir sind auf der ehemaligen »Promenade der Völkerfreundschaft«, an der Elbe. Warum musste man solche Orte umbenennen? Weil die ewig betonte Völkerfreundschaft verlogen war? War sie es denn? Zumindest hatte man mit Bewohnern des Ostblocks immer sofort gemeinsame Themen. Nicht nur wir haben in Bulgarien am Strand gelegen, auch für die Osteuropäer war die DDR eine Erfahrung. Bei einer Lesung im Lenau-Haus im ungarischen Pécs erzählte mir hinterher einer nach dem anderen, was er als Student in der DDR erlebt hat. Eine hatte 1974 im Rahmen des Studiums einen Monat in Stralsund in einer Brauerei gearbeitet. Sie sollten Deutsch praktizieren, was aber nicht ging, weil die Arbeiter immer betrunken waren. Sie hat ihre Diplomarbeit über Heinrich Böll geschrieben. »Wo warst du, Adam?« Dafür hat sie alle seine Romane in der Bibliothek bestellt und wurde vorgeladen, weil sie »Ansichten eines Clowns« lesen wollte, da stand aber was Ironisches über die DDR drin, das erregte Verdacht. Eine andere hat im Studium in einer Berliner Brauerei gearbeitet. Eine Kollegin behauptete, dass sie schon mal im Westen gewesen war. Sie hatte bei einem Staatsfeiertag die Quadriga geputzt und mit einer Hand in den Westen gegriffen. Ein Mann mit Schnurrbart war in Pécs auf eine katholische Schule gegangen, und da hatten sie in der ersten Stunde das deutsche Alphabet gelernt. In der zweiten fragte der Pater: »Was ist der wichtigste Buchstabe im Deutschen?« Keiner wusste es. »Das W, denn sonst hieße es ›Alter Ulbricht‹, ›Affenbrüderschaft‹ und ›Arschauer Vertrag‹«. Als er den Witz später »in Leibzsch« bei seinen ostdeutschen Kommilitonen erzählte, erstarrten die. Eine ostdeutsche Kommilitonin fragte ihn in einer Sitzung: »Würdest du in den Westen gehen?« Er überlegte. Sie: »Bedenke, dort gibt es Ausbeutung!« Er dachte: Ja, die werden ausgebeutet und sparen sich einen Mercedes zusammen und hier in 15 Jahren einen Trabi.

Ein Stein aus Nagasaki lag unter Panzerglas, aber das wurde nach der Wende zertrümmert. Als Mädchen waren Nadja und die anderen auf Rollschuhen die geschwungene Fußgängerbrücke runtergefahren und dann hier am Ufer entlang. »Sieben Tränen muß ein Clubfan weinen«, den an die Wand gesprühten Spruch hat sie jahrelang gelesen. Die Betonfahne, die sich kühn nach oben schraubt, sei jetzt ein Treffpunkt für Skater, denen die Rentner von den Bänken aus zusehen können. Am 7. Oktober 1974 wurde sie eingeweiht, sie war dabei. Es wurde eine Kassette eingelassen und gesagt, in 40 Jahren werde sie wieder rausgeholt. Die Bäume am Ufer werden gerade abgeholzt, weil dort Hochwasserschutzwände hinkommen. Beim großen Hochwasser 2013 waren sie illegal in einem Haus auf dem Werder geblieben, eigentlich war alles schon geräumt worden. Und dann klingelte ein Angestellter von den Stadtwerken, der das Gas ablesen wollte. Er hatte von allem nichts mitbekommen und wunderte sich nur, dass nirgends jemand aufmachte.

Die Hubbrücke über die Elbe – ein wundervolles Metallgebilde, zur Wende verklemmte sie wegen Rosts und blieb für immer oben. Und drüben auf dem Werder steht eine Halle, von Ulrich Müther 1970 aus vier Hyparschalen gebaut. Durchs kaputte Fenster sieht man das verrottende Parkett und DDR-Stühle. Da drinnen hat sie BAP gesehen und als Kind bei der Tombola der Wellensittichausstellung »Exota« einen Mängelexemplar-Vogel gewonnen. Im Osten wurde hier die Sendung »rund« aufgezeichnet. Rechter Hand die neusachlichen Gebäude der Theaterausstellung von 1927. Der Albinmüller-Turm mit Glaskuben. Das Pferdetor. Die braunen, gebrannten Ziegel, die Stadthalle. Ein Wunder, so etwas hier zu finden. Der damalige SPD-Bürgermeister hatte vor, aus Magdeburg eine 800 000-Einwohner-Stadt zu machen.

Eine Brücke führt zu einem Parkplatz, der lange kostenlos war. Man konnte ihn nicht versiegeln, weil jemand Kotspuren der blaugeflügelten Ödlandschrecke gefunden hatte. Zehn Jahre war das deshalb der beliebteste und verseuchteste Parkplatz der Innenstadt. Ich sammle solche von tapferen Tieren verhinderten Bauvorhaben. Man müsste eigentlich einen Ehren-Tierpark nur für diese Tiere einrichten. Besonders rührend ist der Fall der Zauneidechse, von der eine Familie genau an der geheimen Stelle lebt, wo in der Seddiner Heide in Köpenick die 1991 am heutigen Platz der Vereinten Nationen demontierte Lenin-Statue von Tomski in 129 Einzelteilen vergraben wurde. Die Aktivitätsperiode der Eidechsen musste bei der »Vergrämung« berücksichtigt werden, so heißt der Fachbegriff für den komplizierten Prozess der Umsiedlung, der aber immer noch wesentlich behutsamer abläuft als die Vergrämung von Millionen Ostdeutschen, die nach der Wende wegen der historisch beispiellosen Deindustrialisierung der Arbeit in den Westen folgen mussten.

Die Amerikaner hatten die Stadt zunächst eingenommen, erst im Juli '45 kam sie an die Russen. Bis dahin war es tatsächlich eine geteilte Stadt. Die Einwohner riefen sich über den Fluss Sachen zu, was ihnen verboten wurde. Man zog noch in den 80ern eher nicht »zu den Russen«, falls es mal wieder anders kommen sollte. Wo Russen wohnten, sah man immer daran, dass statt einer Gardine die *Prawda* im Fenster klebte. Teilweise durfte man in die Russenmagazine zum Einkaufen, teilweise nicht; angeblich musste man, wenn man erwischt wurde, zur Strafe Kartoffeln schälen. Nadjas Mutter schminkte sich grell, setzte sich eine Häkelmütze auf, sprühte sich mit »Kremltürmchen«-Parfüm ein und zog sich einen Pelz an, um Apfelsinen zu kaufen. Dicke usbekische Teppiche gab es auch, aber man musste aufpassen, dass beim Entrollen kein Lenin zum Vorschein kam. Die Oma meines russischen Brieffreunds hatte in Magdeburg bei der Armee gearbeitet, deshalb konnte sie ihm meine Briefe übersetzen. Ich überlege immer, ob ich versuchen sollte, ihn in Moskau ausfindig zu machen. Aber man hat ein bisschen Angst, was für einem Menschen man nach 30 Jahren gegenübertritt.

Wir gehen zur Bäckerei »Mund«. In Berlin gibt es ja kaum noch Bäcker wie früher, wo die Regale wirkten, als seien sie aus Resten von Luftschutzbunkerabstützungen gezimmert worden, und wo die Schrippen einem in einem Plastekörbchen gereicht wurden. Oder man reichte gleich den Beutel rüber. Wenn sie noch warm waren, das war etwas Besonderes, dann hatte man Glück gehabt. In kleineren Ortschaften kann man den Weg zum Bäcker morgens leicht finden, man folgt einfach den Rentnern, die einen leeren Stoffbeutel in der Hand halten. Heute muss man beim Bestellen alberne Namenserfindungen aussprechen: »Zimt-Wuppi mit Zipfel« oder »Fan-Block«. Ich sage dann immer: »Das da, bitte«. Mein Kollege Andreas »Spider« Krenzke hat ja einmal die Theorie aufgestellt, dass die Schlangen vor den Bäckern in der DDR aus Zeitreisenden bestanden, die aus der Zukunft kamen, um Ostschrippen zu kaufen. Ein vergessenes Gefühl: im Winter in der Schlange vor dem Bäcker stehen, die Schaufensterscheiben sind von innen beschlagen, und es riecht nach Schrippen und Kohlen. Die Schlange ist ja eigentlich ein verkanntes Soziotop (»sozialistisches Wartekollektiv«), so nah kommt man sich heutzutage nur noch auf dem Sozialamt. Ich habe von Leuten gehört, die es als Kind genossen haben, mit dem Opa in der Schlange zu stehen, weil er ihnen dann einmal ganz alleine gehörte. Es hat auch Spaß gemacht, wenn man eine größere Gruppe war, eine Schlange vor einem Geschäft zu erzeugen, indem man so tat, als stehe man an. Es dauerte nicht lange, dann hatten sich 50 Leute auf Verdacht eingereiht.

Die Türklinke hat die Form von einem vergoldeten Croissant. Es gibt Bärentatzen, Baiser, Sandgebäck, Eclair, »Prilleken«, »Aufläufer«. Die Waage stammt von der Schnellwaagenfabrik »City« Karl Lieberwirth, Leipzig. Eine etwas einsilbige Verkäuferin. Aber ich lasse mir sagen, dass die Magdeburger als Festungsbewohner alle verschlossen und mufflig seien. Im Prinzip wie die Berliner, aber ohne den flankierenden Witz. Als Nadja als Jugendliche nach Berlin zog, wollte sie Brötchen kaufen. »Das sind Schrippen«, wurde sie gleich belehrt. Und dann kostete es »einen Sechser«. Da dachte sie, in Berlin hätten sie andere Münzen, was ja vorstellbar war, weil Berlin als Hauptstadt in vielem eine Sonderrolle genoss.

Ich fahre zum Technikmuseum, eine ehemalige Werkhalle von SKET, die voller Maschinen, Fahrzeuge und Modelle steht; ein älterer Herr sitzt in der Pförtnerloge. Ich bin der einzige Besucher. Die Ausstellung ist nach Themengebieten geordnet, »Drehen«, »Stanzen«, »Hobeln«. Eine Ecke zu den wenig bekannten Magdeburger Raketenversuchen aus den 20ern. Eine Krananlage mit dem Warnschild: »Unter schwebenden Lasten lauert der Tod.« An der Meisterbude grüne Kreidetafeln mit Abrechnungen und Schichteinteilungen: »Tragfederaufarbeitung, Aufsichtsführender von … bis, Frühschicht Kollg. Nachtschicht Kollg.« Die Welt echter Fabrikarbeit, Erinnerungen an den PA-Unterricht werden wach, vor allem die damals deutlich empfundene Abneigung, jemals in so einer Fabrik zu arbeiten, wo unter schwebenden Lasten der Tod lauerte. Im Freibereich steht eine Thälmann-Statue, die einen zu flachen Hintern haben soll, weil sie eigentlich an einer Wand stand, oder weil man Material sparen wollte. Man kann sie von einer der Bänke aus gut betrachten. Sie bewacht das renaturierte Gelände des Schwermaschinenkombinats Ernst Thälmann, eine Steppe, ehemals Krupp, ehemals Gruson, ehemals 20 000 Mitarbeiter. Die Thälmann-Filme sind in Magdeburg gedreht worden. Magdeburg sollte sogar einmal in Ernst-Thälmann-Stadt umbenannt werden. Thälmann und Telemann sind ja nicht zu verwechseln.

Solche Fabriken hat jeder DDR-Schüler gekannt, weil man ab der siebten Klasse alle zwei Wochen in der Produktion arbeitete. Jeder weiß noch heute, was er damals montiert oder gefeilt hat, oft waren es Dinge aus dem Sortiment der den Betrieben abgeforderten Konsumgüter. Ein Thema für ein Befragungsbuch: »Was haben Sie im PA-Unterricht hergestellt?« Man traf dort auf echte Arbeiter, eine Atmosphäre, ganz anders als in der Theorie oder auf den Bildern des sozialistischen Realismus. Einerseits bekam man mit, wie wenig sich die, die ganz unten lebten, aus dem Staat machten, andererseits war auch ein spezifischer proletarischer Humor zu erleben, wenn einem zum Beispiel beim Frühstück die vergessene Blech-Stullenbüchse am Tisch festgenagelt wurde. Auf mich wirkten die schweren Geräte, die teilweise noch aus der Kaiserzeit stammten, wie bedrohliche Urzeitmonster, das Mantra vom Arbeitsschutz. An einer tonnenschweren Konsolfräsmaschine aus Chemnitz zu arbeiten! Heute würde mich das reizen. Der verblasste grüne Anstrich, der Ölgeruch, die vielen Kurbelräder, Zahnräder, Einspannvorrichtungen, rote Knöpfe, die Gefahr suggerierten.

Im Forum Gestaltung sehe ich eine Fotoausstellung von Dietrich Bahß mit Magdeburg-Bildern aus den 1970ern und 80ern; die Stadt sieht darauf noch so aus, wie ich sie '89 kennengelernt habe. Der Hasselbachplatz, wo ich mich als Prenzlauer Berger heimisch gefühlt habe, »Der Bücherfreund«, die Buchhandlung hat natürlich längst geschlossen. Da hatte ich vor der Wende die Volker-Braun-Werkausgabe abonniert, der zweite Band wurde tatsächlich noch nach Berlin geschickt. Die blinden oder kaputten Fenster eines Altbaus. Intellektuellenpartys, alle rauchen, Bärenblut wird getrunken, die meisten Männer mit Bart. Heiner Müller liest an einem Tisch mit Deckchen, die Zuhörer sitzen auf dem Boden. Sascha Anderson immer in der Nähe. Das muss anstrengend gewesen sein, sich im Schneidersitz »Medeamaterial« anzuhören. Einen ungeheuren Respekt vor anspruchsvoller Literatur gab es damals, Unterhaltung und Zerstreuung waren verpönt. An der Wand sind Fotos von der jährlichen Einberufung am Wehrkreiskommando am Domplatz. Die jungen Männer noch mit langen Haaren. Es wurde bis morgens eine letzte Party gefeiert. Drachensteigen in den Elbwiesen, ein Kübeltrabi als Antrieb. Ein Pferdewagen transportiert Flaschenkisten durch ein Neubauviertel.

Lange Fahrt aus der Stadt in meine Unterkunft. Rechts grüße ich die Zeile Gründerzeithäuser, die laut Zeitung gerade abgerissen werden. An einem Trafohäuschen steht ein Graffiti: »Heinz-Krügel-Stadion«. Das war der legendäre Trainer, der den 1. FC Magdeburg 1974 zum Europapokalsieg geführt hat und später entlassen wurde, weil er gegen die Bespitzelung eines gegnerischen Teams aus dem Westen war. Das »City Hotel« befindet sich – im Widerspruch zu seinem Namen – kurz vor der Stadtgrenze am kleinen Magdeburger Flughafen. Hier arbeitet ein Bekannter von Nadja bei einer neuen Feuerwache, die Standortbedingung für den Flughafenausbau war, der aber gar nicht kam. Noch dazu können sie nicht zu Einsätzen, weil sie durch eine Bahnschranke müssen. Also fahren sie nur zum Aufräumen raus. Ein vierstöckiger Plattenbau ist zum Hotel umgebaut worden, über dessen Fenster Spitzdach-Augenbrauen geklebt wurden, um die Wirkung des Baus zu »vermenschlichen«. Der Mann an der Rezeption spricht seltsam, dann wird mir klar, dass er Russe ist, da auch russische Nachrichten laufen und am Empfangstresen auf Russisch steht: »*Wsjatki nje beru, no ljublju malki podarki.*« (Ich nehme kein Bestechungsgeld, liebe aber kleine Geschenke.) Der WLAN-Zugang sei ein Jahr gültig, wenn ich ordentlich sei und ihn aufhebe: »Und Sie sehen so aus, als wären Sie ordentlich.« Das Zimmer liegt ebenerdig, es gibt eine Duschecke, Blick auf Autohäuser und Tankstellen. Beim Duschen kann man es kaum vermeiden, dass etwas auf den Teppich läuft. So erklärt sich wohl auch der Wasserfleck an der Decke. Mir fällt ein, dass ich gelesen habe, im Magdeburger Wasserwerk lebe immer noch ein Krokodil, ein Geschenk einer Stadt aus Mali als Dank für eine Trinkwasseraufbereitungsanlage. Ich dusche also in Krokodilwasser, das wird mich stärken.

Am Morgen sitzt in der Frühstücksecke ein Russe und guckt »Sturm der Liebe«. Die russischen Putzfrauen sehen nach dem Rechten.»Wenn ich die letzten Zimmer verkaufe, rufe ich sie an«, sagt der Rezeptionist am Telefon. In der blendenden Sonne verlasse ich diese eigenartige Gegend am Stadtrand. Ich drehe aber noch einmal um, weil ich am kleinen Flughafen ein auffälliges Flugzeug gesehen habe. Tatsächlich ist es eine Tupolew 134, die in den 80ern nach einer harten Landung aus dem Verkehr gezogen worden ist. Jemand hat sie schon 1987 in Oschersleben aufstellen lassen. Der schöne INTERFLUG-Schriftzug, das selten gewordene DDR-Emblem vor dem freien Feld.

Aschersleben

In einer alten Kaufhalle am Ortsrand von Aschersleben befindet sich ein privat betriebenes DDR-Spielzeugmuseum. Ein Sturm hat kürzlich ihr Vordach abgehoben. Am original PVC-Belag sieht man noch den Abdruck der alten Kasse. Sie sind 27 Vereinsmitglieder, davon hätten 26 eigene Firmen, erzählt mir einer der Betreiber. Aber die Stadt untersage ihnen, auf der Straße Hinweisschilder aufzustellen. Dabei machen sie auch Spielveranstaltungen mit Kindern, damit die sehen, dass man nicht nur am Computer spielen kann. Wenn sie mit ihrem beschrifteten Museumsbus durch die Gegend fahren, würden sie oft angesprochen. Eine erschlagende Fülle von Spielzeug aus allen Epochen der DDR erwartet mich. Ich staune immer wieder über die handwerkliche Qualität und den pädagogischen Reiz vieler dieser »Ostspielzeuge«, die von uns reflexartig geringer geschätzt wurden als alles aus dem Westen. Mich betörten damals die perfekte Gestaltung und das unzerstörbare Material der Westfiguren. Ich halte Playmobil für einen der bedeutendsten westdeutschen Beiträge zur Gegenwartskunst. Die Ostsachen sahen immer so nachgebaut aus, klobiger, und vielleicht auch kindlicher. Heute finde ich gerade das rührend.

Ein »Meister Hämmerlein«-Kasten. Bunte Holzteile werden mit Hammer in Kork geschlagen. Oder: »Vom Stahl zum Brot – das vielseitige Quartettspiel«. »Flieg mein Hütchen«, man schnipste bunte Plastehütchen in Löcher mit Zahlenwerten. Sofort sehe ich das Zimmer in unserer Altbauwohnung vor mir, wo wir das gespielt haben. Hatten wir den Holzkran im Kindergarten? Die Hydropneumatische Rakete L3 mit Satellit. Die hielt ich damals für eine Einbildung meines Bruders, der mir davon erzählte. Man lud sie mit einer Luftpumpe auf, bevor sie startete. Wie sollte denn das gehen? Gärtnerei Tulpe vom VEB Plastspielwaren Tabarz, heute wieder »Kellner«. Das System wird bei Manufactum angeboten, wie auch tschechische Blechautos. Seltsam, dass manches aus der DDR gerade in diesem Hochpreis-Umfeld überlebt hat. Auch das ungarische Mondfahrzeug steht hier, das bei jedem Hindernis die Richtung änderte und dabei auf einem Luftstrom einen Styroporball balancierte. Mein Onkel aus Potsdam hatte das, aber irgendwie fehlte bei jedem Besuch die passende Batterie, in Betrieb habe ich es nie gesehen. Erwachsene hatten keinen Sinn dafür, wie wichtig einem so etwas war; der ganze Ausflug hatte dieses eine Ziel. Die Plastetröte vom VEB BMK Ost Müncheberg für 1,35 Mark habe ich immer zu Fußballspielen ins Stadion mitgenommen. Das Kybernet-Fahrzeug hatte mein Freund Andy. Mit auf der Kühlerhaube kreisförmig angeordneten Plasteblöcken konnte man den Weg programmieren. Auf die Scheibe des Fahrerhäuschens war ein Raumfahrer gemalt. Das Famos Chemielabor 401 »74 einfache chemische Versuche für Anfänger ab 11 Jahre« hatte meine Cousine. Wir haben versucht, Weintrauben aus Rosinen herzustellen. Der »Großblockbaumeister« vom plaspi VEB Plastspielwaren Waltershausen: »*Mit Freude nimmt jeder am Bauge-*

schehen teil. Und die Kinder stellen, wißbegierig wie sie sind, viele Fragen zur Technologie des modernen Plattenbaus.«

Der berühmte Muldenkipper, den jedes Kind damals kannte – auch den haben sie hier. Mit Seitenspiegeln, die immer abgingen. Man hockte sich drauf, die Ladefläche klappte hoch, und man schrammte sich die Knie auf. Dass er aus Bulgarien kam, wird mir nicht geglaubt. Kein Wunder, da mein Gesprächspartner nicht nur alles über DDR-Spielzeug weiß, sondern auch Dinge, von denen vielleicht nur er weiß. Zum Beispiel den eigentlichen Grund für Franz Josef Strauß' Milliardenkredit, 600 Millionen davon seien in Wirklichkeit als Abfindung für PEBE geflossen, die schon lange vor LEGO einen »Einzapf-Baukasten für Kinder« erfunden hätten. Nach dem Deal wurde das System PEBE 2000 genannt, und die Zapfen hatten eine andere Größe, sodass Ost- und Weststeine nicht mehr zusammenpassten. (Eine abenteuerliche Geschichte, aber reizvoller als die Wahrheit.) »Otto« verkaufe übrigens noch Restbestände von DDR-Feuerwehren. Und was man hier sehe, sei nur der kleinste Teil der Sammlung. Sie hätten auch nichts doppelt ausgestellt. Die Inter-Tank Minol Zapfsäule. Man konnte seine Matchboxautos betanken und den Preis und die Liter ablesen. »*No smoking*« stand dran, das fanden wir komisch, wieso sollte man da beim Tanken keinen »Smoking« tragen? »*Nastolnaja igra Chockey*«, ein Eishockeyspiel für den Tisch, das hatte unsere Russischlehrerin, weswegen wir sie manchmal besuchten. Und das Basketballspiel daneben hatte ich mir mal erbettelt. Wie so oft war ich von einem irritierend realistischen Bild auf der Schachtel angelockt worden, einem Basketballer beim Wurf, und das Spiel war dann etwas ganz anderes: zwei Holzlatten, die rechtwinklig montiert werden, ein kleines Netz und unten wird eine Plastescheibe zum Schnipsen reingesteckt mit einem Loch, in den ein Tischtennisball kommt. VEB Spielwaren Zwickau.

Nicht nur LEGO sei in Wirklichkeit in der DDR erfunden worden, sondern auch die Carrera-Bahn, eine Kopie der PREFO-Rennbahn von VEB Plasticart. Ja, hatte denn der Westen keine eigenen Ideen? Und warum ist das nicht allgemein bekannt? Bisher war ich immer davon ausgegangen, dass in der DDR Dinge aus dem Westen kopiert worden waren. Ich habe eine kleine Sammlung von so etwas. Micky Maus und seine Verwandten und Bekannten galten in der DDR ja als bürgerlich-dekadente Unkultur, trotzdem traf man hier und da auf Spuren ihrer Existenz. In Rumänien gab es in den 80ern sogar offizielle Walt-Disney-Sondermarken. Bei uns allerhand Mutationen, eine grüne Gummikopie der Maus und einen Handtuchhalter mit Micky-Nase als Haken. Es gab auch eine Alf-Kopie, die »Malfi« genannt wurde, und einen »Bogumil« genannten Ernie-Kopf aus Plaste. Wir haben auch Computerchips nachgebaut und Aerobic als »Pop Gymnastik« betrieben. In unserem untoten Land haben wir uns vom Blut anderer ernährt, ich finde das nicht falsch, es gehört Intelligenz dazu. Jemand hat mir erzählt, seine Mutter forschte beim Kopierwerk Köpenick daran, Kodak-Filme nachzubauen, mit weniger Silberverbrauch.

Auf einer schönen Eisenbahnlandschaft fährt vor plaspi-Plattenbauten eine Magnetschwebebahn. Das kann doch nicht sein? Warum haben mir meine Eltern die unterschlagen? Ich hätte jeden, der mir damals von so etwas erzählt hätte, für verrückt erklärt. Man zeigt mir ein Barkasmodell aus Plaste, das haben die Tschechen produziert. Der Freundeskreis hier besitzt das Positiv und hat es vergrößern lassen. Das könnte man als Ostalgie-Bobby-Car produzieren lassen, aber sie finden niemanden, der ihnen das bauen will.

Ich fahre in den Ort, an einer originellen Lärmschutzwand aus Bauschutt und Sanitärkeramik vorbei, und parke im Zentrum, gegenüber von drei Plattenbauten mit hölzernen Erkern, die mit eingelassenen Keramikfiguren geschmückt sind. Sofort lockt mich das Schaufenster eines Antiquariats, in dem ein Band »Mit der Sowjetunion für immer fest verbunden – Eine Bilddokumentation« steht. Ich frage den Betreiber, ob er geöffnet hat, da doch am Mittwoch laut Aushang »Haushaltstag« sei, und erfahre, dass er in ein paar Tagen für immer schließen wird, er habe keine Lust mehr, »nur zur Belustigung der anderen« da zu sein. Er macht mir einen Deal, ich solle diesen Teller mit zwei Scheiben Stollen nach hinten tragen, die Treppe hoch, dann könne ich mich umsehen. Ein herrlich vollgerümpelter Hof, ist das ein Plumpsklo? Eine schiefe Holztreppe führt auf einen Speicher, auf dem man Getreidesäcke vermuten würde, aber eine erschlagende Menge von Bücherkisten findet. Das meiste ist unsortiert. Zwei Frauen und ein Herr sind hier am Suchen, sie freuen sich über den Stollen. Man bereut, jemals angefangen zu haben, Bücher zu kaufen, wenn es noch so viele andere gibt, von denen man nie gehört hat. Unten sieht es ähnlich aus, auch wenn noch Ansätze einer Systematik zu erkennen sind; er muss irgendwann aufgegeben haben. Die 500 Euro Miete, sagt er, hätten ihm das Genick gebrochen, die Bücher übernimmt ein Internethändler aus Berlin. Er stammt aus der Prignitz. Der hiesige Bürgermeister sei eher an Gewerbegebieten interessiert. Ich kaufe einen Bildband über die Sowjetunion und »Ich war ein schlechter Schüler«, ein sowjetisches Kinderbuch, ein Buch mit Basteltipps für Schere und Papier und Erich Schmitts »Berufslexikon«, das ich als Kind auswendig konnte, was mir meine Berufswahl leider nicht erleichtert hat. »Ah, ein Kulturgutretter«, sagt ein anderer seiner Kunden stollenkauend zu mir. Der Antiquar signiert mir ein Heftchen mit eigenen Texten: »*Für Jochen zum Besuch im Antiquariat, das in 3 Tagen zu macht wegen Volksverblödung*«.

Wernigerode

In Wernigerode denke ich an einen Reiturlaub, den ich hier als Kind mit einem Schulfreund verbracht habe; für ein paar Tage waren wir unserem Traumberuf Indianer ein Stück näher. 30 Jahre später bin ich mit meiner kleinen Tochter im Winter hier, die mich als Erstes fragt, ob im Harz auch mal Sommer sei. Den Reiterhof gibt es immer noch, allerdings ist es jetzt kein VEB mehr. Ob unsere Haflinger noch leben? Sie hießen Dixie und Paloma. Die Club-Gaststätte, in der wir immer »Kraftsuppe« bestellten, weil wir uns Muskeln davon versprachen, gibt es nicht mehr. Wir sehen uns den Wildpark an. Bei den Uhus liegen Mäuse zum Verspeisen bereit. Ein Wanderweg führt zum Schloss, vom Vorplatz sieht man den Brocken. Wir wollten damals immer auf den Kanonen sitzen, aber jeder brauchte eine für sich. Ein Wildschwein hängt kopfüber über einer stilisierten Flamme. In einer unbeachteten Ecke wurde hinter der Tapete ein bisher unbekanntes Klo des Fürsten entdeckt.

Mit der Harzquerbahn fahren wir zum Brocken, an allen Kurven stehen Männer mit Stativen und fotografieren die Dampflok. »Unsere Harzquerbahn wird hier ihre Wasservorräte ergänzen, eine Gelegenheit für sie, interessante Fotos zu machen«, heißt es an einer Station. Trixi hat wieder Angst vor dem »Abort«. Auf dem Brocken sieht man im Schneetreiben nichts, es ist eiskalt. Im Brockenmuseum erfahre ich, dass der Fichtenborkenkäfer in der Rinde »Rammelkammern« anlegt. Das wäre auch eine Bezeichnung für die Plattenbauwohnungen gewesen. Früher waren hier viele Flächen gesperrt, da es ja in den Westen ging. Eine Mitschülerin hat im Unterricht auf die Frage, warum es am Brocken die Baumgrenze gebe, geantwortet: »Damit man die Flüchtlinge besser sieht.« Die russischen Soldaten, die hier stationiert waren, sammelten Sauerampfer, weil sie nur Sauerkraut zu essen bekamen. In einer Vitrine liegt ein Löffel vom Brockenhotel, den ein Oberst nach 50 Jahren zurückgebracht hat. Er war am 18.4.1945 am Brocken in einen Jagdbomberangriff geraten, war in Deckung gegangen und hatte dabei den Löffel gefunden, der eigene war ihm zwischen Sorge und Elend verloren gegangen. Sein Leben lang hatte er sich vorgenommen, den Löffel irgendwann zurückzugeben.

In Drei Annen Hohne steigen wir spontan aus, 5 Kilometer durch den Wald bis zur Steinernen Renne müssten doch zu schaffen sein. Trixi jammert so erbärmlich, dass ich sie schließlich huckepack trage. Am Ottofelsen heult sie los, weil ich den kleinen Abstecher machen will, aber sie weigert sich, die Leitern hochzusteigen, heulend steht sie unten. Und ich denke an 1981, als wir hier oben unsere Namen ins Geländer geritzt haben. Man sieht weit ins flache Harzvorland.

Endlich sind wir am Wanderziel, es dämmert schon. Trixi ist nicht daran interessiert, sich die vereisten Kaskaden der Steinernen Renne anzusehen. Die Restaurantchefin rät uns ab, den Weg runter zu laufen. Ich bewundere die Vitrinen mit Modelleisenbahnen. Es gibt Bratkartoffeln: »Wir können den Speck weglassen. Im Weglassen sind wa Spitze.« Trixi bekommt einen Lutscher mit Kirschgeschmack, an den sie sich noch Jahre erinnern wird.

Die Wirtin ruft uns ein Taxi, das nicht kommt, auch das zweite kommt nicht. Als endlich doch eins kommt, schimpft der Fahrer auf die glatte Strecke. Er hat so lange gebraucht, weil er mehrmals Sand auf die eisglatte Fahrbahn schippen musste. Ein Auto liegt im Straßengraben, beim Versuch, es abzuschleppen, rutschen wir fast selbst ab. Der Fahrer erzählt, dass mal ein Taxi über eine Kante gerutscht sei, der Fahrer musste die ganze Nacht die Bremse drücken und konnte nicht aussteigen, bis Hilfe kam.

Mit dem Bus fahren wir nach Thale, unterwegs sehe ich in einem Ort Plattenbauten mit einer aufgemalten Spitzdach-skyline. Ich höre Gespräche der Fahrgäste mit: »Die Baum-kerzen haben früher viel länger gebrannt.«

»Im Altenheim, da sind nur 20 Leute, da kennt man sich. Aber es ist natürlich auch schlimmer, wenn einer stirbt.«

»Man kann ja Läuse *und* Flöhe haben.«

»Ja, die Haut ist ein Ausscheidungsorgan.«

»Früher waren die Einkaufswagen nicht so groß, dass man zu viel reintut, weil noch nicht mal der Boden bedeckt ist, und dann wundert man sich am Ende über die zu zahlende Summe.«

»Die Jugendlichen haben früher noch mit Kreide ge-schmiert, das ging wenigstens wieder weg.«

»Und an den Bushaltestellen hat es nicht so gezogen.«

»Und die Nachttöpfe sind nicht so schnell umgekippt.«

In Thale fahren wir mit der Seilbahn, ich denke an die Möglichkeit einer Zombiekatastrophe, dann wäre die Gon-del eine Zuflucht, aber auch eine Falle, man würde immer hoch- und runterfahren und könnte nicht aussteigen. Die Seilbahnstation ist noch ein DDR-Gebäude. Neu ist das Kamel, auf das man sich setzen kann und das ein Lied spielt, aber nur für Geld. Und am Hexentanzplatz sind unfassbar hässliche Bronzeskulpturen von Hexen und Teufeln dazuge-kommen. Uns lockt aber die Sommerrodelbahn, wir fahren dreimal, beim ersten Mal bremsen wir noch, dann haben wir raus, dass man das gar nicht muss. Trixi erzählt mir, dass ihre Lehrerin am Ende des Schuljahres der Klasse etwas Besonde-res aus ihrem Leben erzählen wollte und jetzt ist sie gesund-heitsbedingt im Ruhestand. Trixi war die einzige Schülerin, die ihr am Frauentag eine Karte geschenkt hat.

In Thale gibt es ein DDR-Museum, das sich in der obers-ten Etage eines Möbelhauses befindet; man bekommt mit der

Eintrittskarte einen Gutschein für das Möbelhaus. Durch die Auslagen mit kitschigem Nippes im Parterre geht es zum Fahrstuhl aus dem Jahr 1972 vom VEB Sächsischer Brücken- und Stahlhochbau Dresden TAKRAF. Fahrten mit dem Fahrstuhl sind ja immer ein kleiner Trost dafür, dass man nicht Kosmonaut geworden ist. Es ist das Bürogebäude der Betriebsabteilung Behälter- und Apparatebau des Eisen- und Hüttenwerks Thale. Hier oben war ein Chemielabor zur Email-Forschung. E-Mail? Ach so, Email! Oben befand sich die chemische Abteilung des Stahlwerks. So einen ockerfarbenen, geriffelten Fliesenboden habe ich immer bei der Armee geschrubbt, in der Großküche. Die Räume sind vollgestopft mit DDR-Alltagsleben, im Hintergrund dudeln etwas enervierend in Endlosschleife Pionierlieder. Aber was man hier sieht! Den Schaukelwagen, der sich umdrehen lässt und dann ein Auto ist, würde ich sofort mitnehmen, den hat Hans Brockhage 1950 entwickelt, ein Schüler des Bauhäuslers Mart Stam. 2000 wurde er bei Manufactum wieder aufgelegt. Etwas seltsam nehmen sich die von Schülern nachgebastelten Grenzanlagen aus. Es gibt auch Hausmodelle, die eine schlesische Flüchtlingsfamilie in Thale aus Heimweh gebaut hat. Oder eine Plakatcollage »1. Einkauf mit der D-Mark«, Etiketten von Nutella, Onko, Maoam. Rondo Melange hat sich dazwischengemogelt. Haben auch andere Familien ihren ersten Westeinkauf mit solch einer Bastelarbeit gefeiert? Niemand ahnte, dass mit der Währungsunion das Schicksal der ostdeutschen Industrie besiegelt war.

Ich frage den Betreiber, ob ich einen der dreigeteilten Schulspeisungsteller, die sie in ihrem Imbiss benutzen, kaufen könne, und er ist nach etwas Zögern einverstanden. Er gibt mir sogar noch ein »Menübesteck« aus Alu vom VEB Alekto Freiberg dazu. Damit kann ich probieren, welche meiner Plomben noch aus Amalgam sind. Er hat gerade ein älteres Ehepaar aus Dortmund zu Gast, denen es hier gefällt: »Die Wohnzimmer sahen bei uns nicht anders aus, meine Mutter hat auch so gewohnt.«

Nordhausen

Die Hotelbesitzerin in Nordhausen erklärt mir die Stadt, aber wenn ich das alles ansehen wollen würde, müsste ich drei Tage bleiben. IFA-Museum, Tabakmuseum, Schnapsbrennerei, Museumsvilla, KZ-Gedenkstätte. Mein Zimmer liegt ganz am Ende von mehreren Gängen − warum kriege ich immer so weit entfernte Zimmer? Manchmal war ich dadurch fast schon wieder in Berlin. In der Altstadt gehe ich in die Gaststätte »Zum Socken«, die nach Thüringer Klößen aussieht. In einem Vorraum ein in die Wandpaneele eingelassenes Aquarium. Emailschilder: »Legt euer Geld in Alkohol an, wo sonst gibt es 40 %?« Alkohol war in der DDR die Universaldroge, Alkoholiker war nur, wer nach der Arbeit weitersoff. Mir hat mal jemand vom Dienst im Krankenhaus erzählt, wo die ganze Nachtschicht betrunken war, nur nicht der Alkoholiker, der im Patientenbett lag. Ich setze mich in den Vorraum, um die Gespräche am Stammtisch mitzubekommen.

»Oberamtsrat wärst du nie im Leben geworden, wenn du nicht hergekommen wärst in den Osten«, sagt ein dicker Mann zu einem anderen dicken Mann.

Eine nette russische Kellnerin, schwarze Haare, vielleicht in meinem Alter, bringt mir Gurkensalat und Klöße mit Wildgulasch. Die Stammtischler sind wohl alle beim Amt oder beim Gericht oder beim Amtsgericht. Man beschwert sich, dass im Büro drei Frauen gleichzeitig schwanger seien.

»Seid froh, wenn sie Kinder bekommen, welche euch bezahlen eure Rente!«, sagt die Bedienung.

Ich bin froh, dass ich in Deutschland immer mehr Osteuropäern begegne – ob sie instinktiv spürt, dass wir einen ähnlichen Migrationshintergrund haben? Die Frauen im Büro würden morgens eine Dreiviertelstunde darüber reden, was sie zu Mittag essen, höre ich. Werbung für Magdeburger Bier und Nordhäuser Kautabak hängt an der Wand. Ich lese in der Broschüre vom Aschersleber Buchhändler. Später traue ich mich doch noch an den Stammtisch. Alle erzählen von ihrer ersten Begegnung mit den Indianern, also den Ostdeutschen. Die Grenzkontrollen waren immer so schlimm. Und im Land musste man Angst haben vor Unfällen, wenn Personen beteiligt waren. Also *sie* musste im Osten immer gleich an der ersten Apotheke anhalten, weil sie von dem Stress Magen-Darm bekam. *Er* staunte in einer Gaststätte, weil alle verstummten, sobald der Kellner an den Tisch trat. Die wollten nicht, dass wer mithört. Jedenfalls denkt er das. Er war in ihrer kleinen Gemeinde Bürgermeister und besuchte die Partnergemeinde im Osten, um ausgemusterte Computer zu liefern, »die hatten ja nichts«. Er setzte sich in den Trabi, wollte sich wie üblich seine Jacke zurechtrücken, da knackte der Sitz nach hinten durch. Aber die hätten Ersatzteile dafür gehabt. Er ist auch Jäger. Im Osten jagten sie damals auf Fleisch und nicht auf Gehörn. Die wollten ihm immer Fleisch mitgeben. (David Wagner hat mir erzählt, dass er die Ostdeutschen als Kind für eine Art Gallier gehalten hat, weil ihm zu Ohren gekommen war, bei uns esse man Wildschwein wie bei Asterix. Der Witz ist, dass Wildschweinfleisch aus Thüringen in jüngerer Zeit in Verruf geraten ist wegen der radioaktiven Belastung als Folge von Tschernobyl.) Der Oberamtsrat hatte mal Verwandte aus Rostock zu Besuch. Die bauten in ihrer Werft Trawler für die Russen. Der Mann brauchte unbedingt Griffel zum Markieren von Metall, und er brachte ihm dann beim nächsten Besuch eine Hand voll mit. »Das hat der Werft einen

Schub nach vorne gegeben.« Der Ex-Bürgermeister von der CDU betont erneut, dass sie bei der Maueröffnung Tränen in den Augen hatten. Aber der Regierungsumzug nach Berlin? Einer hat mal einen Bonner Friseur gefragt, wie er das sehe, ob er jetzt dichtmachen müsse. Nein! Im Gegenteil! Die könnten ihm gestohlen bleiben! Die verlangten alle dieselbe Frisur und gäben kein Trinkgeld. Er sei froh, wenn die weg seien und Leute von der Wirtschaft kämen. Wir kommen auf Erinnerungen an die Zeit, als man noch Bahnsteigkarten lösen musste. Und dann sind wir bei einem »Billy Mo« und alle singen: »Ich kauf mir lieber einen Tirolerhut.« Das sei kein schlechtes Lied gewesen, das müsse man aus der Zeit heraus sehen. »Machen Sie weiter, und dann läuft das«, sagt der Ex-Bürgermeister zu mir. Ich versuche, mir den Abdruck seiner Hand auf meiner Schulter zu merken, für Momente der Mutlosigkeit.

Morgens jogge ich durch Nordhausen. Auf dem Gelände des ehemaligen VEB Nordbrand Nordhausen stehen riesige Flaschenmodelle von Eiskorn und Echtem Nordhäuser Doppelkorn, die ich nachts noch für Silos gehalten hatte. Das war mal Bückware. Zwei Laternenmasten tragen acht kranzförmig angeordnete Kindersärge, das ist Rekord. Ich frage mich, ob dieser Nordhäuser Leuchtenkranz in der Leuchtenforschung überhaupt bekannt ist. Die Schule auf dem Petersberg schmücken fantastische Fassadenbilder aus der Aufbauzeit, als die Motivwelt noch recht beschränkt war: Arbeiter und Bauern, Wissenschaftler, Kinder, die aufmerksam zuhören. An einem Fünfgeschosser Balkons mit herrlichen, farbigen Kacheln: ein Fischotter, Hamster, Eichhörnchen. Im »Stöbereck« im ehemaligen Lehrlingswohnheim des IFA gibt es nur gebrauchten Möbelmüll aus der jüngeren Vergangenheit. Wie hässlich und würdelos diese marmorierten Couchgarnituren und scheußlichen Schrankwände aussehen. Das sind keine Trödelläden für Liebhaber, sondern für Menschen, die sich nichts anderes leisten können. Ich kaufe drei mit blauen Blumen verzierte rumänische Steingutteller für 1,50 Euro.

Kyffhäuser

Frohgemut genieße ich die Straße, noch die schmalste Strecke ist in Deutschland wunderbar glatt, und es ist, als zöge ich mit dem Gaspedal einen endlosen Asphaltteppich unter mir weg. Es geht kurvig und steil in den Wald und dann führt ein Abzweig zum Kyffhäuser. Man könnte ihn ja in Kiffhäuser umbenennen, um ihn attraktiver für die Jugend zu machen. Der Parkautomat behält seine Scheine bei sich, dafür spuckt er mir mein Geld und die 2 Euro des Vorgängers aus, der auch schon keinen Schein bekommen haben wird. Ich bin heute fast der einzige Besucher. Das Kyffhäuser-Denkmal, vom selben Baumeister wie das Völkerschlachtdenkmal errichtet, ist als absurde national-romantische Inszenierung der Kaiserzeit sehr sehenswert. Eigentlich schade, dass der Vorschlag des Architekten, auf diesem Berg zusätzlich ein »deutsches Olympia« zu errichten, eine »Feststätte für deutsche Nationalfeste« mit einer Arena für 400 000 Besucher, nicht verwirklicht wurde. Offenbar gab es nach dem Krieg auch Pläne, hier so etwas wie das »Arbeiter-und-Kolchosbäuerin«-Denkmal von Vera Muchina hinzustellen. Barbarossa, der in einem Steinbruch an seinem Tisch sitzt, sich in den Bart fasst, und darauf wartet, in Deutschland wieder das Zepter zu übernehmen und für eine Blütezeit zu sorgen. Über ihm ein Reiterstandbild von Wilhelm I., dem neuen Barbarossa, »Weißbart auf Rotbarts Throne«. Barbarossa schickt alle 100 Jahre einen Zwerg hoch, nach den Raben zu sehen, um eventuell wieder aufzuerstehen. Dann kann er auf den Sitzbänken aus der DDR Platz nehmen und den Panoramablick über die Ebene genießen, wo sich in der Ferne Züge und Autos bewegen.

Der Steinmetz, der am Turm das E in »Preussn« vergessen hat, soll sich zu Tode gestürzt haben. Ältere Besucher wollen bei Gewitter im Bauch von Wilhelms Pferd gesessen und Skat gespielt haben. Ein Hindenburg-Denkmal soll aus so hartem Porphyr gewesen sein, dass es nicht gesprengt werden konnte und einfach umgestürzt und vergraben wurde. Es wurde 1968 bei Bauarbeiten für ein Erholungsheim der Staatssicherheit wiederentdeckt und ins Fundament eingearbeitet. 1949 hat ein Genosse vom SED-Kreisvorstand Sangerhausen hier noch Angestellte in der Uniform des dahingegangenen Kyffhäuser-Kriegerbundes Dienst tun sehen. 1968 wurde dann beschlossen, dass die Ausstellung helfen müsse, »den Imperialismus zu entlarven«. Deshalb ließ die DDR in der Turmhalle einen Reliefzyklus anbringen, der das Leben vom Feudalismus bis in den Sozialismus darstellen sollte. Vom eingebundenen Text der Becherschen Nationalhymne musste die Zeile »*Deutschland einig Vaterland*«, als sie den Oberen nicht mehr genehm war, mit einem Blechstreifen verdeckt werden. Nach der Wende wollten Eiferer das Relief entfernen lassen und die Halle wieder im Originalzustand sehen (auch mit den Beiträgen der Nationalsozialisten? Töpfen mit Erde von den durch Versailles verlorenen deutschen Gebieten?). Zum Glück ist das unterblieben, so ergibt sich ein aufschlussreiches Bild von den verschiedenen Epochen nationaler Selbstinszenierung. Der Traktorist, der sich verträumt auf die Motorhaube stützt, während sein Kollege den Anlasser ankurbelt, wirkt doch in diesem Kontext eher menschlich. Im Zentrum steht die sozialistische Kleinfamilie mit drei Kindern als Ziel der Geschichte, konservativer geht es ja eigentlich gar nicht. Das müsste doch auch den Burschenschaftern gefallen.

Auf dem Turm soll man bei Gewitter nicht die Geländer anfassen. Ich gucke in alle Richtungen und suche die Abraumkegel aus dem Mansfelder Kupferbergbau. Der Barbarossaturm hat einen »Aborterker« und diente dazu, Angreifer mit Gülle und faulendem Obst zu demoralisieren. Es gibt hier oben auch den tiefsten Burgbrunnen der Welt. 40 Jahre waren zum Ausschachten der 176 Meter nötig. Der Reichsarbeitsdienst legte den Brunnen von Schutt frei und brachte auf dem Brunnendach eine Wetterfahne an, der nach dem Krieg das Hakenkreuz entnommen wurde, das kleine Loch ist sogar noch zu sehen. (Mehr zum Thema in: Ralf Rödger: »Der Kyffhäuser. Ein Gebirge, ein Berg, eine Burg, ein Denkmal«, Regensburg 2013)

Unten begegne ich dem Mann, den ich beim Aufstieg gegrüßt habe.

»Und? Wie viele waren es?«

»Wie viele was?«

»Na Stufen, 256. Wir haben uns vorhin gesehen, ich musste die Stufen zählen, daher die kurze Begrüßung.«

Manchmal sind ältere Leute eine Wohltat.

»Automatischer Poller«, jemand hat das O manipuliert, jetzt steht dort »Automatischer Puller. Stop an der Haltelinie«. Das passt gut zu diesem humorlosen Bauwerk. Ein »Klubtisch vom VEB Holzverarbeitung Cranzahl« liegt neben der Sperrmülltonne zum Abholen bereit; ich erweise ihm die letzte Ehre.

Bad Frankenhausen

Im Stadtmuseum befindet sich eine postgeschichtliche Sammlung, die der Postamtsvorsteher, der 50 Jahre hier beschäftigt war, auf dem Dachboden des Postgebäudes, wo er mit seiner

Familie lebte, von 1934 bis 1985 in einer Kammer zusammengetragen hat. Immer, wenn etwas ausgemustert wurde, hat er die Gerätschaften aufgehoben. Nach der Wende verlangte die Deutsche Post die Räumung der Kammer. Zum Glück sprang das Museum ein. Briefkästen, Briefwaage, Briefmarkenautomaten mit Kurbel, ein Stapel der Zeitschrift *Kontakt*, das »Organ der SED-Betriebsparteiorganisation der Bezirksdirektion Deutsche Post Erfurt«. Das Fähnchen mit dem Schornsteinfeger kommt mir bekannt vor: die Lotto-Werbung. Meine Oma spielte bei ihren Besuchen in Ostberlin immer Lotto, wir begleiteten sie zur Annahmestelle im Parterre unseres Hauses. Meinen Bruder machte es wahnsinnig, dass sie sein Geburtsdatum tippen wollte, er fand das total unlogisch, warum sollten das denn Glückszahlen sein? Im Gästebuch schreibt jemand auf Rumänisch, dass ihn die Sammlung »umgehauen« habe.

»Beim Telelotto gab es früher für Vierer und Dreier wenigstens noch was!«, spricht mich ein älterer Herr an.

»Na, ich hab nie was gewonnen. Ich hab mehr auf einen ›Durchläufer‹ gehofft, damit die Kugel noch mal runterrollen musste und die Sendung länger dauerte.«

»Und auf Arbeit wurde das Gehalt bar ausgezahlt, da hatte man noch ein Verhältnis zum verdienten Geld.«

»Und bei den Reiseeierbechern schließen die kleinen Salzfässchen nicht mehr so wie früher, habe ich mir sagen lassen«, ergänze ich. »Achten Sie mal drauf.«

Ich muss weiter zum Bauernkriegspanorama! Eine erstaunlich schmale Straße führt nach oben. Vom Parkplatz bis zum Panorama leuchten einem BSL (Berliner Straßenleuchte), späte DDR, den Weg. Die runden Waschbeton-Papierkörbe würde man heute wohl auch auf dem Mars finden, wenn je ein DDR-Raumschiff dorthin geflogen wäre. Der elegante Panoramabau – man kann sich vorstellen, wie hier oben Winterstürme toben, während im Inneren, in völliger Stille, ein Kunstwerk von Weltrang wartet. Die schwarze Decke mit Schallschluckelementen. Es dauert lange, sich bei einem Bild, das 123 Meter mal 14 Meter misst und bei dem jeder Fleck voller Figuren und Szenen ist, zu orientieren. Das Bild hat zwar die Epoche des Umbruchs vom Mittelalter zur Neuzeit als Thema, aber für den Maler Werner Tübke, der daran von 1976 bis 1987 gearbeitet hat, war es trotzdem wie ein riesiges Tagebuch, dessen Szenen sich unmittelbar auf seinen Alltag bezogen. Sich selbst, seine Ex-Frau und seine neue Frau sowie seinen Hund hat er auch mit eingebaut. Dass es zu diesem Auftragswerk gekommen ist, für das ein ganzes Gebäude errichtet wurde – ein gigantisches Projekt wie aus feudalen Zeiten, das aber nicht wie damals das Lob seines Auftraggebers singt, denn den staatlich verordneten Geschichtsoptimismus sucht man hier vergebens –, ist für mich ein Rätsel. Verglichen mit der brachialen Nationalromantik des Kyffhäusers war die DDR hier einmal ungewöhnlich progressiv.

Sömmerda

Immer fahre ich knapp an Bilzingsleben vorbei, einer Fundstätte von Urmenschenknochen. Man hat mir erzählt, dass ein Urmensch wegen der föderalen Grenzen in Deutschland zwischen Thüringen und Sachsen-Anhalt geteilt wurde, Kopf und Körper liegen nun getrennt. Ein Beispiel für die vielen, manchmal unsichtbaren Grenzen, die auch heute noch durch Deutschland verlaufen, wie die zwischen Sprosser und Nachtigallaufkommen (mitten durch Frankfurt (Oder)), der legendäre Eierscheckenäquator nördlich von Dresden, die Grenze zwischen Aldi Nord und Aldi Süd und natürlich unsere inneren Grenzen, die wir nur durch Yoga überwinden können.

Aber mich interessieren heute Computer mehr, deshalb will ich nach Sömmerda.

Im kleinen Stadtmuseum wird an die Geschichte der Büromaschinenfabrik erinnert. Vor dem Krieg haben sie Zünder hergestellt, danach wegen ausgefallener Rüstungsproduktion auf Schreibmaschinen umgestellt. In der DDR dann Rechenmaschinen, Fakturiermaschinen, aber auch Konsumgüter, die Sahnespritze kenne ich noch, die Lötpistole und vor allem den piezoelektrischen Gasanzünder, den wir im Altbau für den Gasherd hatten. Davon hat man elf Millionen produziert! Brotschneidemaschinen, Schraubstöcke, Fruchtsaftzentrifugen. Aber ich bin wegen des PC 1715 hier, dem ersten 8-Bit-Rechner der DDR. Im November 1985 wurde auf der Delegiertenkonferenz der Betriebsparteiorganisation durch den Sekretär des ZK Günter Mittag festgelegt, dass noch 1000 weitere davon hergestellt werden sollten, aber ein anderer Funktionär hängte eine Null an, und dann waren es 10 000, was sie auch schafften. Große Investitionen ins Werk und in die Stadt. Angeblich war es der größte Computerproduzent im Ostblock. Es gab Betriebssportgemeinschaften für Gewichtheben, Kanufahren, Kegeln, Laienensembles, Chöre, Theater, Zirkel schreibender Arbeiter. Pausengymnastik über Betriebsfunk. 1989 hatte Sömmerda 23 000 Einwohner und 13 000 Beschäftigte im Büromaschinenwerk, davon 6400 Pendler aus 170 Ortschaften. 1991 kam die Liquidation. Ich lasse die Tastatur klackern, das Gefühl der harten Plasteblöcke macht mir eine Gänsehaut. Ich habe an diesen Rechnern als Schüler Turbo Pascal gelernt. Manche Tasten habe ich nie verstanden, die wären später drangekommen. Toll fand ich, dass die Tastatur getrennt vom Rechnerkörper war, das wirkte modern. Keine Zeitungsmeldung über unsere Wirtschaft kam damals ohne die Begriffe »Schlüsseltechnologien« und »CAD / CAM« aus (»Computer am Dienstag, Chaos am Mittwoch«).

Im Gästebuch schreibt eine Elisa, elf Jahre: »*Ein sehr tolles Museum, die Sachen sind sehr alt aber wenn man sie genauer betrachtet ist es doch nicht so schlecht.*« Ich finde, Museen sollten nie renoviert werden. Ich mag es, wenn sie schön staubig sind und man nicht so richtig zwischen Ausstellungsstücken und Museumsmöbeln unterscheiden kann. Sehr altmodisch und schön sind Dioramen, hier im Stadtmuseum von Sömmerda gibt es eins mit Zinnfiguren, die Schlacht bei Langensalza. 1866 hat also Preußen gegen Hannover Krieg geführt; so lange ist das noch nicht her, und ich habe nie davon gehört. Man zeigt bei uns ja immer gerne mit dem Finger auf Länder, in denen in unseren Zeiten noch Bürgerkriege toben. Die rührende Sorgfalt, mit der hier mit Watte der Mündungsrauch der Flinten dargestellt wird, steht im Widerspruch zur Tatsache, dass sich Menschen erschießen.

Gab es in der DDR viel Kriegsspielzeug? Im Vergleich zu dem, was früher üblich war, und dem, was man heute kaufen kann, denke ich das eigentlich nicht. Spielzeugpanzer fielen natürlich besonders negativ auf, weil die offizielle Friedensideologie immer im Widerspruch zur Militarisierung der Gesellschaft stand, wogegen auch Wilhelm Busch mit seinem Igel nichts half. Die Kirche war auf jeden Fall streng pazifistisch, in unserem kirchlichen Kindergarten durften wir beim Fasching als Cowboys keine Colts tragen, als Ersatz gab es Bananen. Unsere Junge Gemeinde gestaltete bei einem Kirchenfest einen Stand, an dem man sein Kriegsspielzeug gegen Friedensspielzeug umtauschen konnte, mit wenig Erfolg. Und Schach war davon ausgenommen, obwohl es doch eigentlich auch ein Kriegsspiel ist. Jedenfalls fand ich es unvorstellbar, dass es bei der Bundeswehr noch Militärpfarrer geben sollte, und wie verwundert war ich erst bei den Autobahnkirchen und dass Marx zum Vorsitzenden der Bischofskonferenz gewählt wurde.

Die Stadt ist schon um 20 Uhr wie ausgestorben, als hätte hier eine Virusepidemie gewütet. Im kleinsten Ort der Reise muss ich am häufigsten auf die Karte sehen. Der Kanal, der für den Kanusport angelegt worden ist. Das uralte, fast senkrecht gesetzte Pflaster. Ein kleiner Kirchplatz und ein Eckgeschäft mit alter Inschrift. Früheres Kleinstadtleben, das man sich nicht mehr vorstellen kann. Im Park eine zugewachsene Freilichtbühne. Das Schwimmbad, das ein Bild von Schwimmenden ziert, sehr modern und geometrisch. Vor der Betriebsschule lagen 1973 schon die welligen Dachelemente für die Volksschwimmhalle, die dann für Leinefelde zur Verfügung gestellt werden sollten. Kurzerhand hat man sie auf dem Betriebsgelände versteckt und später verbaut. Gegenüber liegen die Gebäude der Computerproduktion, von der nichts geblieben ist. Ein roter Stern prangte auf dem Kulturhaus, leuchtete er, hatte man an dem Tag den Plan erfüllt. Ein Platten-Wohnblock in der Friedrich-Engels-Straße hieß »das Dampfschiff«, da die Wohnungen anfangs von einer alten Lokomotive beheizt wurden. Das einzige Hochhaus im Ort – so etwas war auch ein Statussymbol, heute stehen sie oft nur noch, weil jemand Miete für die Mobilfunkantennen kassiert. Ein Wehr mit Mühle. Und dann, beim dritten Vorbeilaufen, sehe ich die Robotron-Uhr, zum 7. Oktober 1989 vom Werk der Stadt geschenkt. Der schöne Schriftzug. Daneben der kleine Brunnen, aus dem bei der Inbetriebnahme am 1. Juni 1985 (Kindertag) Limonade kam. Im Keller der Delikat-Verkaufsstelle gegenüber war ein Fass deponiert, und eine unterirdische Leitung führte zum Brunnen. Dort kann man jetzt Hörgeräte kaufen.

Im »Goldenen Adler« gibt es Roulade und Würzfleisch. Das Restaurant hieß früher »Gastronom«, es wurde in den 70ern renoviert. Man sieht noch den DDR-Touch, außen Fachwerk, innen alles entkernt. Nach und nach wurden in der Altstadt Häuser abgerissen und durch neue Blöcke ersetzt, am Markt mit viel architekturbezogener Kunst. Wie kleinstädtisch hübsch es hier vorher aussah, dann die Zerstörung von alter Substanz durch die DDR und dann die weitere Zerstörung durch Wärmedämmung und Lückenbebauung nach der Wende. Alte Bäume sind verschwunden und schöne Ladenschriften: »Für die Dame« in elegant geschwungener Schrift ist jetzt Woolworth. Gleich daneben »Für den Herrn«. Die junge Kellnerin, die mir das Würzfleisch bringt, weiß nichts mehr vom Gastronom und vom Brausebrunnen.

Im Hotel setze ich mich zu einer Preisskatrunde, ausschließlich Männer. Sie haben ihre eigene Kreidetafel mitgebracht, die Namen der Spieler werden auf Pappkärtchen eingeschoben. Hier unten benutzt man das deutsche Blatt, das mir immer fremd war. Man sagt »Wenzel« statt »Bube«.

»Isch brat die Haut, nisch wie wennde filetierst ...«

»Bei Zander is eischntlich de Haut immer dran.«

»Bei den Skiern konnte man früher noch mit normalen Schuhen fahren und brauchte keine teuren Spezialschuhe!«

Die Wurst wird auf einem ovalen Colditz-Teller mit grünem Streifen serviert, das Einzige, was hier an der Innenausstattung noch an die DDR erinnert. Am Morgen der Blick aus dem Fenster auf eine Schule, das Kindergeschrei, kein schöneres Geräusch kann ich mir für den Osten denken. Und genau gegenüber vom Hotel sehe ich an einem Eckhaus noch den Schatten einer »Konsum«-Schrift, schon ein Fall für den Denkmalschutz?

Auf dem Weg nach Halle steht in einem Dorf an einer alten LPG-Baracke: »*Gorbaschow*, du Verräter!« Ich biege nach Teutschenthal ab, weil mich der Abraumkegel reizt. Laster rattern durch das nächste Dorf, sie kommen von einem eingezäunten Gelände mit DDR-Laternen, wo Sand oder Kies abgebaut wird. Die übrige Fläche steht voller Sonnenkollektoren, wie so oft im Osten. Im Ort Plattenbauten, ein Denkmal für Bergleute. Kalisalze wurden im Denkmal eingearbeitet. Hier, wo der Erde noch Schätze entrissen werden – ein archaischer Vorgang –, könnte man einen Roman schreiben. Eine Bekannte, die im Grenzgebiet aufgewachsen ist, erzählte mir, dass manche Stollen unter der Erde heimlich in den Westen getrieben wurden. Sie spielten als Kinder immer »Schichtende«, dazu setzten sie sich in eine Reihe und ließen vor Müdigkeit den Kopf nach vorne sinken, weil so die Bergleute in ihrem Bus aussahen.

Halle

Mit der Straßenbahn ist man von Halle aus in wenigen Minuten in Halle-Neustadt, ein krasser, reizvoller Gegensatz. Das alte, im Krieg weitgehend unzerstörte Halle und die Provokation einer sozialistischen Planstadt in Plattenbauweise. Heute gelten Plattenbauten als Symbol des gescheiterten Sozialismus, dabei gibt es sie von Sydney, Florenz bis Westberlin. Die Geschichte des Plattenbaus beginnt weit vor dem Zweiten Weltkrieg mit dem utopischen Gedanken, möglichst vielen Menschen mit möglichst wenig Geld ein würdiges Zuhause zu verschaffen. In der DDR war Wohnungsbau Ideologie, die Gestaltung von Wohnungen und Vierteln sollte die sozialen Ungleichheiten nivellieren, gleich viel Sonne und Raum für alle. Die Baustelle war ein mythischer Ort dieses Staats, wie das Amselfeld für die Serben. Die DEFA hat die Thematik immer wieder aufgegriffen, von »Spur der Steine« bis »Die Architekten«. Die gesellschaftlichen und menschlichen Konflikte spitzten sich auf der Baustelle zu; schon der Bauarbeiter war eine Art Cowboy, den man brauchte, aber nie ganz kontrollieren konnte. Vielleicht muss man die Erfahrung, wie der normierten Wohnumwelt durch die Mieter Individualität abgewonnen wurde, selbst gemacht haben, um über Plattenbauten nicht oberflächlich zu urteilen.

Ich halte neben der ZENTRALPOLIKLINIK, deren Neonschriftzug auf dem Dach erhalten ist wie auch der vom HAUS DER DIENSTE. An der Neustädter Passage befindet sich ein Wandelgang, von dem eine Rutsche runterführt. Von den imposanten fünf Hochhausscheiben stehen vier seit Jahren leer, ein Heim für Tauben, in der Scheibe D ist das Jobcenter. Man kann eine Scheibe für 1 Euro kaufen, der Boden ist circa 260 000 Euro wert, und der Abriss würde eine Million kosten. Die Hochhäuser sind in HMB errichtet, »Hallesche Monolith-Bauweise«, eine Lizenz der schwedischen Allbetontechnologie. Damals wohnten sogar schwedische Bauarbeiter in Ha-Neu. Den Abstand zwischen den Häusern hatte man hier aber so groß gehalten, dass jeder Wohnung auch im Winter noch zwei Stunden Sonnenlicht vergönnt waren. Man kann baugleiche Häuser in der Stockholmer Innenstadt sehen, die Hötorget City. Mich hat das umgehauen, weil ich in Schweden auf Bullerbü eingestellt war.

Ich sehe viele ältere Menschen, die hier vielleicht schon 50 Jahre leben, seit die damals selbstständige Stadt gegründet wurde. Optimistische Skulpturen von früher leisten den Trinkern von heute Gesellschaft. Zwei Kinder beim Bocksprung, jemand hat dem Bronzemädchen einen Stiefel angezogen. Die Billigästhetik der Neuzeit verdirbt leider den Eindruck. So ein Ort kann nur funktionieren, wenn man bei Renovierung und Neubau stilecht vorgeht. Die Details, die heute Retrochic hätten, gehen verloren, was in diesen Vierteln besonders fatal ist, weil man auf eine attraktive Patina des Verfalls nicht setzen kann. Auf einem Plakat von 1994, das in einer versteckten Ecke hängengeblieben ist, steht, dass Gysi 1994 nach Teutschenthal kommt, und ich war heute dort.

Kleine Jungs ziehen mit einem Ball los zum Fußballplatz, wie wir als Kinder nach der Schule in unserem Berliner Neubaugebiet. Der Beton hat mich damals nie gestört, es war spannend, dass alles noch im Werden war, während wir schon hier wohnten. Auf einer kleinen Anhöhe, gegenüber von einem Baggersee, an dem Angler stehen, überrascht mich eine Hochhausscheibe mit zwei gewaltigen, sehr farbenfrohen Bildern, die vom Boden bis zum Giebel gehen. Sie stammen von Josep Renau, einem katalanischen Kommunisten, der in der DDR einige solcher Wandbilder geschaffen hat. Von Nahem sieht man, dass das rechte Bild des Triptychons, das den beeindruckend sperrigen Titel trägt: »Die Einheit der deutschen Arbeiterklasse als Voraussetzung für das Wirksamwerden ihrer Schöpferkraft und Gründung der DDR«, mit einem Netz verhängt ist, weil Teile der Keramikplatten sich lösen. Das dritte Bild, »Marsch der Jugend in die Zukunft«, das Bestandteil der Komposition war, existiert nicht mehr, weil die Schwimmhalle, an dem es sich befand, abgerissen worden ist. Das riesige neue Einkaufszentrum, das die übliche Trostlosigkeit ausstrahlt, ist auch so eine Metapher; hier kann man alles kaufen, was man sich damals erträumt hat. Dafür musste aber die Hälfte der Bevölkerung wegziehen.

Ich werde nie verstehen, warum man die sozialistische Propagandakunst an vielen Orten abgehängt hat, um anschließend viel größere Flächen der kapitalistischen Propaganda (Reklame) zu überlassen. Viele Kunstwerke von damals trugen ambitionierte Titel: »Idee wird zur materiellen Gewalt, wenn sie die Massen ergreift« (Erich Enge, 1977, Erfurt), »Veränderbarkeit der Welt« (Rudolf Sitte, 1969, Dresden), »Der Mensch nutzt die Atomenergie zu friedlichen Zwecken« (Josep Renau, 1971, Halle), »Der Flugwille des Menschen« (Max Lachnit, 1956, Dresden), »Die Presse als kollektiver Organisator« (Willi Neubert, 1964, Halle).

Mit Google Earth suche ich den runden Kindergarten vom Typ »Delta« (1968), der in Halle-Neustadt steht. Er hat ein schönes Wellendach, beherbergt aber jetzt eine Hauskrankenpflege. Der lange, weiß renovierte Block daneben, der für eine gewisse Zeit der längste Wohnbau der DDR war, dient in Teilen für betreutes Wohnen.

Die Alterszusammensetzung im Neubaugebiet hat sich, im Vergleich zu meiner Kindheit, radikal umgekehrt. Eigentlich sind diese Wohngebiete gerade für Kinder ideal, weil es kaum Durchgangsverkehr gibt und man nah bei der Schule wohnt und seine Mitschüler zu Fuß besuchen kann. Es ist auch, dem Vorurteil zum Trotz, viel grüner hier als in der Altstadt; die Natur ist nie wirklich besiegt worden, die Gebäude kommen mir eher wie künstliche Korallenriffe vor, an denen sich Tiere und Vegetation angesiedelt haben. Das macht für mich auch etwas von der fehlenden Urbanität dieser Wohnsiedlungen aus, man ist hier auf einem Vorposten im Outback. Als Kind war mir das egal, es war einfach ein großer Abenteuerspielplatz, Angst hatte ich nur vor »Jugendlichen«. Damals bevölkerten Kindermassen die Spielplätze, und selbst deren Eltern waren jünger als ich heute. 1970 betrug das Durchschnittsalter in Halle-Neustadt 24 Jahre. Heute stehen in den Kinderwagenräumen der Hochhäuser die Rollatoren. (In einer Gaststätte am Oybin geht man mit der Zeit, dort kann man sich Lesebrillen ausleihen.)

Zwischen den Wohnzeilen gibt es flache Funktionsgebäude, die Gaststätte »Gastronom«, einst gesellschaftlicher Mittelpunkt des Wohnkomplexes, ist leider in keinem guten Zustand. Die Kaufhalle gegenüber ist renoviert, Rentner halten sich am Backstand auf und scherzen mit uns. Ich lasse mir von ihnen bestätigen, dass man früher in Halle im Kaufhaus Ritter im obersten Stockwerk eine echte Schlange sehen konnte. Die Verkäuferin erzählt mir, dass sie morgens auf dem Weg zur Arbeit Hasen und Rehe begleiten. Der »Gastronom«-Schriftzug lässt noch dieses Optimistisch-Technoide unserer jüngeren Vergangenheit erkennen. Das gilt auch für die Formsteinwände. Besonders beeindruckt mich eine, die unbekümmert und ohne jede Funktion auf einer Wiese steht, es sei denn, es geht darum, »den Raum zu strukturieren«. In Arnstadt habe ich Formsteine gesehen, die auf geniale Weise zu einer Wand gestapelt werden konnten und exakt die Form des Honda-Logos hatten. Man kann von Glück sagen, dass die Berliner Mauer so brutal-schmucklos errichtet worden ist, wie man sie kennt, und nicht als raffinierte Formsteinwand. Zumindest bei diesem Bauwerk wurde nichts beschönigt.

Ich denke an eine Bekannte, die mir einmal ihre Geschichte erzählt hat. Sie ist ein Scheidungskind aus Halle-Neustadt, Jahrgang '77. Die Mutter buchte im August '89 für sie beide einen Flug nach Sofia. Von dort fuhren sie 48 Stunden Zug nach Budapest. Die Kinder, die sich am Bahnhof in Bukarest am Zug hochzogen, hat sie nie vergessen. In Budapest stürzten sich Taxifahrer auf die Ostdeutschen. Ein Typ mit langen Haaren und Bermudashorts fuhr sie für 100 D-Mark, die die Mutter am Körper versteckt hielt, zur Grenze. Sie hatte ihrer Tochter bis dahin nichts von der Flucht gesagt, damit die sich nicht verplapperte. Jetzt wurde dem Mädchen klar, warum die Mutter ihre Plattensammlung abgestoßen und den Trabi verkauft hatte. In Österreich trank sie den wohlschmeckendsten warmen Kakao ihres Lebens.

In der neuen Schule wurde sie gehänselt wegen ihrer Herkunft aus der »Tätärä« (DDR). Aber trotzdem will sie auch heute nicht zurück in den Osten. Die Weggegangenen und die Dagebliebenen haben noch immer keinen wirklichen Dialog geführt. Die Weggegangenen halten die Dagebliebenen oft für Angepasste, und die Dagebliebenen sprechen den Weggegangenen ab, über ihr Leben urteilen zu dürfen. Es gab keine richtige Entscheidung, und doch musste man sich entscheiden.

Ich gehe zur S-Bahnstation, wo früher Tausende morgens zur Arbeit ins Chemie-Dreieck fuhren. Nach wenigen Minuten Fahrt über die Felder bin ich in Halle-Silberhöhe, einem Neubauviertel im Süden der Stadt, wo zwischen Fünfgeschossern der Wind pfeift. Hier kann man eine antike Stätte von morgen besichtigen. Die Künstlerin Dagmar Schmidt hat 2005 auf den Grundmauern eines »rückgebauten« (sprich: abgerissenen) P2-Plattenbaus aus Betonelementen eine Grabungsstätte errichtet, an der man in ferner Zukunft unsere heutige Lebensweise studieren können wird. Man sieht von oben in die Wohnungen, die wie von Archäologen freigelegt aussehen: Wohnzimmercouch, Herd, Betten, alles aus Beton, es fehlen nur die Menschen.

Auf dem Weg in die Innenstadt entdecke ich auf einem Hügel an der beeindruckend brachial durch die Stadt geschlagenen Autotrasse, die Halle mit Halle-Neustadt verbindet, eine Porträtbüste, die mir Rätsel aufgibt. Es wäre ja eine listige Möglichkeit, brisanten Denkmälern aus der Vergangenheit ihre Schärfe zu nehmen, ohne sie abzubauen, indem man einfach das Hinweisschild entfernt. Nach wenigen Jahren weiß schon keiner mehr, um wen es sich handelt, zumal die Plätze ja umbenannt worden sind.

Ich frage eine Passantin, sie ist Russin: »Ist das Thälmann?« »Nein, das ist die andere. Früher war Schild.«

So kommt man ins Gespräch! Auf der Rückseite der Büste sehe ich, wie gewissenhaft der Künstler den Haarkranz gestaltet hat. Das war bei vielen Produkten und bei Renovierungsarbeiten nicht der Fall; wo kein Blick hinfiel, konnte man ja pfuschen. Später finde ich heraus, dass der Haarkranz doch Ernst Thälmann gehört. Das Denkmal stammt von 1981, am Sockel war auf Plaketten zu lesen, wann und zu welchem

Anlass Thälmann Halle besucht hat. Der Künstler Otto Leibe hat für Halle viele schöne Tierplastiken geschaffen, auf Thälmann war er offenbar nicht spezialisiert.

In der Altstadt gehe ich zum Heinrich-Heine-Felsen, von dem man auf die Front der Neubauten blicken kann. Das radikale Nebeneinander von Altstadt und Neustadt erinnert mich an Belgrad, wo der Kontrast noch beeindruckender ist. Dazwischen liegt die Saaleaue; dort war früher der Kulturpark, mit einem Flugzeug, an dessen Propeller die Kinder zu drehen versuchten. Gegenüber gab es an einem Kiosk Vanillestangeneis mit Schokoüberzug. Aber wo stand hier am Felsen das »Trompeterdenkmal« für Fritz Weineck, den kleinen Trompeter, »unser lustiges Rotgardistenblut«, den 1925 eine feindliche Kugel traf, »bei einem so fröhlichen Spiel«? Das Ufer wurde 1958 nach ihm benannt, 1992 bekam es wieder den Namen des verdienstvollen Bürgermeisters Rive. Ein seltsamer Erinnerungsort, der wirklich nur noch in der Erinnerung existiert, weil nichts mehr zu sehen ist. Ich frage einen Passanten, und er zeigt auf die Stele von Rive, genau da habe das Denkmal gestanden. Als Pionier hatte man dort manchmal Fahnenappelle. Der Mann erinnert sich sofort, vom Präsidenten von Mosambik Samora Machel bei einem Besuch ein Halstuch bekommen zu haben. Das Denkmal ist nach der Wende dem Vandalismus zum Opfer gefallen und liegt jetzt im Stadtmuseum, für die Restaurierung fehlt das Geld. Etwas weiter ist aber eine Gedenkplakette von 1958 vergessen worden, die bei der Umbenennung des Ufers anlässlich eines Pioniertreffens angebracht worden ist.

Nachdem man Neubausiedlungen zunächst nur an Stadträndern errichtet hat, entstanden später auch in den Innenstädten Häuser in Plattenbauweise. Die alte Substanz musste ja erst mal so weit verfallen, dass man sie abreißen konnte. In Halle wurde viel schwarz gewohnt, oft in Abbruchhäusern.

Man arrangierte sich mit wunderlichen Rentnern, die hier in schrecklichen Verschlägen hausten, von der Gesellschaft vergessen, und sich die Haare mit dem Feuerzeug schnitten. Wenn die Wasserleitungen geklaut wurden, konnte es vorkommen, dass sich im Winter vom auslaufenden Wasser ein gefrorener Wasserfall auf der Treppe im Hausflur bildete. (Mehr dazu in: Udo Grashoff: »Leben im Abriss. Schwarzwohnen in Halle an der Saale«, Halle (Saale) 2011) Wie man in der DDR am Ende versucht hat, traditionelle Bauweisen zu zitieren oder gleich mit Platten mittelalterlich zu bauen wie im Berliner Nikolaiviertel, ist für mich wenig überzeugend. Aber die Kritik am Einheitsstil war wohl zu massiv geworden. Erstaunlich finde ich aber die Vielfalt, die man bei dieser Bauweise allein auf dem Gebiet der DDR antrifft. In Halle gibt es sogar Innenstadtplattenbauten mit Eckfenstern, die man vom Bauhaus kennt. Vielleicht hat man sich direkt von den großen Neues-Bauen-Wohnanlagen aus den 20ern inspirieren lassen, die Halle im Süden besitzt.

Im Schaufenster einer Drogerie sehe ich Schnellkochtopfersatzdichtringe für den SKT 78 und SKT 68, mit dem Hinweis »ehemals Quedlinburger« (VEB Union Quedlinburg). Es handelt sich um den Schnellkochtopf mit dem roten Deckel, den auch meine Eltern hatten und der jeden Sonnabend, wenn ich aus der Schule kam, in der Küche in Betrieb war. Aus dem pfeifenden Ventil schoss heißer Dampf, das Gerät machte mir Angst, weil man immer fürchtete, es würde irgendwann explodieren. Und noch dazu war wieder nur Reis drin. Bis heute weiß ich nicht, wozu man einen Schnellkochtopf benutzt. Damit der 5-Minuten-Kurzkochreis nur 4 Minuten braucht? Oder nimmt man ihn für den 10-Minuten- oder 15-Minuten-Reis, den es ja auch zu kaufen gibt? Im Osten findet man manchmal noch Reste solch einer untergegangenen Konsumwelt in den Läden. Die Geräte von damals sind oft langlebiger als es heute bei vielen Geräten vom Hersteller vorgesehen ist. Man sollte ja möglichst nur einen Fön und einen Rasierapparat im Leben verbrauchen. Das Rührgerät RG28, das manche zur Hochzeit bekommen haben, hält noch nach über 40 Jahren (im Gegensatz zur Ehe). Und deshalb werden im Osten für die letzten SKT-Benutzer noch Dichtringe angeboten – womöglich sogar aus alter Produktion?

Bei Spitznamen, die die Bevölkerung auffälligen Objekten der Stadtmöblierung gegeben hat (»Telespargel«, »Zitronenpresse«, »Weisheitszahn«, »Elefantenklo«), bin ich immer misstrauisch, ob sie wirklich je benutzt wurden. Die »Flamme der Revolution«, die 1967 in Halle zum fünfzigsten Jahrestag der Oktoberrevolution aufgestellt wurde, hieß im Volksmund angeblich »Betonroulade«, was auch ganz gut passen würde. Offensichtlich hat man mit der beeindruckend monumentalen und elegant-dynamischen Stahlbetonkonstruktion nach der Wende nichts mehr anfangen können, sich ihrer aber auch nicht entledigen wollen. Wie geht man mit dem ungeliebten Erbe um? Was macht man mit einem ehemaligen Aufmarschplatz? Man hat sich für eine sehr unspektakuläre Lösung entschieden: eine Tiefgarage, ein Dönerstand, und von hinten drängt sich ein hässlicher Neubau der Sachsen-Bank an die Flamme, wodurch der Raumeindruck verloren geht. Der Versuch, die dominante rote Flamme durch ein Muster von Farbquadraten irgendwie umzuinterpretieren oder die provokative Wirkung der symbolisch besetzten Farbe zu entschärfen, ist als Experiment vielleicht verständlich, aber dann hätte man sie lieber mit Efeu bepflanzen sollen. Rot dürfen heute anscheinend nur noch die Coca-Cola-Sonnenschirme sein. Es gibt auch kein Hinweisschild auf den Namen oder die Geschichte des Monuments. Wenn man in die Schneckenwindung steigt, sieht man, dass die Oberfläche über und über bedeckt ist mit Edding-Inschriften von Jugendlichen, was nun wieder gut zur Inszenierung passt. Aus den Texten spricht ein geradezu manisches Interesse am Geschlechtlichen, für das die armen Pubertierenden hier ein Forum gefunden haben. Wir haben das ja als Kinder genauso gemacht, allerdings hatten wir keinen Edding, sondern nur Kieselsteine, und mit denen schrieben wir in von Bauarbeiten liegen gebliebene Kanalröhren. Für zukünftige Sprachforscher, die sich für gesprochene Sprache interessieren, ist das Gold wert, eine der wichtigsten Quellen für das gesprochene Latein sind ja die schweinischen Inschriften an den Mauern von Pompeji. Also, weiter so!

Was ich als Ostdeutscher seit der Wende lernen musste

Meine neue fünfstellige Postleitzahl.

Wie man eine Flasche Wick Medinait aufschraubt.

Das Mülltonnenfarbspektrum.

Beim Fahrradfahren einhändig einen Döner zu essen.

Beim Fernsehen ein Gefühl dafür zu entwickeln, wann die Werbung zu Ende ist, um genau im richtigen Moment zum Film zurückzuschalten.

Beim Zahnarzt wurde jetzt der Speichel abgesaugt.

Die Magneten waren jetzt viel stärker.

Die Boxer trugen beim Boxen keine Hemden mehr.

Die S-Bahn-Türen ließen sich nicht mehr aufziehen, man musste einen Knopf drücken, der manchmal nicht funktionierte. Kontrolleure sahen oft wie Obdachlose aus.

Currywurst konnte man auch scheibchenweise servieren. Genau wie Brot sich schon geschnitten kaufen ließ.

Im Flugzeug bekam gar nicht jeder einen Fallschirm.

Es hieß jetzt »Band« statt »Gruppe«.

Man durfte jetzt zur Mauer »Mauer« sagen, man durfte auch »Russe« sagen, und Friedrich II. hieß jetzt wieder

Friedrich der Große. Bertolt Brecht nannten sie dafür »Bert« Brecht.

Weil die Kleingärtner Wacholder und andere Koniferen pflanzten, breitete sich der Birnengitterrost aus, und es gab keine guten Birnen mehr.

Weil alle ein eigenes Telefon bekamen, musste man sich nicht mehr zu Hause besuchen.

Vor den Theatern boten in der Pause mobile Verkäufer in großen Körben Käse-Schinken-Baguettes an.

Als Schüler durfte man sich im Unterricht nicht von seiner neuen, bunten Federtasche ablenken lassen. Die Lehrer brachten einem bei, wie man Falschgeld erkannte und wie man nicht drogenabhängig wurde.

In der Zeitung standen keine Parteitagsreden mehr, sondern kleingedruckte Börsenkurse.

Bei Jeansgrößen stand W für *width* und L für *length*.

Eine gute Pizza war immer etwas größer als der Teller.

In Westberlin gab es keine Straßenbahn, dafür eine Autobahn, die mitten durch Wohnviertel verlief.

Die Klospülung hatte jetzt zwei Tasten, eine große und eine kleine. Wer die große drückte, wählte wahrscheinlich auch CDU. Bei den Seifenspendern musste man manchmal am Hebel ziehen, manchmal musste man ihn drücken, manchmal musste man auch ein weiches Stück Plasterohr knicken, damit flüssige Seife raustropfte. Man wusste aber nie genau, wo die Seife rauskommen würde, und es ging in den ersten Jahren viel daneben.

Die Kindergartenkinder trugen auf dem Spielplatz neonbunte Warnwesten. Die Mütter sahen oft wie Großmütter aus und die Großmütter wie Mütter.

Alle benutzten jetzt Metallschwämme zum Abwaschen, und man besorgte sich eine Knoblauchpresse. Außerdem gab es Pfirsiche ohne die unangenehme Pfirsichhaut, sie hießen

Nektarinen. Der Tiefkühlspinat war schon in der Packung in praktische kleine Würfel zerteilt.

Unsere Eltern benutzten jetzt breite Brötchenmesser zum Aufschneiden der Brötchen, die aber nicht mehr schmeckten. Die meisten Bäcker schlossen, es gab nur noch Ketten, bei denen für den Brotteig Haare als Backzutat verwendet wurden.

Beim Telefonieren musste man immer öfter am Ende die Rautetaste drücken.

Mit dem Fahrrad durfte man nicht in den ersten Wagen.

An den meisten Bürgersteigen in Ostberlin tauchte das Schild »Gehwegschäden« auf, damit niemand die Stadt verklagte, wenn er gestolpert war.

Wenn der Joghurt nach gar nichts schmeckte, musste man am Boden nachsehen, ob sich dort Früchte befanden, denn dann war es ein Joghurt zum Selberumrühren. Vanillejoghurt war jetzt gelb gefärbt, weil sich eingebürgert hatte, das für die Farbe von Vanille zu halten.

Vormittags lohnte es sich nicht, zur Tür zu gehen, wenn es klingelte, da es meistens Werbung war.

Es war wichtig, einmal im Jahr zum Zahnarzt zu gehen und sich den Besuch mit einem Stempel bestätigen zu lassen, weil die dritten Zähne sonst zu teuer würden. Aus den zweiten Zähnen wurden alle Amalgamfüllungen entfernt.

Im Westen sagten viele »Oppa« statt »Opa«, »Tschüühüüß« statt »Tschüß« und »Balkohn« statt »Balkong«. Sie sagten »mit Sprudel« statt »mit Kohlensäure«, und sie bestellten »ein Wasser« statt »Wasser«. Überhaupt tranken sie ständig Wasser. Sie schmierten sich auch »ein Brot« statt »eine Stulle«. »Willst du noch ein Brot?« Das bedeutete dann: »Willst du noch eine Stulle?« Ein Brot konnte man ja gar nicht alleine schaffen.

Neue Bücher wurden in Plastefolie eingeschweißt, damit man im Laden nicht reinsehen konnte.

Nagelknipser waren besser als Nagelscheren, man konnte damit mit links auch die Finger der rechten Hand schneiden.

Weil die Kneipen so lange aufhatten, tranken und rauchten alle so lange, bis sie zu müde waren, mit in die Wohnung des anderen zu gehen, um dort Sex zu haben.

An alle öffentlichen Gebäude wurden jetzt außen Feuertreppen angebaut. Wenn das nicht ging, wurden die Gebäude abgerissen und durch Neubauten mit glatter, anthrazitgrauer Fassade ersetzt.

Für Westgeld bekam man nicht nur Schallplatten, Aufkleber und Luftschokolade, sondern man benutzte es auch, um Milch, Butter und Zwiebeln zu kaufen, dabei hätte man dafür ja auch weiterhin Ostgeld verwenden können. Weil man jetzt mit dem Auto einkaufen fuhr und seinen Korb bis zum Parkplatz schieben durfte, wurden die Körbe in der Kaufhalle mit Geld gesichert.

Die Taste für »Bananen« war immer oben links.

Teurere Produkte waren manchmal gar nicht besser als billige; der Preis war kein hinreichendes Kriterium für die Qualität.

Die Kinositze hatten jetzt Getränkehalter. Vielleicht weil vor jedem Film stundenlang Werbung lief und man sonst verdurstet wäre.

Die »Barmer« hatte nichts mit »Erbarmen« zu tun.

In den Kneipen gab es jetzt Weizenbier, und man musste lernen, wie man mit Salz und einer Zitronenscheibe in der richtigen Reihenfolge Tequila trank. Die Hierarchie der Whiskysorten musste man auch kennen, aber die wirklich guten waren die, die man weder aussprechen noch bezahlen konnte.

Die Zahnpastatuben waren mit einem kleinen Stück Silberfolie verschlossen, das man im Bad aus Faulheit immer in die Hosentasche steckte.

Die Marder interessierten sich plötzlich für die Kabel der Autos und knabberten sie an, dagegen half ein Säckchen mit Knoblauch.

Die Berliner Dimitroffstraße, die früher Danziger Straße geheißen hatte, hieß jetzt wieder Danziger Straße und früher Dimitroffstraße.

Ein Zippo-Feuerzeug konnte man mit einer Hand öffnen.

Manche Telefone funktionierten nur noch mit einer Telefonkarte, die man auf vier verschiedene Arten in den Schlitz schieben konnte, manchmal sogar auf noch mehr Arten, obwohl das eigentlich ja unlogisch scheint.

Die Taschenrechner hatten jetzt weiche Tasten.

Das Laub der Bäume wurde nicht mehr zusammengefegt, sondern mit einem Spezialgerät auf die Straße oder vor das Nachbarhaus geblasen. Unkraut zwischen den Pflastersteinen wurde von städtischem Personal mit einer Stichflamme beseitigt.

Sonnabends hatte man keine Schule mehr. Das traf sich gut, denn es gab jetzt Sender, auf denen rund um die Uhr Kinderprogramm lief.

Die Westler sagten beim Bäcker nicht »Fünf Schrippen, bitte«, sondern: »Ich bekomme fünf Brötchen.« Die Bäcker zogen durchsichtige Gummihandschuhe an, um einem ein Brot zu reichen. An vielen Backwaren klebten jetzt lästige Körner.

Rohen Fisch konnte man essen, das nannte sich Sushi, und wenn man es oft aß, wurde man so alt wie die Japaner.

Druckerpatronen konnte man selbst nachfüllen, denn sie waren teurer als der Drucker.

Bei Uni-Vorlesungen bestand keine Anwesenheitspflicht. Die Tafel wischten nicht mehr die Studenten ab, sondern der Professor, oder es wurde nachts von einer Putzfrau erledigt.

Zum Tippen von Texten brauchte man nur den Daumen.

Bei den Autos stellten sich die Blinker jetzt nach der Kurve von selbst aus. Man musste im Leerlauf nicht mehr Gas geben, damit der Motor nicht absoff. Seine Zündkerzen wechselte man nicht mehr selbst.

Viele Rentner erkrankten an der Schaufensterkrankheit.

Die Müllplätze in den Neubaugebieten wurden jetzt abgeschlossen, nicht, damit niemand den Müll klaute, sondern damit niemand Müll dazulegte.

Statt wie bisher in verschnürten Paketen eindrucksvoll vom Mähdrescher auf den nebenher fahrenden Laster gespuckt zu werden, wurde das Stroh auf den Feldern jetzt zu großen, runden Ballen gerollt, um die eine Plastefolie kam.

Statt Schlaglöcher gab es jetzt künstliche Hubbel in den Straßen, damit man nicht zu schnell fuhr.

Auf den Dörfern hießen die Kulturhäuser jetzt »Schützenhaus«.

Es gab überall Bowlingbahnen.

Bei den dunkleren Brötchen war der Teig nur gefärbt worden, weil das gesünder aussah.

Statt »Ja Le Mi Ni Ro Su Wa Ja« hieß es jetzt »Do Re Mi Fa Sol«.

Es gab jetzt Autobahnkirchen und Waffenläden. Spielzeugläden boten Modellbausätze für Wehrmachtsfahrzeuge an.

In vielen Gärten standen jetzt Kindertrampoline.

Weil so viele bröckelnde Fassaden neu verputzt worden waren, richteten Tierfreunde Insektenhotels ein.

In den Kneipen wurden gratis Erdnüsse und Salzgebäck verteilt, damit man Durst bekam und mehr zu trinken bestellte.

Die Spielplätze wurden jetzt gemulcht.

Gollum war früher ein Hobbit gewesen.

Berlin

Baulücken

Eigentlich ist Lücke das falsche Wort, denn anders als bei einer Zahnlücke fehlte einem ja nichts, weil man es nicht anders kannte. Die Baulücken machten den Charme des Stadtbilds von Berlin aus. Manchmal spektakulär, wie beim Fußballplatz in der Linienstraße, den die Alliierten mit ihren Bomben errichtet hatten. Oft lag die Lücke hinter einer geheimnisvollen Mauer, was wohl da versteckt war? Mal einen Apfelgriepsch rüberwerfen, gucken, was passiert? Zur Not schnell wegrennen? Dass es »Lücken« sein sollten, bemerkte man erst, als in den 90ern Schilder mit abstoßenden Bauvorhaben davor aufgestellt wurden, die in ihrer Ästhetik an Scientology-Publikationen erinnerten. Anfangs verschwanden nur einzelne Lücken, und man wunderte sich noch über die Unbegabtheit der Architekten, inzwischen werden die letzten Lücken systematisch zerstört. Ein Luftbild vom Hackeschen Markt Anfang der 90er. Unvorstellbar, wo überall nichts stand, nur Bäume und Wiesen! Und wie schön das war! So viel undomestizierte Brachfläche in der Stadt. Die schönste Lücke wurde uns durch die Wende geschenkt und gleich wieder genommen: der Potsdamer Platz.

Spaziergänge sind inzwischen Abschiedsbesuche, man sieht sich noch einmal die letzten Lücken an und versucht sie sich einzuprägen, bevor sie für immer verschwinden. In der Schreinerstraße im Friedrichshain gab es ein Bombengrundstück, das wir als Kinder nicht betreten durften, weil die Gefahr bestand, zu den Kellern darunter durchzubrechen. An der Brandmauer wurden Bälle hochgeschossen. Von den »Straßenkindern« lernte man hier die ersten Schimpfwörter. Gleich um die Ecke hatte sich Werner Gladow, der Kopf der berühmten Gladow-Bande, 1949 ein Feuergefecht mit der Polizei geliefert. Seine Mutter hat in der Küche nachgeladen.

Durch die Lücken sieht man Häuser von hinten, wie es nie geplant war, einen Spalt Himmel über mehrere Höfe hinweg; es ergeben sich überraschende Abkürzungen. Die Brandmauern, die mit ihren Rissen, Putzresten, Einschusslöchern und Verwitterungen so viel erzählen, ganz oben ein Fensterchen, sicher zu DDR-Zeiten in Eigeninitiative selbst eingebaut. Warum die Wohnungsverwaltung fragen, wenn man es selbst machen konnte? Diese Freiheit würde man sich heute kaum noch nehmen. In Ostberlin, das keine Zeit ohne Finanzkrise gekannt hat, fehlte meist das Geld, die Lücken zu bebauen. Heute ist es viel verwickelter: Finanzkrise bedeutet Bauboom, weil das Geld in Betongold gesteckt wird. Und in den übrigen Gebieten Ostdeutschlands verfallen leere Fabriken.

Onkel Philipp

Viel zu selten hat man als Museumsbesucher bei einem Objekt die Gelegenheit zu sagen: »Das hatte ich auch mal.« Ein Ort,

der diese Erfahrung erlaubt, ist Onkel Philipps Spielzeug-
werkstatt in der Choriner Straße, wo das barocke Ideal des
Beau désordre umgesetzt wird, jeder Winkel ist vollgestopft
mit gebrauchtem oder neuem Spielzeug. In einem Raum ist
DDR-Spielzeug ausgestellt. Der ganze Plastekram, den man
im Ferienlager vom Taschengeld am Kiosk kaufte: der kleine
Clownskopf, der die Zunge rausstrecken konnte, die Ampel
für den Schlüsselring, die Gruselspinne mit Anstecknadel für
70 Pfennige, der Saugnapffrosch mit Sprungfeder. Man ist
heute immer überrascht, wo etwas hergestellt wurde, denn
die Betriebe waren in der DDR bis in den letzten Winkel des
Landes verstreut. Der Strickpilz aus Müncheberg, der Hasen-
anhänger von der »Spielwarengenossenschaft Gotha« und aus
Dresden die »Gemüsekonservenmischung« für den Kauf-
mannsladen. Und dann diese vielen »Geduldsspiele«, bei
denen man auf einer Scheibe Murmeln in Löcher bugsieren
musste. Worauf sollten die einen vorbereiten? Dass man für
das Leben in diesem Land viel Geduld brauchte?

Stalins Ohr

Bei jedem Gang über die Karl-Marx-Allee entdecke ich neue
Details an den Fassaden und freue mich über diese ungewöhn-
lichste Straße Deutschlands, auf der ich im Osten nie eine
Wohnung bekommen hätte (und jetzt keine mehr bezahlen
kann). In einer Reportage über die heutigen Bewohner der
Karl-Marx-Allee antworteten junge Menschen aus einer Stu-
denten-WG auf die Frage, was hier am 17. Juni 1953 los gewesen sei, vielleicht sei da ja die Mauer gebaut worden. Sie dachten auch, dass die Kinder im Osten immer lächeln mussten.
Die DEFA hat zu manchen Zeiten die besseren Filme gedreht
als der Westen, leider waren gerade die oft verboten, auch

einer meiner Lieblingsfilme »Berlin, um die Ecke« mit Dieter Mann. Der Konflikt zwischen der jungen Nachkriegsgeneration und denen, die noch die Nazizeit und die Arbeit unter dem Fabrikherrn erlebt haben, ist ungeheuer intensiv dargestellt. In einer Szene sieht man Jugendliche vor einem Haus an der Karl-Marx-Allee an einem Motorrad schrauben, und Kurt Böwe tritt als freundlicher ABV dazu.

Die Straße hat sich seitdem kaum verändert, nur dass der Kontrast zu den beengten und heruntergekommenen Altbauvierteln von damals nicht mehr so spürbar ist. »Zuckerbäckerstil« trifft überhaupt nicht, was hier versucht wurde; selten hat man in der DDR so aufwendig gebaut. Der Architekt Hermann Henselmann hat sich am Frankfurter Tor für dorische Säulen mit schwebendem Architrav entschieden, um zu verdeutlichen, dass die Säulen als reines Bildzeichen dienen und keine tragende Funktion haben wie in der Antike. (Die Treppe davor ist im Sommer bevölkert von Jugendlichen Würden sie sich in weiße Gewänder hüllen, wäre man direkt im alten Athen.) Die schöne Leuchtschrift der Karl-Marx-Buchhandlung, die jetzigen Mieter haben die Bücherregale übernommen, durchs Fenster sieht man daran den kleinen Aufkleber »Möbel- und Ladenbau VEB Zwickau«. Dass auf dem Dach des »Café Moskau« ein Sputnik-Modell steht, habe ich erst lange nach der Wende gesehen, heute verpasse ich nie, es zu grüßen. Ein anderes Detail sieht man im »Café Sibylle«, in dem es eine kleine Ausstellung über die Stalinallee gibt, mit Fassadenelementen und von Einwohnern gespendeten originalen Küchenmaschinen.

Am 13. November 1961 wurde das Stalin-Denkmal an der Stalinallee, die in dieser Nacht in Karl-Marx-Allee umbenannt wurde, entfernt und eingeschmolzen. Und das, wo noch in den frühen 50ern auf Parteiversammlungen immer ein Stuhl frei blieb, falls Stalin überraschend hereinkäme.

Arbeiter haben die Stasi-Wachleute überlistet und Stalins Ohr und eine Schnurrbartspitze behalten, die man hier in einer Vitrine besichtigen kann. Die übrige Bronze wurde eingeschmolzen und höchstwahrscheinlich für Tierskulpturen im Tierpark Friedrichsfelde benutzt, die zur gleichen Zeit geschaffen wurden. Dort stehen ja auch noch die Löwen vom Sockel des Kaiser-Wilhelm-Denkmals am Stadtschloss. Wenn man die Büffel friedlich im Freigehege liegen sieht, hinter dem Punkthochhäuser in den Himmel wachsen, könnte man den Eindruck gewinnen, wilde Tiere und sozialistische Architektur existierten harmonisch nebeneinander, als hätte der Sozialismus nicht nur die Klassenwidersprüche beseitigt, sondern auch die zwischen Mensch und Tier.

Polyplay

Winter 1986 im vogtländischen Jocketa, wohin wir seit Jahren in den Sommer- und Winterurlaub fahren. Auf dem Flur, wo sich die Toiletten der Gaststätte »Vogtländische Schweiz« befinden, überrascht uns ein brauner Schrank mit eingebauter Farbfernsehbildröhre. Samtig-perlende Dudeltöne locken uns magisch an, wie alles Elektrische in dieser Zeit. Während unsere Eltern wie üblich stundenlang auf den Kellner warten, stehen wir am Apparat und haben alles um uns vergessen, wir sind vollgepumpt mit Adrenalin. Der Schrank, der das schafft, heißt Polyplay und ist einer von 2000 Exemplaren des einzigen in der DDR hergestellten Videospielautomaten, entwickelt im Kombinat Polytechnik und Präzisionsgerätewerke Karl-Marx-Stadt. Ein Gerät kostet 23 000 Mark, und ich kann mir vorstellen, dass ich diese Summe auch in Spiele daran investiert habe. Wir hatten noch keinen C64, und die ausrangierten Donkey-Kong-Automaten aus dem Westen, die es auf dem Rummel gab, waren fest in der Hand der Großen, die uns nie spielen ließen.

Polyplay wurde in FDGB-Heimen und Ferienlagern aufgestellt, 50 Pfennig kostete ein Spiel, so viel wie ein Kilo Altpapier bei SERO einbrachte. Man konnte zwischen acht Spielen wählen, sogar Pac-Man hatten sie nachprogrammiert, allerdings eine sozialistische Version mit Hase und Wolf. Einer dieser namenlosen Heiligen des Internets hat Polyplay auf www.polyplay.de wiedererschaffen, die Geräusche, das altmodische Auswahlmenü – das dringt mir direkt in die Seele. Auch nach Tagen schaffe ich bei »Schießbude« nicht einmal ein Zehntel der besten Punktzahl aus der Highscoreliste. Wie lange haben die geübt? Ich vernachlässige meine Arbeit und meine Kinder, ich esse nicht mehr und schlafe nicht, wenn ich die Augen schließe, sehe ich ein Band von Gänsen vorbeiziehen, die mir meine Munition wegfressen. Ich habe lange im Forum der Seite gesucht, um einen Hinweis auf einen intakten Automaten zu finden, aber gab es das FDGB-Erholungsheim »Rudi Arnstadt« in Wurzbach noch? Das Hotel »Heinrich Heine« in Schierke? Das Ferienheim »Roter Oktober« in Zinnowitz? Das Pionierlager »Ho Chi Minh« in Kuhlmühle? Dabei war es so einfach, denn im Computerspielemuseum an der Karl-Marx-Allee, das sich im ehemaligen »Café Warschau« befindet, kann man Polyplay spielen, aber auch Pac-Man und Frogger. Oder eines der Text-Adventure, mit denen meine Computerspielkarriere begonnen hat:

```
> shoot bird
I don't know the word »shoot«.
```

Wenn ich diese Befehlszeilen weiterscrollen sehe, überwältigen mich nostalgische Gefühle, so wie ich beim Anblick von Polyplay sofort den Ferienheimgeruch in der Nase habe. Ich kaufe meinem Sohn ein Pac-Man-Plüschmonster, das das originale Sirenengeräusch macht.

Lesesaal Stadtbibliothek Mitte

In »Der tapfere Schulschwänzer«, einem der vielen bezaubernden DEFA-Kinderfilme (der einzige Spielfilm vom Regisseur der»Kinder-von-Golzow«-Reihe), steht ein Junge, der mehr oder weniger aus Versehen einen Tag die Schule schwänzt und durch das Stadtzentrum streift, vom Prenzlauer Berg über den Alex (der Fernsehturm ist noch im Bau) bis zur Fischerinsel (noch mit den später abgerissenen Altbauten), irgendwann vor dem A-Portal der Stadtbibliothek Mitte in der Breiten Straße und staunt über die 117 verschiedenen A, die hier in Metall gearbeitet zu sehen sind. Als Schüler habe ich in dieser Bibliothek viele Abende verbracht, um für eine sogenannte Facharbeit zu recherchieren, die jeder im Lauf der Abiturzeit schreiben musste. Ich war einer der jüngsten Bibliotheksbenutzer und stolz auf meinen Ausweis. Ich hatte Angst, etwas falsch zu machen oder die schwere Eingangstür nicht beim ersten Versuch aufgezogen zu bekommen, wenn hinter mir ein Erwachsener kam. Mit einem feierlichen Gefühl betrat ich immer den Katalograum, um mich meinen Forschungen zu widmen. Jede Karteikarte stand für ein Buch, dessen Geheimnis man kennenlernen konnte, wenn man es bestellte. Meine Mutter hatte als Studentin Karteikarten für den Katalog beschriftet, in ihrer mir so vertrauten Schrift, und ich erwartete immer, auf eine davon zu stoßen. Welches Buch der Vorgänger gesucht hatte, sah man an der Karte, die im Kasten noch aufgeschlagen war. Es war meistens verlockender als das Buch, das man selbst suchte. Hinter den Mitarbeitern am Bestellschalter führte ein Schienensystem mit Rohrpost in den Bauch der Bibliothek, wo die Bücher von unsichtbaren Geistern herausgesucht wurden.

Ich suchte mir einen Tisch im Lesesaal, in den man durch die Scheiben des Katalograums sehen konnte wie in ein Aquarium. In der ersten Reihe saß immer der Junge mit der Hasenscharte und blätterte murmelnd einen Stapel Eisenbahner-Zeitschriften durch. Die Zeitschriftenabteilung ließ keinen Zweifel daran, dass es für jedes Interesse eine Spezialzeitschrift gab! *Lärmbekämpfung – Zeitschrift für Akustik, Schallschutz und Schwingungstechnik.*

Wenn die Bibliothek schloss und ich als einer der Letzten ging, trat ich stolz auf die Straße, noch ganz benommen von meiner wissenschaftlichen Detektivarbeit. Die würfelförmige Holzuhr im Lesesaal, die die Zeit mit 5-Minuten-Strichen anzeigt, ist geblieben. Aber die Anordnung der Tische ist geändert worden, man hat sie um 90 Grad gedreht – ist das der Fortschritt? Statt Karteikästen gibt es für die Katalogsuche jetzt Computerbildschirme. Ich bekomme wieder sofort Hunger, wie früher. Damals war ich in alle Mitarbeiterinnen verliebt. Wie sollten sie von meinem reichen Innenleben erfahren? Indem ich anspruchsvolle Bücher bestellte? Heute lese ich Eisenbahner-Zeitschriften.

Buchstabenmuseum

An der Jannowitzbrücke ist in einer alten HO-Kaufhalle, die durch die neue Nutzung erstaunlich stylish wirkt, das Buchstabenmuseum untergebracht, inspiriert vom Muzeum Neonów (Neonschrift-Museum) in Warschau. Die Betreiberinnen, die die Arbeit ohne Förderung und neben ihrer eigentlichen Arbeit machen, sammeln hier Neonschriften aus Ost und West, die abgebaut und weggeworfen werden. Das originale »le« vom U-Bahnhof Alexanderplatz ist so erhalten geblieben. Bei manchen Schriften hat man gar nicht gemerkt, dass sie aus dem Stadtbild verschwunden sind. Die »Zierfisch«-Schrift hing bis 2009 am Frankfurter Tor. Ein Videointerview mit dem Gestalter, Jahrgang '34, eine Berliner Type. Er könne das nicht hören, von wegen, es gab kein Material bei uns, er hat sich ins Auto gesetzt und ist zum Hersteller nach Eberswalde gefahren und hat die Farben bekommen, die er brauchte. Die Entwurfszeichnungen hat nach der Wende jemand aus einem Container gegenüber vom Tacheles gefischt, seitdem aufbewahrt und jetzt dem Museum gespendet. Im ehemaligen Warenanlieferungstrakt der Kaufhalle sind Wände von Buchstaben gestapelt. Wirft man Geld in eine Spenden-box, kann man sie aufleuchten lassen. Danach geht man viel aufmerksamer durch die Straßen und freut sich, wenn man schön gestaltete Schriften sieht, leider sind das selten neue. Das Bauhaus hat Schrift als Teil der Architektur verstanden, heute sind die Schriften oft mit die aufdringlichsten und häss-lichsten Elementen der Stadtmöblierung.

Thälmann-Park

Anfang der 80er wurde Ostberlin ans sowjetische Erdgasnetz angeschlossen, deshalb konnte das Gaswerk im Prenzlauer Berg abgerissen werden, das einmal außerhalb der Stadt gele-gen hatte, die aber dann zu schnell gewachsen war. Was sollte aus den Gasometern werden? Ein Technikmuseum? Ein Zir-kus? Ein Planetarium? Eine Schlittschuhbahn? Am Ende wur-den sie gesprengt, was anonyme Protestbriefe und Flugblät-ter zur Folge hatte. Fotografen und Künstler haben die Industriedenkmale porträtiert. Sie hatten sich in die Wahrzei-chen verliebt, und jetzt kamen sie aus Geldmangel weg. Die Kunst-am-Bau-Kommission wurde übergangen und für das Thälmann-Denkmal kurzerhand Lew Kerbel engagiert, der russische Bildhauer, der 1917 geboren ist und in Havanna das erste Lenin-Denkmal auf amerikanischem Boden errichtet hat. Er war auf Lenin spezialisiert, weswegen Thälmann am Ende eher wie Lenin aussah und »Lehmann« genannt wurde. (Besser als beim Mutter-Heimat-Denkmal in Kiew, wo der Künstler das Gesicht von Breschnews Mutter nachgebildet hat.)

Angeblich konnte wegen Thälmann in der DDR zwei Jahre lang nichts in Bronze gegossen werden. Gleichzeitig entstand aber das Marx-Engels-Denkmal. Jemand vom Team sei zu Kerbel und habe ihn überredet, dem Thälmann eine etwas dünnere Haut zu geben und ihnen das eingesparte Material zu überlassen. (Mehr dazu in: Dirk Moldt u. a.: »Gasometer sprengt man nicht! Ausstellungsprojekt von Glashaus e. V.«, Berlin 2014) Ich musste mit der Klasse zur Einweihung des Thälmann-Denkmals, es gab schulfrei, natürlich verschwand ich so schnell wie möglich, auf den Fotos vom Massenauflauf kann ich mich heute deshalb nicht mehr finden.

Ich sitze neben dem riesigen Kopf des Mannes, über den bei uns so viele Legenden erzählt wurden, und genieße diesen Fremdkörper im heutigen Prenzlauer Berg wie ein Stück wilde Natur. Er wollte angeblich als Kind immer mehr Wurstbrote in die Schule mitgegeben bekommen, aber nur, um sie heimlich seinen Mitschülern zu schenken. Solche Geschichten hörten wir über »Teddy«, und seine Tochter Irma Gabel-Thälmann reiste durch die Schulen und las aus ihrem Buch »Erinnerungen an meinen Vater«, das jeder Thälmann-Pionier geschenkt bekam.

Der Thälmann-Park hat auch eine geheimnisvolle Ecke, zu der nur ein schmales Treppchen führt. Dort gibt es einen Spielplatz, auf dem man, mitten im Prenzlauer Berg, umtost vom Verkehr, hinter den Büschen mit großer Wahrscheinlichkeit vollkommen allein ist. Deshalb verrate ich auch nicht, wo er sich befindet.

Haus für Sport und Freizeit

Das Haus für Sport und Freizeit in der Frankfurter Allee, Ecke Bersarinstraße, war ein Fixpunkt meiner Kindheit; schon der Name war genial gewählt und deckte so ziemlich alle meine Interessen ab. Hier habe ich, in einer Papiertüte verpackt, Schraubstollen für Fußballschuhe gekauft, weil ich hoffte, mir damit aus meinen Stoffidas irgendwie Töppen basteln zu können. Es gab auch Medaillen zu kaufen, gewonnen habe ich ja nie welche. Ich liebte die faszinierend praktischen Camping-artikel, eine Campingkerze in einer aufschraubbaren Dose. Als Kind hatte ich unendlich viele Wünsche, die Wende kam für mich zu früh, um das Gefühl entwickeln zu können, dass mit Geld in der DDR nichts anzufangen sei; dann kaufte man eben im Haus für Sport und Freizeit ein Kanu. Ich habe hier meine Kraxe erworben, auf einem Kontrollgang nach der Schule entdeckt, je eine Stunde mit der S-Bahn nach Hause und zurück, um das Geld zu holen in der Hoffnung, dass sie die Kraxe wie versprochen für mich aufgehoben hatten. Die habe ich bis 2000 benutzt, sie hatte so einen praktischen Klappsitz.

Schon als Kindergartenkind war das Haus für Sport und Freizeit mein schönstes Ausflugsziel, ich ging so gerne die Wendeltreppe mit den Bullaugenlichtern *bis ganz nach oben*. Nach der Wende ist hier HUMANA eingezogen, der größte Altkleidermarkt von Berlin, vier Etagen Lumpen. Interessante Kronleuchter gibt es, eigentlich ein herrschaftlicher Einrich-tungsgegenstand, hier aber aus Leuchtstoffröhren, das muss der Geist der 50er gewesen sein, sparsamer Luxus. Im obers-ten Stockwerk gibt es eine kleine DDR-Ecke mit einem Pols-tersessel, auf dem ein Kissen mit selbst gehäkeltem Bezug liegt, vor psychedelischer Tapete. Ich frage die Mitarbeiterin, woher sie weiß, was von den alten Klamotten aus der DDR sei, und sie ist erst ganz misstrauisch, möglicherweise denkt sie, ich zweifele ihre Expertise an. Aber dann erklärt sie mir, dass sie es am VEB-Schild erkennt – langsam wird so etwas Banales ja zum Spezialwissen – und manchmal am »Waschschnipsel«, mit blauer Schrift. Und wenn ein Kleid einen Solidor-Reißverschluss hat, dann ist es selbst geschneidert. Durchs Fenster sehe ich auf meinen alten Schulweg und auf einen der Henselmann-Türme, in denen ich gerne wohnen würde.

Mielkes Büro

Im Januar 1990 wurden wir als wehrdienstleistende Bereitschaftspolizisten in einem LO aus Magdeburg nach Berlin gefahren, wo wir unseren Einsatzbefehl erhielten, zwei Wochen lang die Stasizentrale in der Normannenstraße zu bewachen, die von der Bevölkerung am 15. Januar gestürmt worden war. Wir schliefen in einer Kaserne in Blankenburg, wo schon niemand mehr auf unsere Kleiderordnung achtete, was eine große Erleichterung war, denn in Magdeburg hatte sich noch nicht viel verändert. Später wurde die Kaserne ein Asylbewerberheim, und heute stehen die Gebäude leer. Abends ging es in die Normannenstraße, die Nacht über das Gelände »bestreifen«. Es war kalt, manchmal versteckte ich mich hinter einer Tür, die ich entdeckt hatte, wo ich mich an einen Heizkörper hocken konnte. Am schlimmsten war aber die Langeweile, deshalb durchwühlte ich Mülltüten, die tagsüber bei der Räumung von Büros gefüllt worden waren. Vielleicht befanden sie sich in den großen Plattenbauten, die das Gelände zur Straße hin abschlossen und wo hier und da Licht brannte? Man wurde immer schamloser, und am Ende der Nacht waren die Säcke zerfetzt und alles lag auf dem Boden verteilt. Ich sicherte mir eine Pinnwand, Abzeichen eines Stasi-Jahrestages, der nicht mehr stattfinden sollte, Gasmasken, einen NVA-Helm, einen Löffel, in den MfS eingeprägt war.

Heimlich lief ich in den Gebäuden das Labyrinth der langen Flure ab, wo Müll und Überreste der Stürmung zu großen Haufen zusammengefegt dalagen. Die Wände waren beschriftet mit Stasi-Beschimpfungen, manchmal stand auch quer über einen Schreibtisch: »Freiheit für meine Akte!« Ich fand eine komplette Kaufhalle und brach in einen Stasi-Buchladen ein, wo ich mir eine Reclam-Ausgabe von Rilkes »Malte Laurids Brigge« klaute. Vielleicht dachte ich auch, ich könnte irgendwo meine Akte finden. Das ältere Diensthalbjahr blieb solange in der Pförtnerloge von Mielkes Hauptgebäude, wo wir auf Pritschen schliefen, und guckte »Ghostbusters«, der Film lief damals auf RTL. In einem alten Telefon-Protokollheft stand etwas von desertierten Russen mit Kalaschnikow. Eigentlich sollte ich ja eine Wand zwischen zwei Häusern bewachen, über die man von der Frankfurter Allee aus rüberklettern konnte und die heute verschwunden ist, der Durchgang steht offen. Ich war viel zu naiv, um mir vorzustellen, dass mein Wachdienst wirklich einen Zweck haben konnte.

Und heute befindet sich im Hauptgebäude ein Museum, und ich komme mir mit meinen Erinnerungen vor wie ein Gespenst. Die Formsteine der überdachten Zufahrt sind mir damals überhaupt nicht aufgefallen: Hubert Schiefelbeins X-Element SE1, kurioserweise in vier Lagen übereinander, obwohl es eigentlich nur 150 Zentimeter hoch gestapelt werden durfte (erfahre ich aus meinem Bestimmungsbuch »Kunstvolle Oberflächen des Sozialismus: Wandbilder und Betonformsteine«). Für so etwas hatte ich damals kein Auge, vielleicht war der Anblick auch zu selbstverständlich. Ich bekomme zur Eintrittskarte einen FDJ-Aufnäher »Traditionsnamensträger Fritz Schmenkel« geschenkt, aus alten Beständen. »Schmenkel« hieß auch der Jugendclub in Baumschulenweg, wo ich die Band AG Geige gesehen habe. Das Treppenhaus mit rotem Marmor, die schönen Deckenleuchten. Warum damals eine Etage mit schweren Ketten abgesperrt war, erschließt sich mir jetzt, es ist der Bürotrakt von Erich Mielke. Was würde man hier erwarten? Einen Exzess an Machtsymbolik? Jedenfalls keine so freundliche, gar nicht bedrückende Einrichtung. Die Räume sind holzgetäfelt, helles Parkett, skandinavisch anmutende, blau bezogene Sessel, so könnte auch ein westdeutsches Fabrikantenbüro aus dieser Zeit aussehen. Das Schreibtischtelefon mit den vielen Tasten erinnert an die Fantasie, jeden Winkel seines Imperiums erreichen zu können, um Befehle zu erteilen und Berichte zur Lage anzufordern. Nebenan die Liege, wo er Mittagsschlaf gehalten hat. War er eigentlich verheiratet? Ein Philips-Farbfernseher altert irgendwie schneller als die Möbel, das hat Technik so an sich. Sind das im Vorzimmer Hellerau-Kommoden? Meine Eltern haben ganz ähnliche. Wie gemütlich der Clubraum mit den Leder-Drehsesseln wirkt, hier konnten die Herren nach der Besprechung rauchen. Ein Zitat von Wilhelm Pieck an der Wand: »*Nur ein Kämpfer, der innerlich froh ist, der singt und sich seines Lebens freut, wird in ernster Stunde seine ganze Kraft zur Verteidigung dieses frohen glücklichen Lebens einsetzen. Menschen aber, die innerlich verknurrt sind, unzufrieden mit sich und dem ganzen Leben, haben keinen Mut, ihr eigenes Leben und das ihres Volkes zu verteidigen.*« War Mielke »froh« oder »innerlich verknurrt«? Getrunken und gesungen hat er ja gerne. Er wirkte nicht sehr intelligent, das hat er mit Brutalität wettgemacht. Und er war ein Musterdeutscher; auf einer Karteikarte hat er skizziert, wie er sein Frühstück serviert haben wollte: Brot, Marmelade, Ei, Serviette, Messer.

Ein »Dampfentwickler« zum Öffnen von Briefen. Man sah das ja sehr deutlich, wenn Briefe auffallend ordentlich wieder zugebügelt waren. Hat mich das als Kind gegruselt? Eigentlich nicht. Ich hatte Glück und war für die Stasi uninteressant, jedenfalls denke ich das. Man hat sich über die schnurrbärtigen Männer, die Ostjeans und Stoffbeutel trugen und unauffällig an den Ecken standen, lustig gemacht. Andere haben sie so in die Mangel genommen, dass sie sich aus Verfolgungswahn die Zähne ziehen ließen, weil sie glaubten, dass dort Sender eingebaut worden waren.

Straßenpflaster

Als Kind habe ich einmal sehr gestaunt, als in unserer Straße das Kopfsteinpflaster aufgerissen wurde und sich zeigte, wie dick die Steine waren. Ich hatte immer gedacht, sie bedeckten nur die Oberfläche. Beim Spazieren beobachtete man die Abfolge von alten Granitplatten und neueren quadratischen Platten. Die beiden Streifen mit kleinen Pflastersteinen rechts und links dienten nach meiner damaligen Meinung offiziell als Hundeklo. (»Passéepflaster«, das Muster hat eine »regelmäßige Unregelmäßigkeit«, was man beim Verlegen erst mal hinbekommen muss.) Die Platten aus Lausitzer Granit, bei denen, vor allem wenn sie vom Regen feucht sind, keine zwei sich gleichen, heißen Schweinebäuche, weil sie nach unten so unförmig und schwer sind. Leider werden sie heute immer öfter durch glatte, graue Granitplatten aus China ersetzt, weil das billiger als die Renovierung ist. Manchmal haben die alten Platten Narben von Granateinschlägen. Man sieht auch ausgebesserte Stellen, Flicken aus verschiedenen Epochen. Wenn man den Blick immer auf den Boden heftete, merkte man nach der Wende manchmal gar nicht, ob man in Ost- oder in Westberlin war, auf Schweinebäuchen war man immer zu Hause. Ich gucke immer noch gerne nach unten und versuche, diese Zeichen zu lesen. Am U-Bahnhof Eberswalder

Straße, der in so vielen Filmen vorkommt (»Berlin, Ecke Schönhauser«, »Das Versteck«), hat jahrelang ein Stück vom alten rot-weißen Geländer überlebt, hinter dem schönen Reggae-Kiosk, der aber bei der Neuregelung der Kreuzung für den Radweg mit dem Geländer einfach verschwunden ist. Es gibt nur noch ein paar Stellen, wo an der Bordsteinkante blasse Reste von roter Signalfarbe zu sehen sind. Von wann die wohl stammt? Die fünfeckigen Platten, die rechts und links den Rand vom quadratischen Pflaster bilden, heißen übrigens Bischofsmützen. Im Chemnitzer Heckertviertel habe ich große, sechseckige Waben gesehen – sind die nur dort zu finden? In Dresden, Leipzig und Halle läuft man auf einer längeren, schmaleren Form von Schweinebäuchen – womit hängt das zusammen? Galt hier eine andere Norm? Industrienormen sind ja etwas, was unser Leben viel stärker bestimmt als der freie Wille. Zwischen Ost- und Westdeutschland hat man sich bei den Normen nicht sehr weit auseinanderbewegt. Die Russen hätten uns ja auch zwingen können, bei den Gleisen ihre Spurweite zu übernehmen, die Lichtschalter hätten per Beschluss vom Politbüro nach oben ausgehen können, wir hätten die kyrillische Schrift einführen können wie in der Moldawischen Sowjetrepublik. Beim Farbfernsehen hatten wir ja das französische SECAM statt PAL, weil de Gaulle das Chruschtschow aufgeschwatzt hat und man sich mit den Franzosen generell besser verstand.

Auf einem kleinen Berliner Friedhof habe ich mal einen Gartenarbeiter beobachtet, der den Rasen sprengte. Er hatte den Gully mit einem Werkzeug geöffnet, das selbst geschweißt aussah. Mit einem spitzen Ende kam man unter eine Lasche im Gullydeckel, mit einem Vierkant am anderen Ende konnte der Hahn geöffnet werden. Und es gab auch eine praktische Öse, um das Werkzeug nach getaner Arbeit an einen Nagel zu hängen. Ich fragte ihn, wie alt das war, er wusste nichts darüber, nur dass es der Gemeinde gehörte. Ob das schon seit der Weimarer Republik benutzt wurde? Mir war nie aufgefallen, dass die Gullydeckel fast immer so eine Lasche zum Hochheben haben, ich freute mich, dass ich jetzt das Werkzeug dazu kannte. Wie schön, wenn ein altes Werkzeug noch seinen Zweck erfüllt. Unsere alten Schraubenzieher mussten wir nach der Wende nicht wegwerfen, sämtliche elektrischen Geräte konnte man einfach in westdeutsche Steckdosen stöpseln; man konnte die Fotoapparate mit ihren Filmdosen bestücken, die Plattenspieler drehten sich noch genauso schnell, und man konnte auch jenseits der Grenze im Rechtsverkehr fahren. So vieles hatte sich geändert, aber so viel anderes wieder nicht. Nur dass einem das, was sich nicht ändert, nicht so auffällt.

Zwei Ostnasen tanken Minol

Diesmal will ich wirklich früh loskommen und verlasse schon um 8 Uhr das Haus. Schnell einen Kaffee beim Bäcker, in dem alle Mitarbeiterinnen Russinnen sind. Ich freue mich, dass ich heute einmal reichlich Tageslicht für die Fahrt nutzen werde, da läuft mir Roland über den Weg, den ich regelmäßig im Café treffe, wir teilen die Leidenschaft für Zeitungen. Es ist einem ja schon fast peinlich, wenn man noch mit Papier raschelt, in Amerika machen das sicher nur noch Obdachlose, die sich tagsüber in öffentlichen Bibliotheken aufhalten. Roland ist für mich der Prototyp eines Ostmanns, er hat anscheinend mehrere Leben gelebt, so voller Anekdoten steckt er. Er war Seemann, Mitropa-Kellner, Fußballspieler, Drehbuchautor und Akademiker. Unter Sehenswürdigkeiten versteht er bei seinen Reisen in erster Linie Frauen. Er erklärt mir, wie das als Mitropa-Kellner lief. Man öffnete die Tür und sagte: »Drei Kännchen, macht 7 Mark 54.« Eines kostete 1,78 Mark, wichtig war, dass beim Preis der Einer stimmte. Wenn mal wer nachrechnete, konnte man erwidern: »Entschuldigung, Sie sehen ja, was hier los ist …« Freunde von ihm haben mal im großen Stil Schnürsenkel gekauft und den misstrauischen Verkäuferinnen gesagt, die seien für eine chinesische Sportdelegation, die ihre Schuhe vergessen hätte. Sie haben sie gefärbt und auf Märkten bei Leipzig verkauft. Am Ende quollen ihnen die Geldscheine aus den Taschen.

Während er mir pointiert immer neue Perspektiven auf die DDR eröffnet, läuft vor dem Fenster des Cafés ein Fuchs über die Straße. Die Stadt wird immer mehr zum Rückzugsgebiet für Pflanzen und Tiere. Hier würden ja auch viele Zettel für vermisste Katzen hängen, sagt Roland, das sei ein Zeichen, dass es einen Fuchs gebe. Ich muss mich regelrecht losreißen, ich muss doch auch etwas Eigenes erleben in den wenigen Jahren, die mir bleiben. Diesmal fahre ich mit Mawil, dem Comiczeichner und Autor von »Kinderland« – einer Graphic Novel über die Wendezeit –, der etwas jünger ist als ich und mir deshalb immer wie mein Sohn vorkommt, weil schon fünf Jahre Unterschied bei Wendekindern völlig andere Erfahrungen bedeuten. Er ist noch in Ohnmacht gefallen, als er in Westberlin das erste Mal vor einem Spielzeugladen stand. Wir wollen Eisenhüttenstadt, Hoyerswerda und Dresden sehen und mein altes Ferienlager. Und insgeheim hoffe ich auch, diesen sagenhaften Ort tief in Sachsen zu finden, wo man noch mit DDR-Geld bezahlen kann. Ich habe auch gelesen, dass sich im Dresdner Raum einmal ein russischer Deserteur jahrelang in verschiedenen Kuhlen im Waldboden versteckt hat. Vielleicht gibt es dort auch noch andere, die von der Wende nichts mitbekommen haben?

Kolberg

Bis südlich von Berlin amüsiere ich mich darüber, dass Mawil immer noch denkt, die Freifläche westlich des Berliner Fernsehturms sei für den Fall gedacht gewesen, dass er einmal umstürzen sollte. In Kolberg lockt mich der »Alte Dorfkrug«, die Gaststätte scheint einem 1.-FC-Union-Fan zu gehören, sogar der Fahrradständer ist rot-weiß gestrichen. Meine Schwiegereltern aus dem Westen gehen hier jedes Jahr essen, weil die Großeltern aus der Gegend stammten. Bei ihrer Ausreise in den Westen wollten sie einen eisernen Goethe-Kopf mitnehmen, und der Zoll hat sie stundenlang aufgehalten, weil der Verdacht bestand, sie wollten etwas in Goethes Schädel schmuggeln, den man aber nicht aufbohren konnte, um das zu überprüfen. Im Gastraum läuft ohrenbetäubend laut: »Wer lässt Ball und Gegner laufen? Wer lässt sich nicht vom Westen kaufen? Eisern Union! Eisern Union!«

Wir studieren eine halbe Minute die Speisekarte, da werden wir schon vom Wirt angesprochen: »Habta watt ßu essen jefunden? Wa? Wollta Jeld loswerden?« Das zwar nicht, aber wir bestellen Soljanka und Blutwurst, um ihn milde zu stimmen. Ich sehe mir die Räumlichkeiten an und lese die vielen Kneipensprüche: »*Jeder muß an etwas glauben, und ich glaube, ich nehme noch einen.*« Über dem Tresen hängt eine Holzkeule, beschriftet mit »*für liebe Gäste*«. Es gibt einen großen Festsaal, in dem noch eine DDR-Gastronomie-Preisliste hängt mit diesen absurd niedrigen Pfennigpreisen, die viele heute noch auswendig wissen (ein halber Liter »Vollbier, hell«, 0,85 Mark). Aber hauptsächlich schmücken Union-Fanartikel die Wände. Neben dem Kachelofen steht einer dieser einbeinigen Aschenbecher mit kugelförmigem Scharnier, die aussehen wie ein silberner Ritter. Der Wirt ruft mich an den Tisch: »Komm essen, wird kalt, wa.«

Am Stammtisch wird diskutiert. In Baumschulenweg werde jetzt so viel eingebrochen. Das liege an den Zigeunern. Die stiegen lautlos am Blitzableiter hoch, das merke der Mieter gar nicht. »Nur noch Strolche in diesem Staat!«

»Und die Kinderwagenschrägen waren früher nicht so steil«, ergänze ich.

Einer dreht am Fernseher.

»Is nüscht im Fernsehen, Hartz IV fängt noch nicht an.«

Ich fotografiere die gelbe DDR-Zuckerdose aus Plaste, die auch in einem Retro-Café in Berlin-Mitte stehen könnte, hier aber nicht ironisch gemeint ist. Der Wirt kommt heran, ich erzähle ihm von seinen Fans aus dem Badischen. Er hat selbst Verwandtschaft im Westen: »Heizung kennen die nicht, immer Decken um die Beene, immer mit Grippe zurückjekommen. Und Brötchen musste abends ansagen wie viele, det is abjezählt.«

Er sagt wirklich »det«! Ich habe immer behauptet, das sei mit Zille ausgestorben und man sage heute ausschließlich »dit«.

Ein Gast nimmt einen Eimer Knochen mit nach Hause. »Ick kenn det doch, deine Frau nimmt sich noch die Hälfte raus und macht ne Suppe von.« Viele Frauen beneiden ja ihre Männer, weil sie so glücklich verheiratet sind, sage ich.

Es geht jetzt um Weihnachtsmärkte in Berlin. Seine Vergleichseinheit ist der Preis für »sein Körnchen«.

»Im Westteil musste ja immer uffpassen, dass de die Gläser nicht verschluckst, so kleen sind die.« Ein Bus fahre hier in der Gegend nur noch einmal am Tag. »Ohne Auto biste erschossen hier. Die alten Leute, die warten auf den Tod. Früher hamse sich noch umjeschlüpfert einmal am Tag, fürn Konsum – übersetze ›Supermarkt‹ –, na ja muss man ja, gibt's heute nicht mehr.« Das Wort »umschlüpfern« werde ich ab jetzt in meinen Wortschatz aufnehmen.

Ich bin entzückt, dass in einem Postkartenständer an der Wand noch Kolberg-Ansichten aus DDR-Produktion zu haben sind; auf einer sieht man ein örtliches Kinderferienlager. 150 Ferienlager habe es hier gegeben, sagt er, 25 000 Postkarten habe er im Jahr verkauft, weil alle Kinder welche gekauft haben, damals mussten sie ja gleich als Erstes nach Hause schreiben. Er holt eine Karte hervor, die habe er im Westen einem gezeigt und gesagt: »Das ist Kolberg, die kleine Baracke, da saß in der DDR der Bürgermeister, der Tümpel, da wurde die Wäsche gewaschen, und hier, wo man die Kabel sieht, der war bei der Stasi, der hatte Strom.« Nach der Wende haben wir uns ja angewöhnt, den Westlern ein DDR-Pow-wow vorzutanzen, wie Indianer den Touristen. Da sie wenig von uns wussten und nuancierte Darstellungen unseres Lebens nicht durchdrangen, konnte man ihnen auch gleich Märchen erzählen.

Beeskow

In Beeskow will ich eigentlich das ehemalige »Ernst-Thäl-mann-Hotel« finden, das angeblich »ET« genannt wurde, weil es für Normalsterbliche ähnlich unerreichbar war wie dieser Außerirdische (der Film lief im Osten im Kino). Oder wir könnten das Depot für DDR-Kunst suchen, das der letzte DDR-Kulturminister in der Burg eingerichtet hat, damit die Kunstwerke aus Betrieben und öffentlichen Gebäuden bei der Abwicklung nicht alle auf dem Müll landeten. Aber Mawil steuert sofort den Fahrradladen an. Er hat einen Fahrradtick – ist das auch DDR-typisch? Wir waren als Kinder praktisch Zentauren, halb Mensch, halb Fahrrad, und wir haben immer an unseren Rädern herumgebastelt. Heute knipse ich manch-mal »Fahrradirre«, die es in großen Städten gibt. Man erkennt sie daran, dass sie ihre Räder mit allen möglichen Extras aus-statten: vorne und hinten große Fahrradtaschen, Blumengir-landen und meistens auch ein Kofferradio am Lenker, das laute Musik spielt. Als Kinder hätten wir das nicht auffällig gefunden, bei uns kam ja auch an den Gepäckträger eine Autoantenne mit Fuchsschwanz, und am Rahmen wurde ein Rahmbutterdeckel so befestigt, dass er über die Speichen flatterte wie bei einem Glücksrad, Hauptsache schön laut. Ich gehe eigentlich nicht mehr zum Gucken in Geschäfte, weil es in unserer globalisierten Welt überall das Gleiche gibt und in der Regel weniger als im Internet, mehr Überraschungen und Abwechslung bieten da Müllplätze. Aber hier haben sie noch alte Simson-Teile, Lampen und einen Ersatztank, sogar gehäkelte Hauben für Klorollen gibt es (aus neuer Produktion, gehäkelte Klorollen-Puppen gab es übrigens schon im Viktorianischen England). Die Simson-Teile würden auch neu hergestellt, sagt die Besitzerin, wobei die Qualität früher besser gewesen sei.

Leider habe ich das Motorrad als Fortbewegungsmittel übersprungen und nutze auch das Auto nur halbherzig, ich steige erst beim Privat-Raumschiff wieder ein, so lange bleibt es beim Fahrrad. Ich freue mich aber, dass man in Berlin immer noch so viele liebevoll gepflegte Schwalben und Simsons auf den Straßen sieht, manchmal auch eine MZ. Bei langen Fahrten mit der Simson hätten sie den Helm vom Kind hinten mit einer Strippe am Kindersitz festgebunden, erzählt die Besitzerin, damit es, wenn es einschlief, nicht nach vorne kippte. Neben dem Eingang finde ich in einem Regalfach, wo in kleinen Orten immer Flyer für Schlagerfeste oder Tourneeaufführungen von »Rentner haben niemals Zeit« mit Herbert Köfer liegen, Einkaufstüten aus grobem, braunem Papier, die schöne Schreibschrift mit schrägem i-Punkt: »*Meine Mutti kauft hier*«. Ein Mädchen mit Petticoat und Schleife im Haar äußert sich so. Die Besitzerin sagt, dass diese Tüten tatsächlich noch von früher stammen. Seltsam, dass manches an der DDR heute so rührend wirkt. Sie sei auf Papier umgestiegen und biete keine Plastetüten mehr an und nehme auch selbst beim Einkaufen keine mehr. Früher habe man ja auch mit einem Netz oder Beutel auskommen können. »Den Beutel an die Anhängerkupplung, die Butter drin, und zu den Tschechen.«

»Warum denn an die Anhängerkupplung?«

»Na, bei 40 Grad, die schmilzt doch sonst.«

Ich darf mir ein paar Tüten mitnehmen und habe gleich wieder das Problem, dass sie mir zu schade zum Benutzen sein werden. Wenn sie so lange überlebt haben, wäre es doch anmaßend von mir, sie aufzubrauchen.

Friedland

Von allen DDR-Museen, die im Osten wie Pilze aus dem Boden schießen (wobei sich das größte der Welt, »The Wende Museum«, bei Los Angeles befindet), hat mir das in Friedland bei Beeskow am besten gefallen. Der kleine Ort hat eine bescheidene Burg, in dem sich früher eine Lehrerwohnung befand, die man nach dem Tod der Bewohner einfach so gelassen und zum Museum erklärt hat, mit Gummibaum, Colormat-Fernseher und PVC-Belag mit Parkettmuster. Ich bin davon überzeugt, dass man das mit fast jeder Wohnung tun könnte, einfach verplomben und nach 100 Jahren für Besucher öffnen. In Friedland kann man die Räume aber jetzt schon besichtigen, und die Besucher sind dazu aufgerufen, eigene Gegenstände dazuzulegen. Der vollgeräumte Küchenschrank. Die Campingflasche vom VEB Gummiwerke Thüringen Waltershausen (»mittels Trage-Element am Gürtel einhängbar«), deren Plastearoma jeden DDR-Bürger in die Kindheit zurückkatapultiert. Ich muss mich sehr beherrschen, mir das Bakelithörrohr zum Zusammenstecken nicht für meine eigene Kuriositätenkammer zu klauen. Ein Raum mit ausgestopften Tieren, darunter ein Hase mit Geweih. Ein Plüschvorleger mit DDR-Emblem. Ein Kasten zum Messen der Körpergröße von Babys. Ein Teller mit Sandmännchenmotiv, in den zum Warmhalten Wasser gefüllt wird. Original verpackte Gleitschuhe aus dem VEB Trusetal-Werk Trusetal, EVP, 12,50 Mark: »Das Sportgerät für alle Schneesorten, ideal für dünne, feste Schneedecke«. Damit im Viertel einen kleinen Hügel runter, das war unser Urlaub in Sankt Moritz.

Petersdorf

Wir kommen einfach nicht vorwärts, weil wir immer wieder halten müssen, wenn wir einen besonders schönen, selbst geschweißten Zaun entdecken. Es ist ungeheuerlich, was für verschiedene Muster die DDR-Heimwerker aus einfachem Bewehrungsstahl gemacht haben. Ich denke auch, wenn man etwas selbst gebastelt hat, schätzt man es hinterher mehr. Wir bewundern ein Vorgartenarrangement: ein Trabi mit abgeschnittenem Dach, mittendrin eine Tanne, Schnee, und daneben zwei Rehe. In einem Garten steht eine alte Telefonzelle, die als Vogelbauer dient. In einem Baum hängen CDs, die die Stare verscheuchen sollen. Vor einem Haus steht auf einer Bank: »*Ist die Landwirtschaft erst aufgegeben, muß man vom Tourismus leben.*«

In Petersdorf bei Jacobsdorf halte ich schon wieder, weil mir die Beleuchtung vom Fußballplatz auffällt. Man hat die Köpfe von jeweils vier Leipziger Peitschenleuchten zu Flutlichtbündeln verschweißt. Ich will schnell ein Foto machen, da löst sich ein Betrunkener von einem Festzelt, das am Rand des Rasens steht, man ruft mir etwas zu, es klingt nicht freundlich. Soll ich schnell weglaufen? Ich brauche ein bisschen, um aus seinem Lallen herauszuhören, was er will, es geht ihm um

»Internet«, will er Geld für das Foto? Oder denkt er, dass ich die Fotos zu Geld mache? Ich habe das Auto nur geborgt, es hat ein westdeutsches Kennzeichen, das ist hier sicher verdächtig. Man wird dann immer für einen Adligen gehalten, der seine Ländereien rückübertragen haben möchte, oder für einen Müllunternehmer, der illegal Giftstoffe verklappen will. Ich wiederhole immer wieder, dass ich nur die Leuchten so toll finde, ich sei doch auch aus dem Osten, sieht man mir das denn nicht an? Wenigstens am Gesichtsausdruck?

Plötzlich streckt er mir die Hand hin, gerade als der zweite Betrunkene es bis zu uns geschafft hat. Der Zweite führt uns über die Straße in eine Baracke, das Vereinsheim, er wühlt eine Weile in einem Metallspind und reicht mir die Broschüre zur Geschichte ihres Vereins. Die Flutlichtanlage war 1974 die erste im Kreis. Deshalb gibt es hier einmal im Jahr ein berühmtes Nachtturnier. Gerade wird der Radwanderweg weitergebaut, er schneidet ein Stück vom Rand des Platzes ab. Vielleicht dachten sie, ich sei ein Landvermesser, dem schlägt ja schon in Kafkas »Schloss« nur Misstrauen entgegen. Rot-Weiß Petersdorf hieß bis 1990 Traktor Petersdorf. An einer Wand hängen die alten Spielerausweise der Vereinsmitglieder. Ob alle Männer hier mal Fußball gespielt haben? Ich kenne diese Gesichter von der Badestelle, aus meiner Kindheit: Dorfjungs, die Treckerreifenschläuche als Badetier benutzten, manchmal kam auch einer auf seiner Simson, hielt auf dem Hügel und beobachtete uns, wie ein Krieger eines fremden Stammes. Ich lese in einem alten Spielbericht, jemand hat sich beim Schiri beschwert und ihm die Pfeife aus dem Mund nehmen wollen, dafür gab es Rot. In einer Ligatabelle aus dieser Zeit heißen fast alle Vereine »Tr.«, was für Traktor steht; daneben gab es noch Vorwärts und Empor. Das Emblem der Betriebssportgemeinschaft Traktor war ein Traktor mit Panzerketten. Warum wollte man nicht mehr »Traktor« heißen?

Ein klangvollerer Vereinsname ist doch kaum denkbar. Auf einer Wurstpappe schreibt er mir ihre Homepage auf.

Die Brandenburger sind manchmal spröde. Da ich neugierig auf ihre Lebensweise bin, nutze ich immer die Kunst-Loose-Tage, um etwas über ihre Lebensumstände zu erfahren. An diesen Tagen öffnen Künstler im Oderbruch ihre Ateliers und Wohnräume für Besucher. Die Kunst interessiert mich weniger, ich will sehen, wie sie leben. Mit meiner Tante, meiner Cousine und ihrem Mann fahren wir dann im Auto über die Dörfer. Er erklärt mir das System der DDR-Zigaretten: »Schweine-Camel«, das waren Juwel 72 aus Bulgarien, die waren eher als Schweinefutter geeignet, »Bahndammverschnitt«, »dritte Ernte, Schattenseite«. Meine Tante sagt, sie kannte am Anfang keine Teebeutel und schnitt die, die sie aus dem Westen geschickt bekam, immer auf. Meine Cousine sagt, dass Garten für sie wie Urlaub sei, sie verreist gar nicht mehr. Sie fährt mit einem Fleischwagen über die Dörfer und empfiehlt mir, bei kleineren Mengen (also unter 10 Kilogramm) lieber nur einen Speckhintern zu nehmen als ein ganzes Spanferkel, falls ich mal auf den Gedanken käme. Ihr Mann wirft ein, ein VW Polo sei billiger im Betrieb als ein neuer Dacia. Meine Cousine sagt, dass sie in der Mittagsruhe auf dem Dorf immer auf eine Decke gesetzt wurde, weil klar war, dass sie mit nackten Füßen nicht auf den Rasen krabbeln würde. Meine Tante bekam, als sie das erste Mal schwanger war, Hunger auf Pampelmuse, dafür musste sie ins Russenmagazin, wo es auch Sardinen und Schlagsahne gab.

Wir besuchen einen Holzkünstler, der in einem alten Dorfkrug wohnt; die Hälfte vom Dach fehlt, vor dem Haus gibt es noch Metallringe, um sein Pferd anzubinden. Er stellt einem als Erinnerung an einen Baum, der einem wichtig war, aus dessen Holz hauchdünne Kerzenschirmchen her. Im Gar-

ten eines anderen Künstlers steht alles voll mit aus LPG-
Schrott geschmiedeten kinetischen Objekten. Wir besuchen
einen Glasbläser, der in einem Fachwerkhaus wohnt, das aus
Bohlen gebaut wurde, die die Russen für ihre Pontonbrücken
über die Oder verwendeten. Wir sehen eine Plattenbauschule,
die als Atelier dient, und ich freue mich über die alten DDR-
Schultische und -stühle. Wenn man sich vorstellt, dass Generationen hier Unterricht hatten, und jetzt braucht man die
Schule nicht mehr! Wir besuchen eine alte Frau, die 91 Jahre
alt ist; nach dem Krieg wurde sie aus Lodz vertrieben, sie
schreibt sich aber noch auf Polnisch mit einer Freundin dort.
Ihr Name steht schon auf dem Grabstein ihres Mannes, noch
ohne Datum. Wir reden über das Kriegsessen, das meine Oma
auch im Frieden gekocht hat: Béchamelkartoffeln, Hirsekohl,
Fischsoljanka. Ich freue mich über Begriffe wie Sonntags-
kompott und Maulsperrenkuchen, die sie benutzt: »Greifen
se zu!«, sagt sie immer wieder. Wie schön sie beim Sprechen
die Diphthonge dehnt. Der Europa-Radwanderweg führt an
ihrem Haus vorbei, und da man ab hier auf die Straße aus-
weichen muss, sagt sie: »Bei uns ist Europa zu Ende.«

Eisenhüttenstadt

In Eisenhüttenstadt, der »ersten sozialistischen Stadt Deutschlands«, halten wir an der Magistrale, die früher Leninallee hieß
und jetzt Lindenallee, nur ein »d« ist dazugekommen. Ein
Wandmosaik mit einer Friedenstaube, die einer Arbeiterhand
entsteigt, von Walter Womacka, dem umstrittenen Schöpfer
einer Art sozialistischer Pop-Art. Oben rechts haben DDR-
und SU-Fahne überlebt. Arbeiter mit Helm, die an einem
Schaltpult telefonieren – das nach der Aufbauzeit in den 60ern
aktuelle Wunschbild vom Proletarier als hoch qualifiziertem,

entspanntem Lenker. Das Mosaik gehört zum ehemaligen Kaufhaus Magnet, gegenüber steht das »City Hotel Lunik« leer, beide bildeten das Tor zur Magistrale, an deren Ende man das Stahlwerk sieht, nicht wie früher ein Schloss. War Magistrale ein Ostwort? Es hieß ja in Ostberlin auch Magistrat und nicht Senat, was mir sowieso seltsam vorkam, weil ich Senatoren nur aus Römerfilmen kannte. Viele Skulpturen schmücken die Straße, eine selbstbewusste dicke Frau, sympathische Tiere. Wobei einige hierher umgesetzt wurden, um sie besser gegen Buntmetalldiebe zu schützen. Ein Großschachfeld – war das typisch für uns? Ich kenne die großen Figuren aus meiner Kindheit. Sollten in einer idealen Gesellschaft die Menschen nach der Arbeit auf der Straße Schach spielen?

Wir gehen in eine »Backhütte«, die aussieht wie die Zeitungskioske damals, nur größer; früher war das ein Autosalon. Selbstbedienung mit Tabletts, das galt ja mal als etwas ganz Modernes. Der Kaffeeautomat gehöre der Kaffeefirma, der alte sei kaputt gewesen, und den hier zu kaufen war ihr zu teuer. Sie erklärt uns, welchen Knopf wir drücken müssen. Ein Faltblatt wirbt für die Einzelhändler auf der Magistrale, als Teaser das Bild von Womacka mit DDR-Fahne. In der Tourist-Information hängt an der Wand ein großes Foto, das die Mitarbeiterin mit Tom Hanks zeigt, der Brille und Wollmütze trägt. Er hat ja im amerikanischen Fernsehen für »Iron Hut City« geworben, dafür haben sie ihm einen Trabi geschenkt. Der Buchladen hat sein Schaufenster mit Schaufensterpuppen als Hochzeitspaar dekoriert. Es gibt Bücher, die »Trau dich!« heißen. Ich lobe die Buchhändlerin für die alten Holzregale, »dass Sie die ja nicht abschaffen!« Buchläden kann man heute oft schon wegen der schrecklichen Möbel nicht betreten.

Ein renoviertes Gebäude mit Leuchtschrift »Aktivist« lockt uns an. Es war das erste Restaurant in Eisenhüttenstadt, jetzt sitzt hier die Wohnungsbaugesellschaft. Das Treppenhaus mit Wendeltreppe, Deckenleuchter und mit Keramik verkleideten Säulen. Im Bürobereich mit holzgetäfelten Wänden und Säulen gibt es sogar noch alte Bilder, die wir ausnahmsweise von Nahem ansehen dürfen. Es fehlen nur die Menschen in dieser so ehrgeizig geplanten Stadt. Ich war ja schon in Nowa Huta bei Krakau und im ungarischen Dunaújváros, beides Städte, die zur selben Zeit für Stahlwerke gebaut wurden, aber dort war auf der Straße mehr los. In Dunaújváros liegt im Stadtmuseum ein dickes Buch mit den Unterschriften von Einwohnern, die Rákosi Elvtárs (Genosse Rákosi) bitten, sich bei Stalin dafür einzusetzen, dass ihre Stadt Stalinstadt genannt werden darf.

An der Magistrale finden wir ein »Balkan«-Restaurant mit Pension, es gehört einem ehemaligen Spieler vom Eisenhüttenstädter FC Stahl (was für ein respekteinflößender Name!). Eine tief dekolletierte Serbin in den landestypischen engen Hosen und hohen Schuhen klärt uns auf, dass wir die einzigen Übernachtungsgäste sind, für Frühstück müsste extra wer kommen, da verzichten wir netterweise. Aber Internet gibt es, Passwort »montenegro«. Später werde sich das Restaurant füllen, wenn gegenüber im Theater die Veranstaltung zu Ende sei. Vor dem Friedrich-Wolf-Theater, dem sogenannten Fri-Wo hatten wir Mädchen in grünen Kitteln stehen sehen, die ich erst für OP-Schwestern gehalten hatte, die aber zu einer Schüler-Tanzgruppe gehörten. Heute ist die Abschlussveranstaltung der Tanzwoche, gerade ist die Pause zu Ende und die Glocke läutet. Wir tun so, als gehörten wir dazu, gehen mit den anderen Zuschauern rein und setzen uns in eine der hinteren Reihen. Etwa 400 Eltern, Großeltern und Geschwister der auftretenden Schüler sind hier, kein Wunder, dass kein Mensch auf der Straße war. Als hätten wir eine Überraschungsparty entdeckt. »Wer Schmetterlinge lachen hört, der weiß wie Wolken schmecken«, heißt das Stück, es geht um das Lachen. Ich erfahre, dass die Mona Lisa eine Gesichtslähmung hatte und deshalb so geheimnisvoll lächelt. Eine andere These sagt aber, dass ihr alle Zähne ausgefallen waren. Der schöne Raum mit Holztäfelung, der zahlreiche Jugendweihen gesehen hat und neuerdings Auftritte von Jürgen von der Lippe. Wir huschen wieder raus, um im letzten Licht noch eine Runde durch den prächtigen, renovierten zweiten Wohnkomplex zu drehen – riesige Hofbereiche, schöne Torbögen, filigrane Balkongitter, Blumenornamente im Fassadenputz, Erkerwohnungen. (Einen sehr schönen Einblick in die frühen Jahre der Stadt gibt: Detlef Kirchhoff »Zwischen Baum und Borke. Aufgewachsen in Stalinstadt«, Guben 2014.)

Im »Balkangrill« gibt es Gehacktes-Steak mit scharfer Sauce und Bratkartoffeln, hinter mir sitzt ein Tätowierter mit Ohrlochtunneln. Vor 50 Jahren ist man hier für Jeans noch von der Schule geflogen. Es ist viel zu viel, ich zwinge mich zum Essen, rücke alles zusammen und verstecke die Kartoffeln unter dem Steak.

»Hat nicht geschmeckt?«

»Doch, war nur zu viel.«

»Sollen wir einpacken für Frühstück?«

Am Morgen regnet es, wir sehen uns den ehemaligen Appellplatz der Schule an, wo ein Obelisk steht, ein sowjetisches Ehrenmal. In Wirklichkeit liegen hier aber keine Soldaten, sondern wegen des Stahlwerkbaus umgebettete sowjetische Kriegsgefangene. Den Platz hat man früher im Winter als Schlittschuhbahn hergerichtet. Wir gehen zum Dokumentationszentrum Alltagskultur der DDR, Montag ist aber Ruhetag, und ich darf auch nicht das Womacka-Glasfenster im Treppenhaus fotografieren, das gehe nicht mal, wenn geöffnet sei. Im Rathaus, im Stil der »Nationalen Traditionen« aus den frühen 50ern gebaut, durfte ich Womackas Wandmosaik »Völkerfreundschaft« ohne Weiteres fotografieren. Das Fenster hier zeigt das ideale Leben idealer Kinder in einem sozialistischen Kindergarten. Wenn man es als Vision einer Welt ohne Konflikte nimmt, ist es gut gemacht. Allerdings hat er es für die Wirklichkeit gehalten und als Funktionär viel Macht gehabt. Trotzdem war es eine bemerkenswerte Geste, einen Kindergarten mit sozialistischer Kirchenfensterkunst zu schmücken. Dafür gab es in Eisenhüttenstadt anfangs keine Kirche, sondern nur eine Art Bauwagen für Gläubige und später lange ein Zelt. Vor dem Gebäude des Kindergartens steht die Weltkugel-Skulptur von Axel Schulz und seiner Frau Cornelia, mit kleinen Kamelen, Krokodilen, Eisbären, Meerjungfrauen, der Fernsehturm ist vom Anfassen blank geputzt.

Bei den Garagen im Hofbereich der Pension hängen zwischen den Toren Haken zum Fixieren der Tore. Mit den Jahren haben die Haken beim Auspendeln nach der Benutzung bogenförmige Furchen ins Mauerwerk gegraben, hier und da ist schon mit Spachtelmasse geglättet worden. Gebrauchsspuren begeistern mich in einer so jungen Stadt besonders.

Ich will noch einmal näher an das Stahlwerk, das mich als Ort eines mythischen Geschehens fasziniert: Stahl kochen, wie ein Gott der Unterwelt. Bis zum Werkstor fahre ich an beeindruckenden, teilweise malerisch verrosteten Anlagen vorbei. In einer Baracke befindet sich ein »soziales Kaufhaus«, wo mit Trödel Geld für Obdachlosenprojekte eingenommen wird. Ich kaufe drei Superfest-Wirtegläser von Margarete Jahny, Buttermesser aus Schmalkalden und einen Abriss der SED, der unser »Geschichtsbuch« in der elften und zwölften Klasse war. Er schien keinen einzigen lebendigen Satz zu enthalten. Ich erinnere mich aber, wie überrascht ich war, darin den Namen Herbert Wehner zu lesen, den kannte man doch aus dem Westfernsehen, und was im Westfernsehen vorkam, war bei uns normalerweise offiziell inexistent. In einem hinteren Raum steht eine funktionstüchtige Radio-Plattenspieler-Kommode RS2FP von Heliradio aus Limbach-Oberfrohna, einer Firma, die ein Sonderfall war, weil sie großartig designte Rundfunktechnik gebaut hat. Sogar 78er kann man abspielen, mein Vater besteht ja immer noch auf Plattenspielern mit 78er-Option für seine drei Schallplatten-Ansichtskarten, die er besitzt. Besonders genial ist die Scharniermechanik vom Deckel: Eine Feder stellt sich gerade auf und stützt die Klappe, drückt man sie leicht, knickt sie ein, und man kann die Klappe schließen. Zwei Euro will die forsche Verkäuferin für die Gläser, die Messer und den »Abriss«. Zwei Männer vereinbaren gerade einen Sofatransport. »Ick phone euch an, und denn is ditt schick!«, sagt sie.

Guben

In Guben haben wir Glück, die Pension liegt an der Neiße, gegenüber stehen leere Fabrikgebäude, antike Stätten von morgen. »*Appétit bon*« steht mit Klebebuchstaben an der Wand des Frühstücksraums. Wir laufen am Plastinarium vorbei, wo in einer Fabrik Leichen präpariert werden, eine pfiffige Geschäftsidee für den Osten. Die Hutfabrik ist jetzt ein Hutfabrik-Museum. Aus Guben bezog Erich Honecker seine Hüte. Die Führer der sozialistischen Länder und ihre Kopfbedeckungen – das wäre ein Thema. Ceaușescu mit seiner Schafsfellmütze und Fidel Castro mit dem grünen Käppi, das es auch mal bei H&M gab. Irgendwo läutet das Glockenspiel von Big Ben. Leider ist um diese Zeit kein Restaurant mehr offen, also laufen wir über die Brücke nach Polen, wo viele Läden auf Deutsch werben: »Zigaretten Alkohole Lederschuhe Friseur«, ein Abbild der deutschen Bedürfnisse. Mit

Ostlern teilt man oft ganz selbstverständlich eine Begeisterung für die Länder, in die man früher reisen durfte. Mawil erzählt von Warschau, wo ihm im Park eine Polin gezeigt hat, wie man Eichhörnchen anlockt, sie kamen ihr bis aufs Knie gehüpft, um eine Nuss zu knacken. Er will in einen Supermarkt, weil dessen Logo ein Marienkäfer ist. Ich belausche Deutsche, die über polnische Reinigungsmittel diskutieren, welche man da nehmen sollte. Ein Sondertisch für den »*Dzień Babci i Dziadka*«, drei Herzen daneben gemalt. Blumen, Konfekt, Nescafé und ein Kreislauftrunk zum Tag des Großvaters und der Großmutter.

Wir verlaufen uns fast in den dunklen Straßen von Gubin, kaum ein Mensch ist draußen. Im Rathausturm haben wir noch fünf Minuten, dann schließt die Küche. Die Klofrau hat schon Feierabend gemacht und tut extra für mich wieder die Papierservietten in den Spender. Sie hat einen Wellensittich auf ihrem Tisch stehen, Nelken, ein Radio, einen Stoffhund, ein Bild von einer lesenden Frau. Mich rühren solche Stillleben der Dienstbarkeit. Eine sehr nette polnische Kellnerin, sofort fällt mir wieder ein, was Kartoffel auf Polnisch heißt. Wir essen Pilzsuppe und Schnitzel, mit so reichlichen Beilagen, dass wir nur die Hälfte schaffen.

In einem Guben-Buch, das in der Pension ausliegt, finde ich ein Foto von Kindern, die um einen mit Wimpeln geschmückten Hubschrauber stehen. Der Kindergarten erhielt 1971 in Anwesenheit von Eckart Friedrichson den Namen »Meister Nadelöhr«. Die NVA stellte einen Hubschrauber auf, um bei der »wehrpolitischen Motivierung« mitzuhelfen. Zwei Männer haben einmal versucht, den Hubschrauber zu entführen, um damit in den Westen zu gelangen, konnten aber nicht abheben und wurden gefasst. NVA hin oder her, ich hätte als Kind einen echten Hubschrauber im Kindergarten großartig gefunden.

Am Morgen plaudert die Wirtin mit uns an der Haustür im schönsten Berlinerisch, das ja in Brandenburg viel verbreiteter ist. Sie kommt aus Müllrose, lebte dann in Frankfurt, aber da bekam man keine Wohnung, also ging sie nach »Stalinstadt«. Sie hat als Bauingenieur beim Kraftwerksbau gearbeitet, die »WUG« gemacht. Die WUG? Die Wasch- und Umkleidegebäude. In der DDR habe man es ja immer mit den Abkürzungen gehabt. Ich leide unter einer Abkürzungsschwäche, für mich bedeuten viele Abkürzungen noch, was sie in meiner Kindheit im Osten bedeutet haben. LPG ist für mich kein Liquified Petroleum Gas, sondern eine Landwirtschaftliche Produktionsgenossenschaft, NSA ist ein Nachsendeauftrag, DDR ist kein *Double data rate*-Speicher für den Computer und BVB sind die Berliner Verkehrsbetriebe. Das hat mich als Kind irritiert, dass die nebenbei einen Fußballverein im Westen betrieben.

Jänschwalde erwähne ich. Ja, da habe sie in einer Baracke im Wald gewohnt, und dann wurden als Erstes die Bäume gefällt und später das Kraftwerk gebaut. Schön war das. Sie konnte immer gut mit den Männern, ob Bauarbeiter oder Gerüstbauer. »Ooch die jetzt hier auf Montage sind, die hab ich ja hier. Auf'm Bau, da hauense die Köppe zusammen und dann ist in Ordnung.« Wie bei »Spur der Steine«? Ja, genau so war dit! Ne schöne Zeit. Wenn das noch mal kommen würde, sie wäre sofort dabei. 140 Männer hatte sie unter sich auf der Baustelle. Mit denen kam sie besser klar als mit manchen von den Radfahrern. Radfahrer? Na, vom Radwanderweg, der führe doch hier vorbei. Sie hätten ja Fahrradsaison von Mai bis Oktober. Sie mache das jetzt 23 Jahre. »Wenn die Leute reinkommen, merk ich das schon, es gibt Ärger. Aber wissense nicht die 'n Titel haben, Professoren und Doktoren, die sind die einfachsten Leute.« Das seien immer die Frauen, die so guckten und dann goldene Klobrillen wollten. Sie habe direkt schon welche rausgeschmissen. »Da mach ick mir keen Kopp. Der Gast ist König, und ick bin Kaiser.« Schwarze Pumpe, da lag morgens so dick der Staub. Also mit weißem Kittel brauchte sie da nicht kommen. Sie kaufte im Osten immer in der Berufsbekleidung. Blaumann war gerade modern. Sie kaufte Blusen und trug sie mit dem Ausschnitt am Rücken, weil sie das toller fand, das fanden auch alle anderen dann toll.

Wir wollen noch das Wilhelm-Pieck-Denkmal suchen, schließlich hieß die Stadt in der DDR »Wilhelm-Pieck-Stadt Guben«. Offiziell steht das bei hier Geborenen auch noch im Ausweis: »Wilhelm-Pieck-Stadt Guben, jetzt Guben«. Am 5.9.1990 hat sich Guben zurückbenannt. Wir sind schon aus der Stadt raus und wollen umkehren, als uns ein Auto überholt und eine Kelle rausgehalten wird, Polizei. Ich fühle mich dann immer automatisch schuldig. Früher haben die Russen manchmal ins Auto geleuchtet auf der Suche nach ihren Deserteuren. Ob wir Waffen oder Sprengstoff dabei hätten? Ich habe noch einen Silvesterknaller in der Jackentasche, fällt mir jetzt ein. Wir unterhalten uns ein bisschen, welcher Taten sie uns denn verdächtigten? Hier werde viel Diebesgut nach Polen geschafft. Aber doch keine DDR-Einkaufstüten aus Papier und Wirtegläser von Margarete Jahny? Ich frage die beiden nach dem Wilhelm-Pieck-Denkmal, und der Mann erklärt mir den Weg: »Folgen Sie dem Strafenverlauf«, verspricht er sich.

An der nächsten Trödelbude halten wir schon wieder, und ich kaufe einen alten Nussknacker aus Metall, den wir auch hatten, man konnte ihn stundenlang auf- und zuklackern lassen beim Fernsehen. Dazu das Geduldsspiel mit den Zahlen, die man in einen quadratischen Rahmen schieben konnte und sortieren musste, auf der Rückseite stand »OHNE FLEISS KEIN PREIS«. Das war unser Nintendo. Mawil sieht sämtliche Schallplatten nach osteuropäischem Schlager und Beat durch, und ich überlege, ob ich einen Eimer mit einem Dutzend Schleifsteinen für Sensen nehmen soll, von Niles, EVP 0,68 Mark, einfach weil es so schade ist, dass kaum noch jemand mit der Sense mäht.

Das Wilhelm-Pieck-Denkmal ist 1976 zum hundertsten Geburtstag des ersten und einzigen Präsidenten der DDR eingeweiht worden. Er wurde auf der heute in Polen liegenden Seite der Stadt geboren. Ein Arrangement aus Gesteinsquadern und etwas ungeschickte bildliche Darstellungen. Pieck reicht Grotewohl die Hand, vor einem Fahnenmeer. Thälmann ballt die Faust. Auf der Rückseite die sozialistische Kleinfamilie als Ziel der Geschichte. Der Junge hält eine Rakete und ein Auto in der Hand, das Mädchen einen Teddy. Damals wurde noch unbekümmert »gegendert«, aber nicht so schlimm wie heute, wo es schon Überraschungseier für Mädchen gibt. Und immerhin hieß es damals: Frauen in die Technikberufe! (Beziehungsweise auf die Großbaustellen wie unsere Wirtin.) *Wir wollen doch alle in Frieden leben und das Recht auf Frieden hat jedes Volk*«, hat Pieck 1950 gesagt. Wir sagten damals: »Sag mal Wilhelm« – »Wilhelm?« Und dann piekte man dem anderen den Zeigefinger in den Bauch und sagte »Pieck«. Auf einem Foto sieht man, dass die Straße früher Leninallee hieß und hinter dem Denkmal die Karl-Liebknecht-Oberschule stand, eine Neubauschule, inzwischen abgerissen, weil dem Land die Kinder ausgegangen sind.

In Groß Gastrose bei Guben halte ich an, weil ich auf dem Gelände einer Grundschule ein altes Klettergerüst entdecke und dieses Kinderkarussell mit vier Sitzen, bei dem man aufpassen musste, beim Anschieben nicht zu stolpern und die Stange an den Hinterkopf zu bekommen. »Den Arm gebrochen. Aber es war herrlich«, so reden Ostler heute. Halb im Boden vergraben sind bunt angemalte Treckerreifen verschiedener Größe. Ich finde das großartig, Erwachsenengerät zu Spielzeug umzubauen, aber würde man das heute noch machen? Und war das DDR-typisch? Konnte man nicht auch in einem Treckerreifen einen Berg runterrollen? Oder habe ich das in einem Kinderfilm gesehen, in dem das böse endete?

Mawil sagt, die Russen hätten bei uns immer einzelne Birken an den Waldrändern gepflanzt, um sich wie zu Hause zu fühlen. Ich könnte mir auch vorstellen, dass sie einfach die Bäume weiß angemalt haben. Sein Vater wünschte sich in der DDR richtige Gardinenstangen, die es nicht zu kaufen gab, also fuhr er nachts mit der U-Bahn und sägte zwischen Schönhauser Allee und Pankow (Vinetastraße) die Haltestangen ab. Er hat auch von der Arbeit einen Elektromotor mitgebracht und auf dem Dachboden installiert, damit sie einmal in der Woche die Kohlen hochziehen konnten. Ein Onkel von ihm tüftelte an einer Methode, die Plattenbauelemente mit Porphyr rot einzufärben.

Hoyerswerda

In Spremberg essen wir beim Fleischer Mittagstisch, Klöße und Schmorkeule, die schnellste und billigste Art, sich zu ernähren. Es nieselt. Am Ortsausgang stehen mehrere sehr schöne Plattenbauwohnblöcke, Elfer, mit Kachelmustern an der Seite und biomorph wirkenden Betonformsteinflächen neben dem Eingang. In der Mitte des Karrees befindet sich ein komplettes, weiß gestrichenes Klettergerüstensemble mit Bogen, Wippe und Rutsche. In Döbern eine sehr seltene, gut erhaltene Inschrift: GST-GO (»Gesellschaft für Sport und Technik – Grundorganisation«) »Ernst Thälmann« VEB Glaswerk Döbern. Ist das nun eine Sehenswürdigkeit? Für mich schon, aber auch für andere Reisende? Daneben gibt es auch noch einen ehemaligen Ehrenhain, der an bepflanzten Treckerreifen zu erkennen ist; inzwischen wächst da nur noch Unkraut.

In Senftenberg treffen wir einen Freund von Mawil, der Professor an der Kunsthochschule ist (inzwischen sind die schon jünger als ich) und mit zwei seiner Studenten in der Lausitz am grafischen Auftritt einer kleinen lokalen Brauerei arbeitet. Wir essen Würzfleisch im Restaurant am Markt. Seit '85 seien im Osten aus Kostengründen keine Hochhäuser mehr gebaut worden, die Fahrstühle gebraucht hätten, nur noch in Berlin. Er war gerade in Weißrussland, in Nowopolozk. Seine Frau fotografierte immer nur Leute an Springbrunnen. Die Menschen waren draußen, deshalb wirkte es belebt. Denen hätte noch keiner eingeredet, dass Plattenbauten etwas Schlechtes seien.

Mawil und er haben 2003 mit 50 Künstlern aus aller Welt einen Sommer lang ein Punkthochhaus in Marzahn bewohnen und in ein Kunstwerk verwandeln dürfen; aus dem Schatten des Hauses wurde eine Sonnenuhr. Mit den tollsten Flyern haben sie erfolglos versucht, die Bevölkerung zu ihren Veranstaltungen zu locken. Es gelang erst, als sie auf die Idee kamen, mit Hand abgeschriebene Zettel auszuhängen, wie man sie vom schwarzen Brett im Hausflur kennt, darauf sprachen die Marzahner an.

In Hoyerswerda finden wir eine Pension in der Altstadt, was mich erstaunt, ich wusste überhaupt nicht, dass es hier eine Altstadt gibt. An der Tür hängt ein Boxhandschuh als Türstopper. Dass die WBG von Hoyerswerda in den Neubauten Gästewohnungen vermietet, beliebt bei Weggezogenen, die Klassentreffen machen, erfahre ich erst später. Im Anzeigenblatt steht unter »Verschiedenes«: »Vorschlag für Unwort des Jahres – Gerichtsprotokoll-Fälscher-Verbrecher-Unrechtsstaat.« Mawil guckt abends einen alten »Polizeiruf«. Ich wache nachts auf, als seine Gitarre umkippt. Am Morgen im Keller das Buffet, eine Ansammlung von Sprüche-Holztafeln. »*Willst Du ein Freund des Hauses sein – dann mache Deine Schuhe rein!*«, »*Wer hier arbeitet, muss nicht blöd sein, aber es erleichtert die Sache ungemein.*«

»Und? Wo geht's heute auf die Baustelle?«, fragt uns der Chef beim Auschecken. Anscheinend hält er uns für Bauarbeiter auf Montage, wie seine übrigen Gäste.

Wir treffen uns mit Dirk, der in Hoyerswerda aufgewachsen ist. Er hat in Leipzig klassischen Tanz studiert und pendelt zwischen Dresden und Hoyerswerda. Es waren nicht nur Wohnungen, die man hier baute, sondern Wohnungen für neue Menschen, erklärt er uns. Ein ständiges Ringen zwischen Technologen und Ideologen. Plattenbau? Das hieß für ihn eine Kindheit im direkt angrenzenden Wald und auf dem Dach vom Haus. Wir gehen durch den ersten Wohnkomplex, in dem Brigitte Reimann gelebt hat. Ihr Roman »Franziska Linkerhand« ist verfilmt worden: »Unser kurzes Leben«, ein besonders schöner DEFA-Baustellenfilm. »*Die Stadt ist die kostbarste Erfindung der Zivilisation, die als Vermittlerin von Kultur nur hinter der Sprache zurücksteht. Karl Marx*«, schreibt die junge Architektin ihren von ideologischen Händeln abgestumpften Kollegen an die Tafel. Soll man Idealist bleiben und nie etwas bauen, weil man dafür Kompromisse eingehen müsste, oder sich fügen? Das waren wundervolle Problemstellungen, es ging immer ums Große und Ganze, eine bessere Gesellschaft.

Man dürfe nicht denken, dass die Leute hier alle wegwollten, sagt Dirk. Er zeigt uns einen gelben Zeitschriftenkiosk, wie sie früher aussahen. Die Pächterin hatte die Wahl, mit ihrer Rente einen Schrebergarten oder einen Kiosk zu pachten, und entschied sich für den Kiosk, weil sie so täglich unter Leute kommt.

Die viele Kunst fällt auf. Dirk zeigt uns den ZDF-Brunnen, der wurde so genannt, weil er zufällig dem ehemaligen ZDF-Logo sehr ähnlich sah. Der Künstler bekam sogar Ärger. Wir fahren in einen »WK« (Wohnkomplex), so sagt man hier, in dem alles verschwinden wird. Damals hat man auf dem Weg zur Schule nacheinander alle Freunde abgeholt. Wir stehen an der Stelle, wo 1972 ein Bild aufgenommen wurde, das Dirk kürzlich gefunden hat: Sein Vater zeigt ihnen ihr halb fertiges Haus. Man sieht die Familie auf der Baustelle. Heute ist das Haus schon wieder verschwunden, nur noch die Straße gibt es. Er möchte das Foto vergrößern und als Installation hier aufstellen.

Die letzten Häuser werden auch noch verschwinden. Es gibt sogar schon Wölfe. Aber das hat auch etwas Schönes, sagt Dirk. Der Mensch muss sich ja nicht überall für immer festsetzen. Er ist nicht prinzipiell gegen den Rückzug, ihm hat das Outback in Australien auch gefallen, als er in Sydney gelebt hat. Zersiedlung sei eigentlich schön. Erst hätte Hoyerswerda die Entwicklung nicht wahrhaben wollen. Das Problem der Schrumpfung betrifft aber bis auf wenige Ausnahmen alle Städte im Osten und Westen. Heute hätten die Menschen Angst und würden sich an allem festklammern, damals gab es eine Vision, das sehe man dieser Architektur an. Dirk hat mit Einwohnern jeden Alters Strawinskys »*Le Sacre du Printemps*« choreografiert. Sie haben sich über mehrere Wochen getroffen und über die Frage der Aufopferung für die Gesellschaft nachgedacht, über die Situation ihrer Stadt, über den Erfolgsdruck und die Marktgesetze.

Auf dem kleinen Platz, der einmal das Zentrum des Viertels war und jetzt verwaist ist, stand die Gurkenkasse des Vertrauens. Obwohl es so billig war, hat man das noch ausgenutzt und Kronkorken reingeworfen. Daran ist der Sozialismus natürlich gescheitert. Sie sammelten als Kinder Flaschen von den Trinkern und gingen für das Geld ins Restaurant essen. Der Restaurantleiter rief seine Eltern an, das ginge nicht, dass Erstklässler immer ins Restaurant gingen.

Die Lausitzhalle hieß früher Haus der Berg- und Energiearbeiter, eine dieser mir unverständlichen Umbenennungen, der alte Name war doch etwas Besonderes. Die in den 80ern fertiggestellte Stadthalle erlaubt einem eine Zeitreise, weil Ledersessel, Kugellampen und Dekoration noch original sind. Überraschend farbenfrohe gewebte Wandteppiche. Es gab ja die Vorgabe, dass architekturbezogene Kunst regionale Motive aufnehmen sollte, vielleicht sieht man hier Tiere und Pflanzen aus der Welt der Sorben. Der Dresdner Kulturpalast wird innen völlig umgebaut, wogegen eine Klage des Architekten nichts ausrichten konnte, fast wünscht man sich für Hoyerswerda, dass Geldmangel solche Renovierungswünsche ausbremsen möge. Armut ist der beste Denkmalschutz, hat mal ein Denkmalschützer gesagt. Draußen singt eine Kindergartengruppe beim Anstehen an der Ampel ein sorbisches Lied. Gerade lief ein Dortmund-»Tatort« über Neonazis aus der Fußballszene. Am Ende zieht der Nazi nach Hoyerswerda. So stehen sie für immer da.

Zittau

Mein Navi will uns durch Polen führen, es ist der kürzeste Weg. Beim Tanken dort bekomme ich einen Hotdog umsonst und freue mich, dass ich die polnischen Zahlen noch kenne. Auf holprigen Wegen geht es durch ärmliche Dörfer. Sah der Osten für die Westdeutschen früher auch so aus? In Grenznähe stehen überall Blechbaracken: »Zigaretten Alkohol« oder »Billige Kaminholz Brenholz Lieferung«. Vor Guben gibt es eine »Hundewaschanlage«. Man sieht auch sehr viele der scheußlichen Zaunattrappen aus grauem Beton, die sich dann wohl bald auch bei uns durchsetzen werden, weil so viele Menschen hier einkaufen.

In Bad Muskau fahren wir wieder über die Grenze; ich halte, weil in einem Schaufenster dicht gedrängt DDR-Mopeds stehen: Berlin-Roller, Sperber und SR 1 (»SR Peng«, weil sie so knallte beim Anfahren). »*Zur Erhaltung der DDR-K.F.Z.-Geschichte kaufe ich alle Fahrzeuge und Teile*«. Daneben ein edles Oma-Café mit richtigem Kellner in Livree, *to go* haben sie nicht: »Alle auf der Flucht, oder was?«

Wir fahren immer weiter nach Süden, bis nach Zittau, weil ich das alte Robur-Werk sehen will, eine wichtige Etappe auf der Tour zu den Deindustrialisierungsstandorten im Osten. Der schöne Barkas kam von hier und der LO. Leider hat Zittau es nicht geschafft, für seinen seit 1888 bestehenden Produktionsstandort von Fahrrädern, Motorrädern und Kleinlastern ein Museum einzurichten. Man erkennt aber an einem Gebäude in Bahnhofsnähe noch den Robur-Schriftzug, der wie eine Kurbelwelle aussehen soll. Dafür gibt es ein richtiges altes Kino, in dem die Filme aber nicht auf Sächsisch laufen, wie meine Tochter einmal vermutete. Der pompöseste Raum der Innenstadt ist das neue Foyer der Sparkasse.

In der Dämmerung gehen wir an Brachen vorbei zu einem Hochschulgebäude im Bauhausstil. Schon von Weitem sieht man die beleuchteten Fenster. Das muss die alte Aula sein oder der Festsaal einer Fabrik. Durch die vom Atem feuchten Scheiben sieht man Mädchen Tanzschritte üben. Vor dem Gebäude steht eine Bronzeskulptur, ein lesendes Pärchen, immer wieder sieht man Lesende als Motiv. An verfallenen Bürgerhäusern steht mit verwitterter Schrift: »Brantwein«. Eine Kleinbahn fährt mitten über die Kreuzung, die Lokomotive dampft, man könnte zum Oybin fahren. Im »Pop-Art-Viertel« fragen wir uns kurz, ob wir zu viel von meinem

Gyulova Rakija getrunken haben, aber man bestaunt nur den verzweifelten Versuch, Genossenschaftsbauten aufzupeppen, indem absurde Tier- und Engelskulpturen an die Fassade geklebt und alles in scheußlich grellen Farben gestrichen wurde. Den verzweifelten ostdeutschen Kommunen kann man offenbar alles aufschwatzen, nur ihre jüngere Geschichte verleugnen sie oft konsequent.

Im herrlich renovierten neoklassizistischen Schwimmbad ist Rentnerschwimmen; im blubbernden Whirlpool genießen sie ihren Lebensabend, und wir legen uns dazu, Mawil mit seiner Hühnerbrust und ich mit meinem chronischen Patellasehnenspitzensyndrom. Herrlich, die Gespräche der Senioren:

»Weeßte was, ich geh immer auf der Wiese, der olle Asphalt und denn a kleenes bissel Schnee bloß, alles glatt.«

»Uns hat neulich die Polizei angehalten, da sind wa zu langsam gefahren, wir ham doch niemanden belästigt.«

»Es ist die sozialistische Pflicht eines Menschen, intelligent zu sein, hat mir ein Lehrer ins Poesiealbum geschrieben.«

Das ROBUR-Werk, ehemals PHÄNOMEN, steht leer. Ganz verblasst kann man auf dem Innenhof noch eine Losung lesen: »UNSER BEITRAG ZUM ZWEIJAHRESPLAN«. Reichlich Leipziger Peitschenleuchten gibt es auf dem Gelände. Es stehen auch noch einige andere Fabriken (»Zwirnerei und Nähfadenfabrik Schubert«) oder Kasernen in Zittau leer, so viele Kulturbrauereien, Kulturscheunen, Kulturschlachthöfe und Kulturatomkraftwerke kann man gar nicht gründen, um den freien Raum zu nutzen. Man hätte natürlich nicht Dutzende Baumärkte und Lebensmittelketten ihre neuen Gebäude in die Peripherie setzen lassen müssen, die hätten sich doch hier ansiedeln können, dann könnte man auch ohne Auto einkaufen.

Radebeul

Sinnigerweise befinden sich Karl-May-Museum und DDR-Museum in Radebeul in unmittelbarer Nachbarschaft. Ein Karl-May-Museum zu haben war in der DDR lange problematisch, weil es die Reiselust hätte wecken können. Aber der Wilde Westen als spirituelle Heimat des DDR-Bürgers ist legendär, schließlich lebte man selbst im Reservat oder aber man fühlte sich als Rebell. Und bei uns hieß es nicht Cowboyfilm, sondern Indianerfilm, wir waren für die Befreiung der Unterdrückten. Für manche Westler sind der Osten und für Westberliner insbesondere die Brandenburger Männer mit ihrer eigenen Sprache und den archaischen Verhaltensweisen immer noch so etwas wie früher der Wilde Westen, eine Ressource an Unverstandenem und Undomestiziertem.

Ich kaufe für 50 Cent eine Diafilmrolle: »Die Dakotas und die Weissen Männer« aus der Reihe »Die beliebten Color-Diapositiv-Bildbänder«, früher 7,35 DDR-Mark. Die kleine Filmrolle steht hier bestimmt seit Ostzeiten im Regal. Ein Freund hat mir erzählt, wie es ihn befremdete, dass Gojko Mitic in Bad Segeberg nach der Vorstellung vom Pferd aus die Zuschauer abgeklatscht hat. Ich besitze ein Autogramm von ihm. Das Bild ist vom Progress-Filmverleih, Berlin, Burgstraße 27 und nennt sich »Starfoto«. Hinten steht auch »echt Foto« drauf. Es muss ungefähr von 1978 stammen. Ich fand die Schapka, die er darauf trug, immer irritierend – so winterlich kannte man ihn gar nicht. Ich mochte auch keine Indianerfilme, in denen nicht Sommer war. Karl May fand mit seiner zweiten Frau endlich das ersehnte Eheglück, lese ich, weil sie ihm treu ergeben war und noch nach seinem Tod seine Reiserouten abfuhr.

Im DDR-Museum verliert man sich auf vier lang gestreckten Etagen in Erinnerungen. Ein Tafeldreieck mit Holzgriff, sofort fällt mir wieder ein, wie man das immer gegen die Tafel drückte. Das Baukastensystem Elektrotechnik, das Gefühl, wenn der Alutaster mit dem runden Griff einrastete. Waschbeckenstöpsel, festgeknotet an einer Kunststoffsehne. Später konnten wir uns verbessern und hatten ein Silberkettchen. Die verwirrenden Fernsehernamen Luxomat, Chromat, Luxotron, Chromalux 2064, Colormat. Das Klackgeräusch, wenn der Arzt auf der Standwaage diese Gewichtszylinderchen zur Seite schob. Der Panoramakinderwagen von Zekiwa aus Zeitz, Bauchlage wurde eine Zeit lang propagiert, das Kind konnte durch Seitenfenster rausgucken. Wegen plötzlichem Kindstod wurde das wieder abgeschafft.

Ein Auto mit Fernsteuerung! Ich wusste nicht, dass es so etwas gab. Mawil ist begeistert von VERO Construc aus Olbernhau. Damit hat er stundenlang gespielt, die dicken Plasteschrauben seien irgendwann ausgeleiert. Meine Eltern haben noch kistenweise Construc im Keller, mit Motor und Lochstreifensteuerung für die Ampeln. Aber ich habe das Gefühl, dass ich das jetzt viel toller finde als damals, weil man als Erwachsener gut gestaltetes Spielzeug viel mehr zu schätzen weiß. Ich freue mich über den »Flottchen – Der Ausreißer« genannten Kobold zum Aufziehen (Mechanische Spielwaren Judenbach). In der Kindheit suchte man immer den Schlüssel, und wenn man ihn mal zur Hand hatte, fand man nichts zum Aufziehen. Unsere große Weihnachtspyramide, bei der mein Vater einem römischen Soldaten eine rote Fahne in die Hand gedrückt hatte. Ich hätte schwören können, jedes Spielzeug aus dem Osten zu kennen, aber das wird immer wieder eindrucksvoll widerlegt. Wenig ist von der traditionsreichen Produktion geblieben, aber heute kommen die schönsten Plüschtiere immer noch aus Bad Kösen, leider sieht man sie selten in Spielzeugläden, wo sie von Glubschaugenmonstern verdrängt wurden. Spielzeugläden in Einkaufszentren sind für mich eine Grenzerfahrung geworden, gerade dort, wo das Angebot am sorgfältigsten geprüft sein müsste, weil das die Dinge sind, an die sich unsere Kinder für immer erinnern werden, befinden wir uns heute im neunten Kreis der Trashhölle.

Dresden

Wir schlafen im »Hotel am Terrassenufer«. Bis auf die Linke wollten es alle Fraktionen im Stadtrat abreißen lassen, obwohl es ein rentables Haus ist, aber angeblich stört es den Canaletto-Blick. Diese negative Fixierung auf die Plattenbauten ist mir unbegreiflich. Wer als Kind im Sommer auf einem Plattenbaubalkon (offiziell »Loggia« genannt) in einer Plastewanne gebadet hat, kann das nicht verstehen. Mich reizen die Plattenbauten immer mehr, nur werden leider meist die Bekieselung und die Mosaiksteine oder die schönen Keramikkacheln wegsaniert. Nachts leuchten die Treppenhäuser der Johannstadt bunt, man sieht sie von der Neustadt aus. Im Foyer unseres Hotels hängt ein Schild mit der Höhenanzeige vom Hochwasser August 2002. Der Vater des Portiers ist Ungar, er sei auch im Urlaub oft dort, sagt er. Wir nehmen uns vor, einen Dresdner zu fragen, wo es hier zur »Jungfrauenkirche« gehe, oder Entschuldigung, wir meinten die »Liebfrauenkirche«. Vom Fenster kann man aufs Dach des benachbarten Plattenbaus sehen, wo mir die orangefarbenen Halbkugeln auffallen, die Köpfe der Abzugsschächte der Nasszellen.

Wenn man sich für die bemerkenswerte Dresdner Nachkriegsmoderne begeistert, braucht man eine dicke Haut und muss sich beeilen, denn die Sehnsucht nach dem barocken Dresden, die vermaledeite Wärmedämmung, farblich im

90er-Regionalexpress-Look Magenta und Hellgrün, und der Wildwuchs von Shoppingmalls haben hier schon viel zerstört. Die Webergasse von Wolfgang Hänsch gibt es nicht mehr, und der Blick vom Bahnhof die Prager Straße hinauf ist fast komplett von Glasarchitektur verbaut, als schäme man sich für das Rundkino und den Kulturpalast. Der Pusteblumenbrunnen wurde massakriert, das Pflaster, das an Rio erinnerte, ist weg, das elegante Konsument-Kaufhaus ist nach der Sanierung nicht wiederzuerkennen, und das Wandbild »Dresden, die Stadt der modernen Industrie, der Wissenschaft und der Kunst, grüßt seine Gäste« befindet sich jetzt tatsächlich hinter einer Wand. Die Glasmosaiksäule von Johannes Beutner lockt uns ins »Café Prag«, ein weißer Reiher vor lindgrünem Hintergrund. Oben der ehemalige Tanzsaal mit Emporen und schönen Deckenleuchtern. Wir essen fantastischen Borschtsch und Wareniki.

Die Investoren nennen ihre Projekte gerne »Palaisquartier am Hofgartencarrée«. Das suggeriert dem Käufer den Anspruch und das scheinbare Bemühen um Anbindung an die Ortsgeschichte, wenn die schon bei der Architektur völlig ignoriert wird. Besonders schlimm am Hackeschen Markt in Berlin sind die unfassbar hässlichen »Rosenhöfe«, eine postmoderne Spätgeburt der Nachwendezeit, die irrsinnigerweise auch noch ahnungslose Touristen anzieht, die denken, dieser Kitsch hätte etwas mit Berlin zu tun. Ich habe die DDR-Moderne damals nicht zu schätzen gewusst, aber wenn man einmal alte Fotos mit dem heutigen Zustand vergleicht, sieht man deutlich, wie viel Charme verloren gegangen ist. Zwei Punkthochhäuser mit schöner Balkongestaltung wecken unser Interesse; wir gehen in den Briefkastenvorraum, eine junge Frau kommt gerade rein. Das seien hier Studentenbuden gewesen, hauptsächlich Einzimmerwohnungen. In Nachbarschaft zum Hygienemuseum befindet sich auch das Gelände des VEB Kombinat Robotron (coolster Firmenname überhaupt), des DDR-Firmenimperiums für Computerproduktion, mit teilweise leer stehenden Gebäuden, das einen genauen Blick lohnt, weil hier viele dekorative Fassadendetails zu sehen sind. Allerdings nicht mehr lange, denn ein Investor aus Kassel plant bereits Abriss und Neubebauung. Beim Hochhaus am Pirnaischen Platz, das an sich schon reizvoll ist mit seinen Betonstelzen und dem flachen Vorbau, erkennt man am Giebel noch den Schriftzug »DER SOZIALISMUS SIEGT« (auf Sächsisch »siecht«). Die Schrift wurde schon 1987, angeblich auf Veranlassung von Bürgermeister Wolfgang Berghofer (»Bergatschow«), kommentarlos entfernt. Kann man den Schatten einer Schrift unter Denkmalschutz stellen?

Wir fahren aus der Stadt. »DIENSTLEISTUNGEN«, eine selten gewordene Leuchtschrift, prangt noch auf einem Gebäude, nebenan stand die sogenannte Modrow-Kaufhalle. Weil Modrow hier irgendwo wohnte, hielt sich das Gerücht, in dieser Kaufhalle gebe es ein besseres Angebot. Jetzt ist es ein Aldi. In Blasewitz kann ich nicht widerstehen und überrede Mawil, über das Blaue Wunder zu gehen und mit der Standseilbahn zum Weißen Hirsch hochzufahren. Manfred von Ardenne hatte hier sein Forschungsinstitut, unter anderem hat er ja erfolglos versucht, mit seiner Sauerstoff-Mehrschritt-Therapie unsterblich zu werden. In einem Schaufenster hängen alte Bilder vom Viertel, ein Klassenfoto aus den 50ern, die Jungpioniere mit ihren weißen Hemden wurden von der Lehrerin malerisch in die erste Reihe drapiert. Wir steigen zu Fuß hinab zum Blauen Wunder und sehen von hier das faszinierende Gebäude des Ruderclubs, auch ein Bau von Ulrich Müther. Man hat den Ernemann-Turm im Blick, auf dem es ein Café gibt. Im Foyer hängt eine alte Pentacon-Neonwerbung mit der Silhouette des Turms, die dem Kombinat als Logo diente.

Wir fahren weiter und halten spontan an einem Friedhof mit einer beeindruckenden Trauerhalle, die an das Völkerschlachtdenkmal erinnert. Der Wandelgang mit Urnen, eine hat ein Mosaik mit einem nackten männlichen Engel. Ich entziffere die griechischen Buchstaben, und ein Mann spricht uns an, das Mosaik sei von Sascha Schneider, diesem schweren Symbolisten, Covergestalter und Malerfreund von Karl May, der, um schöne Männer als Modelle zu züchten, ein Institut für Kraft-Kunst gegründet hat. Unser Freund kümmert sich um die denkmalgeschützten Grabsteine. Über meinen DDR-Fimmel lächelt er zunächst. Aber tatsächlich, die DDR-Relikte würden in 100 Jahren auch mal so behandelt werden. Typisches Beispiel sei Cottbus. Ein Bekannter von ihm, Leiter der Unteren Denkmalbehörde, habe vor seiner Pensionierung die gesamte Stadtpromenade aus den 70ern unter Ensembleschutz stellen lassen, jetzt haben sie trotzdem große Teile weggerissen. Das war für DDR-Verhältnisse ein recht gelungenes Ensemble, mit einer freischwingenden Brücke. Jede Zeit habe ihren Stil, das Krematorium sei von 1911, Reformstil. Dresden war ja die Hauptstadt der Reformbewegung: Tanz, Hellerau, Licht-Luft-Sonne. Er sei Restaurator für Stein. Der Friedhof stehe unter Ensembleschutz. Aber was an Buntmetalldieben im letzten Jahr hier zugeschlagen habe, das sei krass. Heute seien Friedhöfe eine Spielwiese für den Kitschgeschmack der Massen. Kitsch sei aber kein neues Phänomen, im 19. Jahrhundert sei zum Beispiel die Firma Thust in Schlesien berühmt geworden durch die Belieferung von ganz Deutschland mit schwarzen schwedischen Graniten für Grabmale. Baukastenprinzip, Vertreter mit Katalog durchs Land geschickt, Steinmetze unter Druck gesetzt. Sockel, Postament, Obelisk, Kreuz. Kulturhistorisch gesehen: Kitsch. Jedes Ding hat seine Zeit. Hier im neuen Park ist die Gestaltung der Grabsteine freigegeben, ein Friedhof müsse ja auch

Geld verdienen. Dorffriedhöfe seien das Grauen schlechthin. Auch die Steinmetze müssten reagieren, es gehe ja los mit exotischen Gesteinen, wo man wisse, da stecke Kinderarbeit dahinter, Indien. Als Steinmetz müsse man die Leute in die richtige Richtung kriegen, aber auch die Leute müssten mal nachdenken. Nur weil die Erste Welt das aufkauft, gibt es die Kinderarbeit. Es gab so einen Fall in Köln mit Pflastersteinen, die von Kindern im Steinbruch barfuß gekloppt werden. Und Deutschland hat Granitvorkommen ohne Ende. In Sachsen gibt es Granit vor der Haustür, Lausitzer Granit, roter Meißner Granit. Sie hätten hier oben übrigens die Dresdner Berühmtheit schlechthin: Robert Sputh. Den würden wir nicht kennen? Der hat den Bierdeckel erfunden! Ein ganz wichtiger Mann. Und hat der Grabstein Bierdeckelform? Nein, aber er lege ab und zu einen Bierdeckel drauf.

Wir fahren Richtung Pirna, gerade als wir darüber sprechen, kommen wir in Heidenau tatsächlich an einer Minol-Tankstelle vorbei. Sie haben sogar einen alten Minol-Pirol im Regal. Es sei einer von zweien, die noch existierten, der andere in Leipzig. Und dann sehe ich in Pirna auch noch eine Raumerweiterungshalle, einen dieser periskopartigen Raupenkioske, die selbstständig durchs Land krochen wie die Sandwürmer in »Dune, der Wüstenplanet«, bis sie eine Stelle gefunden hatten, wo sie gebraucht wurden.

In Schneckenmühle, meinem alten Ferienlager, das heute als Kinderdorf betrieben wird, begrüßt uns ein Koch mit Irokesenschnitt, der zurzeit ein paar Asylbewerber aus dem Kosovo versorgt, die im Winter hier wohnen. Wir spielen eine Partie Tischtennis gegen sie, sozusagen »albanisch«. Von den Baracken, in denen wir als Kinder im Sommer gewohnt haben, steht nur noch eine, die so aussieht, als sei sie um die Hälfte geschrumpft, dabei bin ich nur gewachsen. Das sogenannte Dschungelklo am Waldrand, meine Tochter, die inzwischen auch hier war, sagt, sie hätten es zwei Wochen nicht betreten, weil einmal auf einer Klorolle eine Nacktschnecke saß. 1985 stellten wir hier auf einer Freifläche als älteste Gruppe zum Abschlussfest mit Playback und selbst gebastelten Instrumenten Frankie Goes to Hollywood dar (»*Two Tribes*«, Maxi-Version). Das Schlagzeug bestand aus Waschschüsseln, das Keyboard war ein mit Tasten bemaltes Lesepult. Die Leadgitarre hatten wir aus Sperrholz gesägt und mit Zebramuster bemalt. Außerdem wurden von derselben Band »*Like a virgin*« und »*Axel F.*« aufgeführt. Für mich wird es für immer so sein, dass die Kindheit – die glücklichste Zeit im Leben – mit dem Verschwinden meines Landes endete, das man nicht voraussehen konnte. Bei Lesungen aus »Schneckenmühle« sammle ich immer Erinnerungen von Zuschauern an ihre Ferienlagerzeit. Den meisten leuchten die Augen. Mir hat mal jemand erzählt, dass er schon in den 50ern an der Ostsee im Ferienlager war, als die Kinder noch auf offenen LKWs herumgefahren wurden und froh waren, zwei Wochen etwas zu essen zu bekommen und Kind sein zu dürfen. Bei ihnen gab es auch Nordkoreaner, die waren »wild«. Die hoben im Sand Gruben aus, deckten sie mit Reisig und Laub ab und freuten sich, wenn die Mädchen reinfielen. Und es waren auch Kinder von der westdeutschen KP dabei, von denen ein Junge kein Ostgeld mehr hatte. Mein Zuschauer schrieb an seine Eltern, die schickten ihm Geld, sodass er eins zu fünf tauschen konnte. Das West-Fünfmarkstück hob er so lange auf, bis es nicht mehr gültig war.

In Liebstadt, der kleinsten Stadt Sachsens, herrscht gespenstische Stille. Die Gaststätte »Schwarzes Kleeblatt«, wo wir immer Kugeleis kauften, ist geschlossen, das Gebäude verrammelt. Es gibt noch eine Drogerie im Ort, mehr nicht. Kein Mensch ist draußen, der Bach rauscht. Wir steigen zum Schloss Kuckuckstein hoch, das romantisch über dem Ort thront, unvorstellbar, dass hier fürs DDR-Fernsehen eine Sendung mit dem Zauberpeter gedreht wurde. Wir freuen uns an der schön kalligrafierten Schrift auf den Hinweistafeln für Wanderer; so hat man früher noch schreiben können. Der Friedhof, die lebten damals alle noch: »Margarete Nobleaux«. Die schöne Kirche mit DDR-Lampe über einer Tür. Das Grab des Schlossherrn Carlowitz »*Virtuti nulla invia est via*«, »Dem Tapferen ist kein Weg ungangbar«. Jemand aus Liebstadt hat mir mal erzählt, dass sie im Sommer immer die großen Kindergruppen aus Schneckenmühle gesehen haben, meistens gingen sie zum Waldbad (das es nicht mehr gibt). Schade, dass jetzt hier nicht 100 Kinder langlaufen, Eis essen und Käuzchenrufe üben.

Zurück in Dresden, schleppe ich Mawil in die Ausstellung des Museums für Wohnkultur in der Johannstadt. Die WBJ (Wohnungsbaugenossenschaft Johannstadt) hat in den Umbau des ehemaligen Kindergartens 400 000 Euro investiert und beschäftigt einen Museumspädagogen. Ein Mitarbeiter hat gerade Besuch von einer älteren Dame, die ihm Familienfotos zeigt, auf denen das Viertel vor der Zerstörung im Februar 1945 zu sehen ist. Sie ordnen die Aufnahmen ein und gehen dafür den Stadtplan mit der alten Bebauung durch. Johannstadt war nach dem Krieg zu 90 Prozent zerstört. In den Vitrinen liegen sehr schöne gespendete Artefakte aus aufgelösten Wohnungen von Genossenschaftsmitgliedern. Unser alter Teppichroller mit dem Druckknopf zum Öffnen der Klappe und zum Entleeren des Drecks. Damit haben wir als Kinder gerne gespielt. Die Rudolf-Sitte-Beton-Relief-Wand vor der Tür haben sie aus einer Flugzeugwerft gerettet. Auf einem Bildschirm läuft »Jan und Tini auf Reisen«, eine Folge von 1971, in der die beiden wissbegierigen Puppen in ihrem Auto das hiesige Plattenwerk besuchen. Die Platten wurden ja vor Ort hergestellt. An einer Wäscheleine hängen Pro- und Kontra-Meinungen zur Waldschlösschenbrücke, die »den Canaletto-Blick« zerstört hat.

Im Gegenzug nimmt Mawil mich in die Friedrichstadt zu einer Ausstellung mit. Eine ehemalige Industriegegend, das schöne alte Pflaster, die Häuser, die noch nicht totsaniert sind. Die jungen Leute haben einen Raum renoviert, die Tapete entfernt, man sieht den Putz und einzelne Mauersteine. Der Künstler hat ein altes Kinderbuch aufgetrieben: Vlastislav Toman »Raketen selbst gebastelt«. Ich blättere im Inhaltsverzeichnis, unter »*Astronautische Spiele*« steht dort: »*Eine Satellitenkapsel wird gesucht*« und »*Verirrt auf einem Planeten*«. Im Kapitel über die Voraussetzungen zum Fliegen im All steht »*Tastsinn und Gedächtnis*«, »*Schnell richtige Entschlüsse fassen*«, »*Zeiteinschätzung*«, »*Schaukeltraining*«. Das alles brauchte man auch tatsächlich zum Autofahren, insbesondere im Trabant. Der Künstler hat nach der Anleitung aus dem Buch zehn Raketen gebaut und bemalt, sie sind für 50 Euro zu haben. Den Jungen vom Titelblatt des Buchs, der auf dem Boden kniet und eine Rakete abschießt, hat er in Lebensgröße aus Pappmaschee nachgebildet. Wie immer wenden die meisten Besucher der Vernissage der Kunst den Rücken zu und plaudern. Ich studiere immerhin den Gummiantrieb der Rakete.

Dann fahren wir in die Neustadt, von der Berliner immer so schwärmen, weil es hier noch ein bisschen so aussieht wie früher in Berlin. In der »Gaststätte zum Bautzner Tor« geben wir uns einem ausgedehnten DDR-Gespräch hin. Wer hat am Maxim-Gorki-Theater in »Einer flog über das Kuckucksnest« den Indianer gespielt? Gab es Bücher von Kurt Vonnegut in der DDR? Konnte man beim Tatra wirklich den Motor von einem Anlasser in der Motorhaube aus starten? Für wie viele Stempel im Führerschein bekam man ein Fahrrad? Wir vergleichen unsere kriminellen Karrieren. Irgendwie gehört es für Kinder der Einheit dazu, Erfahrungen mit Kaufhausdiebstahl gemacht zu haben. Mawil hat einen Tatonka-Rucksack aus dem Centrum-Warenhaus getragen, ich einen Schlafsack, in den ich noch Fahrradhandschuhe stopfte. Man fühlte sich vom Westen übervorteilt, weil man plötzlich für alles das kostbare Westgeld hingeben sollte. In der Kneipe hängt ein Lenin-Bild an der Wand. Wir überlegen, warum sich das für uns nicht so anfühlt, wie wenn dort Hitler hängen würde. Für manche gibt es so einen Unterschied nicht. Mich haben einfach diese Geschichten über Lenin geprägt, wie die, als ihm jemand die Taschenuhr klaute. Lenin machte ihn daraufhin wegen seiner Fingerfertigkeit zum Feinmechaniker.

Eine Fachfrage kommt auf. Gab es die Spreequell-Flaschen mit Profil schon im Osten? Jemand hat das an Mawils letztem Buch »Kinderland« bemängelt. Ich bin mir nicht sicher, und das ärgert mich. Man müsste ein Historiker seines eigenen Lebens sein, um so etwas immer fehlerfrei beantworten zu können.

Riesa

In Riesa kommt es zu noch einer überraschenden Begegnung mit unserem alten Bekannten, denn auf einer dreieckigen Grünanlage zwischen zwei Straßen, die sich als russischer Soldatenfriedhof entpuppt, steht eine Lenin-Statue, »*ein Geschenk sowjetischer Metallurgen zum 30. Jahrestag der Befreiung vom Faschismus durch die ruhmreiche Sowjetarmee*«, wie auf der Rückseite des Sockels zu lesen ist. Sie stammt von Nikolai Tomski, wie auch das Lenin-Denkmal in Berlin. Der russische Bildhauer hat Lenin noch mindestens ein Dutzend Mal porträtiert, offenbar wurde ihm das nicht langweilig. Aber Andy Warhol hat ja bei seinen Porträtaufträgen für Prominente ähnlich gearbeitet. Eine Plakette informiert, dass das Denkmal nach 1989/90 für die Bevölkerung Riesas *»seinen einstigen Sinn verloren«* hat und dem *» Verständnis von einer pluralistisch-demo-kratischen Gesellschaft widerspricht«*. Deshalb erfolgte 1991 die Umsetzung auf diesen Friedhof. Wir sind nicht die einzigen Besucher, eine Frau starrt auf ihr Handy wie auf eine Wünschelrute. Sie sucht die genauen Koordinaten eines Geocache mit dem Namen: »Wladimir, was tust Du hier?« Lenin würde auf das Versteck hinweisen. Wir suchen in der Richtung, in die seine Hand deutet, vorsichtig, denn beim Geocaching ist man schon auf Minen getroffen. Wir finden aber nichts, sonst hätte ich mich ins Gipfelbuch eintragen können. Vielleicht zeigt Lenin ja auf etwas Ideelles, was wir nur in unseren Herzen sehen können?

Nachdem wir uns in Südbrandenburg zwischen Feldern, Entwässerungsgräben und Sackgassen mit verlassenen Baustellen verfahren haben, biegen wir doch wieder auf die Autobahn. An der Raststätte Freienhufen essen wir Schnitzel mit Bratkartoffeln. Ich frage die Angestellte, ob das das alte Gebäude der Raststätte sei, denn ich kenne den Begriff »Freienhufen« noch von Urlaubsfahrten mit den Eltern, ähnlich wie »Michendorf«. Wenn wir zu fünft im Trabi mit Gepäck für drei Wochen hier hielten, waren das immer rettende Inseln. Nein, das sei weiter vorne gewesen bei der Straßenmeisterei, das Gebäude sei aber abgerissen worden und die drei weißen Birken davor gefällt. Welche drei weißen Birken? Na, kennen Sie die denn nicht mehr? Nein, ich war noch zu klein, mich hat nur der Intershop interessiert. Na, wenn man Westgeld hatte ... Wieso? Man konnte doch auch nur so hingehen, zum Gucken? Na, jetzt haben se die neuen Gebäude, ohne Intershop ... Nein, jetzt ist überall Intershop, sage ich, nur dass es nicht mehr so schön riecht. Da lacht sie. Bisschen Spaß muss sein! Ruft sie mir nach.

2 Ostnasen tanken Minol

Boah... Voll viel zu tun... Nächste Woche muss ich nach Dresden...

Geil! Kommick mit!

mit **Jochen Schmidt**, der Marcel Proust der DDR-Kindheit. Er muss eine neue "Gebrauchsanweisung Ostdeutschland" schreiben & **maWil**, comic zeichner. Er hat grad nischt besseres zu tun.

"Gesagt, getan"

igen, jött egy gyöngyhajú lány, Almodtan vagy igaz talán

Ich darf meine alten Ostkassetten mitnehmen!

Kieka, den müssten wir uns ausleihen!

Trabbi

AUTOHAUS

Jochens Eltern borgen uns ihren West-Golf

Knips mal den selbst-geschweissten Zaun für meine Sammlung!

OK

tucker

Im Fahrradladen in Beeskow finden wir die ersten Ostsouvenire

Äh.... diese alten Einkaufstüten... verkaufen sie die?

Wenn sie nett fragen schenkich se ihnen

Eeecht!

1. Station: Eisenhüttenstadt

knips
knips

Wohnungsbau-Genossenschaften, die helfen dir seit nun 30 Jahren. Gestern... Heute muss man heute 3 Jahren

Magistrale Apotheke   Oderzeitung

IRON HUT CITY

Baum Kuchen

gefühlter Ostfaktor: 98 %

Weil in Guben abends alles zu is, müssen wir rüber nach GUBIN essen & Becherovka trinken.

Schau dir det licht an!

Solche Laternen gibts kaum noch bei uns

Sind wir hier richtig?

Von unserer Herbergsmutti —früher Chefin aufm Bau— lernen wir eine neue Ost-abkürzung

...Und wenn dann da einer der Genossen kam wegen Urlaub oder den WUKs* dann hab ich dem aber ...

* Wasch & Umkleide Räumlichkeiten

Die Geschichten liegen überall auf der Strasse

An der Grenze werden wir von der netten Zivilpolizei herausgewunken. Ohne rechtes Ziel durch die Gegend fahren sieht verdächtig aus

Wilhelm Pieck Denkmal Guben

Dann müssen wir noch schnell in Jochens altem Ferienlager in Schneckenmühle vorbei-schauen, wo sich ein paar ABMer & eine Handvoll albanische Flüchtlinge zu Tode langweilen

Zurück in Dresden treffen wir unseren Mann bei Hugendubel und dürfen heimlich unsere Bücher signieren

Jochen ist glücklich

Eine Woche ist so schnell rum, schnell noch in eine DDR-Spielzeugausstellung in Meissen, dann zurück

Eine letzte Überraschung in Riesa

Mehr:
Jochen-Schmidt.
blogspot.com

mawil.net 2015

Weltseniorenmarsch

GÜSt

Dieses Mal bin ich wirklich rechtzeitig losgekommen, ich habe an der Tür gelauscht, um meinem Nachbarn nicht zu begegnen, bin auf der Straße allen Bekannten ausgewichen und habe mir die Zeitung und den Kaffee verkniffen, um meinen Zeitungskameraden nicht zu treffen. Ich rausche auf der Stadtautobahn nach Süden, da blitzt hinter der ehemaligen Grenzübergangsstelle (GÜSt) Dreilinden am Straßenrand ein elegantes weißes Betongebilde auf, das mir aus einem Buch über DDR-Design von Günter Höhne bekannt vorkommt. Eine DDR-Grenzstele, die immer noch dort steht, nur das Wappen wurde entfernt. Das muss ich von Nahem sehen. Ich verlasse die Autobahn und fahre durch ein Gewerbegebiet bis zu einer Stelle, wo gerade Wald gerodet wird, vielleicht für ein weiteres Autohaus. Ich gehe zu Fuß weiter, Richtung Autobahn, und erwarte dabei, von irgendwelchen Wachleuten, Forstbeamten oder Autobahnpolizisten zurückgepfiffen zu werden, obwohl das kein Privatgelände ist. Manchmal traf man ja bei Waldspaziergängen auch plötzlich auf Russen, die das Gelände absperrten, weil sie einen Deserteur suchten, da wurde dann nicht viel erklärt, sondern die Waffe entsichert. Die Stele sieht großartig aus. Das Loch vom fehlenden Staatswappen reizt dazu, einen Ball durchzuwerfen. Die schöne Betonform ist tatsächlich die Arbeit eines Designers, das war eine der Eigenheiten der DDR, bei so etwas wurden Fachleute beschäftigt. Als Designer will man sicher Dinge entwerfen, die möglichst lange benutzt werden, wie die Garamond-Schrift. Wenn man eine Grenzstele entwirft, kann man aber das Pech haben, dass der Staat kurz darauf verschwindet, und die ganze Arbeit war umsonst.

Wittenberg

Das »Schlosspavillon«-Café in Wittenberg mit seiner dynamisch-eleganten Form ist ein reizvoller Kontrast zu den Kirchenbauten und alten Fassaden in der Straße. Mit den großzügigen Fenstern, dem sich nach unten verjüngenden Zuschnitt und der halbrunden Front erinnert es entfernt an den Tränenpalast, bei dem die transparent-optimistische Bauweise im krassen Gegensatz zur Funktion des Gebäudes stand (was sogar schon als absichtliche Täuschung interpretiert wurde). Ich schaue mich aufmerksam um, ob ich nicht irgendwo Friedrich Schorlemmer sehe, der in Wittenberg lebt und mir immer Mut gemacht hat, wenn ich ihn irgendwo sprechen hörte. Auf dem Weg zum Haus der Geschichte fällt mein Blick durchs Fenster der Stadtbibliothek, und ich entdecke einen Keramik-Wandfries, der mich hineinlockt. Ich frage die Frau von der Information, und sie erlaubt mir, das Bild zu fotografieren. Von wem das Bild sei? Das weiß sie nicht, aber es war von Anfang an da, also etwa 1964. Neulich sei schon einer hier gewesen, um es zu fotografieren, der schrieb eine Arbeit über den Künstler. Ob sie mir eine Leiter holen solle? Tatsächlich verschwindet sie irgendwo und kommt mit einer Leiter zurück. Ich nutze die Zeit, um ein Bild für meinen Diavortrag »Die Lücke zwischen Schmidt und Schmitt« aufzunehmen, eine in den Regalen von Buchhandlungen und Bibliotheken sehr häufig zu findende Lücke, die aber nur mir auffällt. Dann kann ich den Fries fotografieren; er zeigt die typischen Figuren aus dem Repertoire des sozialistischen Realismus der Aufbauzeit, Kosmonaut, Schweinepflegerin, Chemiker, Ingenieur, Schüler, Friedenstaube, Künstler. Trotzdem finde ich ihn freundlich und individuell ausgeführt. Man kann sich natürlich vorstellen, dass man damals irgendwann die Nase voll von dieser eingeschränkten Ikonografie hatte. Zumal es im Vergleich zur Wirklichkeit (in einer LPG!) reine Märchenmotive waren. Die Kunst sollte ja den idealen sozialistischen Menschen in seiner ausbeutungsfreien und dadurch auch widerspruchsfreien Umwelt darstellen und den Betrachter motivieren, diesem Ideal nachzustreben. Ich kann mir nicht vorstellen, dass irgendjemand an diesen Effekt geglaubt hat. In meiner Erinnerung hat man diese Bilder einfach ausgeblendet wie heute die Werbung. Trotzdem freue ich mich, dass der Fries von einem früheren Bibliotheksleiter gerettet wurde. Der Künstler, Karl Kothe aus Coswig, war Arbeiterkind, Kommunist, von den Nazis verfolgt, Soldat, Kriegsgefangener, Künstler in der DDR und ist früh gestorben. Und vielleicht war er als SED-Mitglied und Funktionär auch Stalinist und hat es anderen Künstlern schwer gemacht, die eine andere Vorstellung vom richtigen Weg zum Paradies hatten. Vielleicht weiß der Besucher, der vor mir hier war, mehr. Wenn ich im Osten die vielen schönen Tierskulpturen sehe, muss ich immer denken, dass das auch eine Form der inneren Emigration war, bei Tieren konnte man nicht viel falsch machen.

Nebenan im Haus der Geschichte gibt es auf mehreren Etagen eines Wohnhauses nachgestellte Wohnräume aus verschiedenen Jahrzehnten zu sehen. Ein elektrischer AEG-Kühlschrank aus den 20ern stammt noch von den früheren Bewohnern, damals hochmodern. Unseren roten Küchenstuhl sehe ich, der ist bei uns noch in Gebrauch. »Gutes Gericht, frohes Gesicht«, steht auf einer Stickereiarbeit. Die Toiletten eines Kindergartens, der hier auf einer Etage mit Mietwohnungen untergebracht war. Die berühmten aneinandergereihten Toilettenschüsseln, die uns nach Ansicht von westdeutschen Soziologen untauglich für die Demokratie gemacht haben. Die kleinen Waschbecken ohne Mischbatterie, mit der noch eingepackten Kinderseife »Riesaer Kinderseife – mild – sahnig – pflegend« mit einem Waschbären drauf. Eine WM 60 (»Wellenradmaschine«, Vorläuferin der WM 66) mit Einweckgläsern drin. Damit hat man ja eingeweckt, das sei bei Jauch mal eine Frage gewesen, sagt meine Führerin. Ich weiß, da wurde von einem CDU-Politiker die Kanzlerin angerufen, als Joker, ging aber nicht ran. Die DDR-Gummiindianer seien besser gewesen, sagt sie an der Spielzeugvitrine, im Westen hatten sie nicht so viele Farben. Im Wohnzimmer der erste Farbfernseher, ein sowjetischer Raduga (»Regenbogen«). Die seien allerdings zu heiß geworden, da habe es öfter Wohnungsbrände gegeben. Aber immerhin konnte man, wenn in der Klasse jemand so einen Fernseher zu Hause hatte, überprüfen, ob der rosarote Panther wirklich rosarot war. Besonders seltsam die Inszenierung des Schlafzimmers, zwei Schaufensterpuppen: er im gestreiften Schlafanzug, sie im roten Negligé auf dem Bett. Es gibt auch einen nachgestellten Konsum mit original gefüllten Gemüsegläsern, zum Beispiel Bohnen und marinierte Silberzwiebeln Qepujka (von Agroeksport Tirana). Ob die noch schmecken? »Gesund leben – richtig ernähren«, steht über dem Regal, ein ziemli-

cher Hohn, wenn man bei »Obst und Gemüse« (beziehungsweise »Matsch und Gammel«) fast nie Salat bekam (außer den
importierten nach Tschernobyl). Wobei ich so etwas als Kind
nie vermisst habe, mir lag mehr an »Sofix Pudding ohne
kochen«. Was halten die Angestellten eigentlich von ihrem
Museum? Na, diese 8oer-Jahre-Stehlampe mit Fusseln, die
stehe noch original so im Schlafzimmer seiner Eltern, sagt der
eine an der Kasse etwas gequält, vielleicht tragen seine Eltern
ja auch noch rotes Negligé und gestreiften Schlafanzug.

An den Wittenberger Wänden hängen überall Schilder, die
auf berühmte Besucher aus der Vergangenheit hinweisen:
Gorki, Peter der Große, man kann es ja nicht überprüfen. An
einer unrenovierten Tür sehe ich ein altes KWV-Schild
(Kommunale Wohnungsverwaltung). In manchen Städten im
Osten hat man den Eindruck, dass es in ganzen Straßenzügen
hauptsächlich A&Vs, Antik-Shops und Trödelläden gibt.
Auch hier stoße ich gleich in der nächsten Straße auf einen.
Auf einem Schild im Schaufenster steht: »Kaufe alles an, was
ALT ist, außer Ihre Oma.« Ich gehe in ein Geschäft für Säme-
reien, Pflanzenschutzmittel und »Seilererzeugnisse von ein-
heimischen Erzeugern«, das seit 1921 besteht, weil mir die
schönen alten Schubladen und Regale auffallen. Es gibt verschiedenste Rollen mit Schnüren. Wir hatten so eine Schnur-
rolle, die die ganzen DDR-Jahre hielt, weil sie nur für besondere Bastelarbeiten verwendet wurde. Für normale Zwecke
nahmen wir die aufgerollten Schnüre der Westpakete, die wir
in der leeren Schachtel einer Weihnachtspyramide sammelten. Ich kaufe »Wurstfaden« aus der Seilerei Bad Schmiede-
berg. Ist der nach einem Wurstprinzip gezwirbelt? Nein, der
dient nur zum Zubinden von Würsten. Da wird er wohl bei
mir ziemlich lange halten. Der Laden sei von ihrem Großvater gegründet worden, sagt die Verkäuferin, und war immer
privat, auch in der DDR. Und die Kunden kommen teilweise

aus Berlin, weil ja jedes Bundesland eine eigene Gesetzgebung habe, und in Berlin sei es strenger mit den Pflanzenschutzmitteln, die holten die sich dann hier. Die alte Kasse darf ich knipsen, aber es sei schon vorgekommen, dass sie jemand knipste und dann im Internet verkaufen wollte.

Dessau

In Dessau erfülle ich mir einen Traum und schlafe eine Nacht im Bauhaus-Ateliergebäude, wo man sich einmieten kann. Überraschenderweise steht im Ehrlich-Zimmer, wo Franz Ehrlich 1927 bis 1930 studiert hat, die Kommode aus dem Wohnzimmer meiner Eltern! Er hat nämlich in den 50ern für die Deutschen Werkstätten Dresden-Hellerau die Wohnraummöbel-Typenserie 602 entworfen, massive Kästen mit spitzen Füßen und Muldengriffen an den Schubladen (auf die man sich so schön stellen konnte, einer ist uns Kindern dabei abgebrochen). Jetzt stehen schon die Möbel meiner Eltern im Museum! Die von Wolfgang Dyroff gestalteten Schlüssel hat mein Vater immer verzweifelt vor dem Verschwinden bewahren wollen. Ich schlafe aber im Marianne-Brandt-Zimmer, sie war Metallgestalterin, eine der beeindruckenden Frauen, die am Bauhaus gelernt und gearbeitet haben, und später in der DDR. In Dresden haben sie und ihre Studenten sich nach dem Krieg die Schädel für den Anatomieunterricht beim Gang übers Trümmerfeld geholt, lese ich.

Eine Schlafnische, grauer Steinboden, die Türklinken und Lichtschalter original, beziehungsweise bei Manufactum zu erwerben. Ein kleiner Balkon – mehr braucht man nicht. Reduktion, Konzentration, ein wundervoller Ort. Meine Fantasie, als studierender Mönch weiterzuleben. Es gefällt mir gerade, dass man nur einen Raum hat. Das Bett ist eine Nische in der Ecke, mit Bast an den Wänden, wie eine Schiffskoje, das steht für Nomadentum. Wenn sogar die Fenstergriffe schön gestaltet sind, fühle ich mich vom Architekten geliebt. Im Keller gab es einen Gymnastikraum. Die Dachterrasse kann man betreten (Flachdach!), rundherum an der Kante befindet sich eine durchgehende Sitzbank. Das Leben habe sich zu großen Teilen auf den Balkons und der Terrasse abgespielt, man brauchte kein Zimmertelefon, weil man sich draußen alles zurufen konnte. Die Farben im Flurbereich: Grau, Blau, Rot. Wundervoll, warum haben die Plattenbauten nach der Wende solche Stümper angepinselt, dass die Farben aussehen wie auf einer Kinderkrebsstation? (Peter Richter hat das so treffend formuliert.) Was hätte man daraus machen können? Der Fußboden, auf dem man am liebsten die ganze Zeit mit nackten Füßen rutschen will. Ist das polierter Beton? Ich frage einen Mann mit Hausmeister-Ausstrahlung und erfahre, dass es sich um »Steinholz-Estrich« handelt, da wird Holz beigemischt, eigentlich ein Industrieboden (»Xylolith«, oder noch schöner »Dresdament«). Dieser Bodenbelag ist fußwarm, atmungsaktiv, trittsicher, trittschalldämmend, feuerhemmend sowie roll- und druckfest (warum gibt es dann überhaupt noch andere Fußböden?). Da brauche man aber beim Verlegen »Dehnungsfugen«, sagt er, und ich nicke verständig. Erwachsene Männer haben immer so tolle Spezialwörter. Der lange Flur, da sei das schwierig, da gebe es Querrisse. Na, die finde ich ja gerade schön.

Ich spaziere zu den Meisterhäusern, für die gilt, was Walter Gropius 1930 gesagt hat: »*reibungsloses, sinnvolles funktionieren des täglichen lebens ist kein endziel, sondern bildet nur die voraussetzung, um zu einem maximum an persönlicher freiheit und unabhängigkeit zu gelangen.*« Sie sind nach der Wende renoviert worden, in der DDR war eines davon eine Poliklinik, in einem anderen war eine neurologische Praxis untergebracht.

Ich bin für heute auf Fußböden geeicht und deshalb fällt mir im Meisterhaus von Klee und Kandinsky eine Treppenstufe auf, die anders ist – das wird doch nicht der alte DDR-PVC-Belag sein? Dieses irre Muster, es war ja immer dem Zufall überlassen, welches man in seiner Wohnung bekam, wie bei den Tapeten, je nachdem, was gerade vorrätig war. Haben sie das übersehen? Nein, erfahre ich, sie nennen das ein »Zeitfenster«, auch bei der Tapete sieht man an einer Stelle DDR-Raufaser. Das Gropius-Haus war sogar zerstört, da hatte man auf dem Sockel ein Einfamilienhaus gebaut. Die Amerikaner haben Dessau wegen der Junkers-Werke zerbombt, nachdem die Nazis schon überall aus den »undeutschen« großen Fenstern kleine Fenster gemacht hatten. Darüber, wie man früher solche PVC-Böden gebohnert hat, komme ich mit der Dame vom Einlass ins Gespräch. Da gab es diese länglichen Bohnerwachswürste, weiß oder weinrot, aus Wittenberg, »Schnellglanz Wittol« (konnte man auch als Brandbeschleuniger für den Kohleofen nehmen). Sie wundert sich, dass ich noch weiß, was bohnern ist, und dass ich auch die schweren »Blocker« noch kenne, mit denen man das machte. Aber ich war doch bei der Armee, da haben wir nichts anderes gemacht, sogar bei den Fliesen im Flur. Als Schikane wurde auf den Blocker eine brennende Kerze gestellt, die nicht ausgehen durfte. In der Neubauwohnung haben wir für den Fußbodenbelag auf den Hausflurtreppenstufen so ein scharfes, weißes Mittel benutzt, das war bestimmt halluzinogen. Das Zeitfenster steht weit offen für mich. Ich finde auch, man hätte das Gropius-Haus nicht wieder aufbauen müssen, es ist sowieso nicht das Original. Die anderen drei Meisterhäuser reichen doch, es wäre interessanter mit dem DDR-Haus auf dem Bauhaus-Sockel.

Im Bauhaus-Café im Parterre lese ich in der Zeitung, dass Fred Düren in seiner letzten Heimat Israel gestorben ist. Wieder einer aus dem Ensemble vom »Deutschen Theater«, in dem ich in den 80ern Dauergast war. In einer Ecke stehen Bücher zum Verschenken, ich nehme einen Science-Fiction-Roman aus der DDR mit, nur wegen des Titels: Alfred Leman »Der unsichtbare Dispatcher«, Verlag Neues Leben, Reihe podium, 1980. Das rätselhafte Wort »Dispatcher« ist mir auch schon im Russischen, Bulgarischen und Rumänischen begegnet. Der erste Satz: »*Alle Augenblicke sprangen die Skaphanderpumpen an, am Rücken quiekten die Reduzierventile, das Geräusch war mit einer gewissen Peinlichkeit behaftet. Abermals kontrollierte ich den Indikator. Die Toleranzen des Binnendrucks standen wirklich im Minimum.*« Ich bedaure wieder, dass ich als Jugendlicher keine Science-Fiction-Literatur gelesen habe, ein wundervoller Eskapismus. Obwohl das nicht gesagt ist, denn weiter lese ich: »*Es hatte einen Wechsel in der Leitung gegeben. Die Flotte erhielt einen neuen ›General‹, und wir erlitten gegenwärtig die Folgen, die ein derartiges Ereignis nach sich zieht…*« Und das klingt ja, als ginge es hier hochpolitisch zu, als werde durch die Blume über Honeckers Putsch gegen Ulbricht geschrieben.

Im Zentrum von Dessau stehen drei Y-Häuser, die sogar renoviert werden. Die Fassade ist denkmalgeschützt, deshalb kommt die Wärmedämmung nach innen, das geht also auch. Sie stammen von 1969 bis 1971, Grundlage ist die P2-Typenserie, ein Hallenser Architekt hat die ungewöhnliche Form daraus entwickelt. Dass mit typisierten Elementen gearbeitet wurde, hieß nämlich nicht automatisch, dass alle Häuser gleich aussehen mussten. So ist ein Haustyp entstanden, bei dem es keine Vorder- oder Rückseite gibt. Die grobe Waschbeton-Bekieselung erinnert mich an Tweed-Stoff, sie ist auch ähnlich robust und wetterfest. Im Gegensatz zu Anstrichen oder Plasteverkleidungen altert sie kaum. Wenn man lange genug drauf starrt, kann man sich vorstellen, am Ostseestrand zu stehen. Wo kamen diese Kiesel eigentlich her?

Die Kinderwagenrampen sind wir immer runtergerutscht. Auch die Wäschestangen auf der Wiese vor dem Haus sind für mich typisch. Obwohl wir nie dort Wäsche aufgehängt haben, wir hatten ja einen Balkon mit einem an der Wand angeschraubten Leifheit-Wäscheständer zum Ausklappen, im Winter wurde die Wäsche hier schockgefroren. Und für die Bettwäsche kam immer der REWATEX-Wagen, man durfte nur nicht das Klingeln verpassen, dann musste man ihm hinterherrennen, damit er den Wäschesack noch annahm. Manchmal bekam man auch falsche Wäschestücke zurück, was aber in der Regel kein guter Tausch war.

Die alte Post in Dessau hat einen Anbau aus der Aufbauzeit nach dem Krieg, mit zwei in Stein gemeißelten Friesen. Das immer wieder auftauchende Motiv der Völkerfreundschaft (damals sahen die Chinesen noch aus wie Chinesen und die Afrikaner wie Afrikaner. Wir hatten ein Kinderbuch über Kinder in Afrika, die barfuß gingen und deshalb Hornhaut hatten und nicht merkten, wenn sie auf eine Schlange traten) wurde hier mit einem anderen Thema kombiniert: der die Kontinente verbindenden Telefonie. Seltsam steinzeitlich wirkt die damals so begeisternde Technik heute schon wieder, an Schnurlosigkeit ist nicht zu denken. Der Mensch richtet sich nach dem Standort des Apparats und nicht umgekehrt. Eskimo und Chinese telefonieren miteinander, ein weltweites Netz von Telefonleitungen macht es möglich, der Chinese wählt gerade mit der Wählscheibe eine Nummer. Ein Mann mit Pfeife im Mund verzwirbelt die dicken Kabel in Handarbeit. Traditionelle Frauenberufe: das Fräulein von der Vermittlung und von der Telegrafenstation, wo Nachrichten auf Papierstreifen ausgedruckt werden, wie im Western. Dass man jeden auf der Welt anrufen konnte, wenn man das Telefonbuch seiner Stadt besaß, so habe ich mir als Kind Telefonieren vorgestellt. Oder einfach eine Nummer wählen und sich überraschen lassen? Meine Eltern warnten uns ja immer, nicht in ihrer Abwesenheit aus Versehen »in Japan« anzurufen, dann müssten sie am Monatsende eine Rechnung von 1000 Mark bezahlen. Der graue Telefonapparat »Variant« vom VEB Fernmeldewerk Nordhausen war ein Lieblingsspielzeug, die vielen interessanten Auskunftsnummern, wie gerne rief ich die Zeitansage an oder die Ansage vom Kinoprogramm. Wenn man nach Hause kam, rannte man oft als Erstes zum Telefon, das gerade klingelte. Einen Anrufbeantworter hatte man ja nicht. Meine Mutter saß manchmal einen ganzen Nachmittag am Apparat und wartete darauf, dass ihr Gespräch nach Hamburg durchgestellt wurde. Und dann sprach man lauter in den Hörer, je nachdem, wie weit entfernt der Angerufene lebte. In der DDR hatten die wenigsten Telefon, und ich erinnere mich noch genau an den Frühlingstag im Jahr 1994, als ich plötzlich in meine Hinterhofwohnung von der Telekom einen Apparat geliefert bekam. Jetzt konnte auch ich mit Eskimos telefonieren. Aber führt Telefonieren heute immer noch zu mehr Freundschaft zwischen den Völkern?

Ferropolis

Von der Autobahn aus sieht man das Kraftwerk Vockerode, ein dunkles Backsteingebirge. Hier wurden früher täglich zügeweise Braunkohle verheizt, um die DDR warmzuhalten. 1966 ist eine IL-14 der NVA bei einem Wettererkundungsflug an einen der Schornsteine geprallt, alle Besatzungsmitglieder waren tot. Nach der Stilllegung sind die Schornsteine abgerissen worden. Zum Kraftwerk gehört die Braunkohle, die in der umliegenden Tagebaulandschaft gewonnen wurde. Hinter Gräfenhainichen sieht man schon aus der Ferne wie Dinosaurier die Bagger von Ferropolis, das auf einer Halbinsel im Gremminer See liegt, einem Tagebausee. Genauer gesagt sind es Eimerkettenschwenkbagger, Schaufelradbagger und Raupensäulenschwenkbagger. Ist das nicht das Faszinierendste, was männliche Konstrukteurshirne je ersonnen haben? Dagegen ist der Eiffelturm ein eitler Langweiler, der kann sich ja nicht bewegen und in die Landschaft fressen. Pensionierte DDR-Ingenieure könnten ihn aber sicher entsprechend umbauen, wenn man sie ließe. Wie konnten diese Metallgebirge überhaupt in Bewegung versetzt werden? Mit was für gigantischen Elektromotoren? Und die Kohle, die damit gefördert wurde, hat mehr Energie gebracht, als das Fördern gekostet hat? Die einzige Energiequelle, die die DDR hatte, bis auf importiertes Öl und Gas aus der Sowjetunion, war Braunkohle; die Vorräte der großen Kraftwerke reichten einen halben Tag, ständig rollten Züge mit neuer Kohle an. Ein Atomkraftwerk bei Stendal war schon im Bau und wurde durch die Wende verhindert. Unsereiner war natürlich gegen die Zerstörung der Landschaft *und* gegen Kernkraft, wollte es aber trotzdem warm haben.

Auf einen der Bagger kann man hochsteigen und einen Rundgang über zahlreiche Treppen und Emporen antreten – wie viele Menschen man hier wohl zum Bedienen brauchte? Man bewegt sich wie auf der Reling eines Ozeandampfers. Am liebsten würde ich noch nachträglich meinen Raupensäulenschwenkbaggerführerschein machen. Die Verbotsschilder und Hinweise auf Elektrokästen »Oelkühlung u. Oelheizung«, mit schön kalligrafierter Schrift. Sicher hatte man hier auch einen eigenen Schriftenmaler im Werk, so etwas gab es ja früher. Warum hat er das große Ö aufgelöst? Eine typografische Regel? Die Bagger dienen heute als Kulisse für Rockfestivals, damit man sich bei der Musik nicht so langweilt. Ich gehe zwar nie zu Festivals, aber es würde mich interessieren, was Kylie Minogue von diesem Bühnenbild gehalten hat.

Mawil, der etwa 50 Jahre jünger ist als ich und deshalb noch ausgeht, erzählte mir, dass nach dem Melt-Festival jedes Mal Anwohner der umliegenden Ortschaften über die riesige Festivalwiese streifen, wo die Besucher gezeltet haben, und Flaschen einsammeln. Manche ziehen ihre Beute in einem liegen gebliebenen Igluzelt hinter sich her. Er selbst fand einmal volle Einkaufstüten mit ungeöffnetem Rotwein und einen neuen Campingkocher.

Die Gebäude auf dem Gelände schmücken 20 Meter hohe Graffitis mit den schönen Gesichtern von Bergleuten. In der ehemaligen 30-KV-Station gibt es eine Ausstellung zur Geschichte des Braunkohletagebaus. Eine Schautafel der Zentralwerkstatt Gräfenhainichen, einem Reparaturbetrieb für die Braunkohleindustrie, später Teil des Kombinats Anlagebau Braunkohle. Auch so ein Betrieb musste neben seinen eigentlichen Aufgaben Konsumgüter produzieren. Eine »Tischleuchte« aus Blech und Pressglas war das Resultat, sie sieht aus, als könnte man sie zur Not auch als Toaster benutzen. Fotos von Brigaden, Gesichter von Menschen, die jeden Tag um 5 Uhr morgens aufgestanden sind; wenn ich das sehe, fällt es mir immer schwer zu glauben, dass in der DDR niemand mehr richtig gearbeitet haben soll. Ein Raum mit der Nachbildung des »eeminterglazialen Waldelefantenschlachtplatzes aus dem Tagebau Gröbern«, ein Baggerfahrer ist hier 1987 auf Knochen eines Waldelefanten aus dem Pleistozän gestoßen. Das hat den Plan bestimmt mächtig aufgehalten. In der obersten Etage gibt es sogar ein Standesamt, man kann hier vor der Kulisse einer alten Schaltwarte heiraten; Paare, die sich beim Melt-Festival kennengelernt haben, tun das gerne, auf den Fotos sehen sie aus, als würden sie sich über eine Tischleuchte als Hochzeitsgeschenk freuen.

In einem Verein arbeiten ein ehemaliger Chefkonstrukteur von Tagebaumaschinen, Schlosser, die auf solchen Ungetümen gearbeitet haben, und Modellbauer an der Rekonstruktion von Modellen der Bagger, um damit an die Bergbaugeschichte der Region zu erinnern. Die Modelle waren früher so gut, dass man mit ihnen sogar Konstruktionsfehler finden und die Bagger verbessern konnte. Hervorragend, wenn Männer als Pensionäre ihren ehemaligen Arbeitsplatz nachbauen, besser als wenn sie in der Freizeit Falschparker an die Polizei melden. Die echten Geräte wurden aber auch von Frauen gesteuert, so war das in der DDR.

Ans Schwarze Brett der Ausstellung hat jemand Kopien von kuriosen Fundstücken aus DDR-Zeitungen geheftet. Eine Anzeige: »Karena – Fruchtsaftgetränk Orange mit Grapefruitgeschmack«. Wahrscheinlich in Wirklichkeit weder noch. »Delikateß-Gewürzurken«. Ein perfekter Überbegriff für die hier versammelten Tagebaumaschinen. Ich sehe es vor mir, wie sich die fünf riesigen »Gewürzurken« mit ohrenbetäubendem Knirschen und Scheppern unaufhaltsam Meter für Meter in die Landschaft fressen und ihr die Braunkohle entreißen.

Leipzig

Auf einem riesigen Parkplatz, der zum Leipziger Messegelände gehört, stelle ich mein Auto ab, eingewiesen von fleißigen Helfern. Ich habe auf der Buchmesse einen Termin um 9 Uhr und bin stolz auf mich, dass ich schon um fünf vor 9 am Eingang stehe, aber die Wachleute lassen mich nicht rein, weil ich keinen »Ausstellerausweis« habe, sondern nur einen Besucherausweis. Auf der Messe kann man sich Bücher ansehen, die »Hundekuchen, selbst gebacken« heißen. »Wir haben Heino gesehen!«, höre ich einen Messebesucher sagen. Ein älterer Herr hebt an einem Stand, vom Mikrofon verstärkt, an, aus seinem im Selbstverlag erschienenen Buch zu lesen: »*Wie ich den 17. Juni 1953 erlebt habe. Es war ein klarer, sonniger Sommertag...*« Ich habe eine kleine Lesung mit Annett Gröschner, einer der faszinierendsten Chronistinnen unserer Gegenwart, die mir erzählt, dass sie demnächst nach 30 Jahren ihre Wohnung im Prenzlauer Berg verlassen muss, weil der Käufer auf Eigenbedarf klagt; er möchte eine Familie gründen, und das gehe nur in ihrer Wohnung. Wir stellen eine Anthologie vor, an der wir beteiligt sind, mit Kinderaufsätzen und frühen Tagebucheinträgen von Autoren. Ich habe einen Aufsatz beigesteuert, den ich als Schüler geschrieben habe, um das Projekt eines »akustischen Schalters« zu erklären, ein Exponat, das ich für die »Messe der Meister von Morgen« bauen wollte (im Westen hatten sie »Jugend forscht«). Bei Annett geht es um Gedichte, die sie als Schülerin an die Klassenwandzeitung gehängt hat; die Lehrerin schrieb sie damals ab und übergab sie der Stasi. Sie selbst hatte alle ihre Gedichte mit 20 verbrannt, in ihrer Akte fand sie die Texte dann wieder. Ich wäre, ehrlich gesagt, froh, wenn ich solche Materialien aus der Zeit hätte, aber natürlich möchte ich nicht lesen müssen, dass irgendwer mich bespitzelt hat. Sie wurde damals, 1981, vor die Wahl gestellt: zum Psychologen gehen oder von der Schule fliegen. Die Provinz zu verlassen und nach Berlin zu gehen war schon eine kleinere Form von Republikflucht. Sie empfiehlt mir ein seltsames vergessenes Marx-Denkmal auf der Halbinsel Stralau in Berlin.

Am Abend spaziere ich zum »Ring-Café«, es befindet sich am Rossplatz, einem Gebäudekomplex aus den frühen 50ern, der an die Stalinallee erinnert. Bei der Messe sind hier immer Veranstaltungen, aber ich habe mir noch nie rechtzeitig eine Karte besorgt und würde doch so gerne einmal das Interieur sehen und ob die Tür vom Kellnergang in den Gastraum sich tatsächlich automatisch öffnet, was damals hochmodern war.

Ich überlege gerade, ob ich heimlich zur Tür reingehen soll, da kommt Gregor Gysi die Wendeltreppe runter, ich drehe mich schnell weg, weil mir Begegnungen mit Prominenten peinlich sind. Sie denken ja sicher, man kennt sie, aber sie können nicht wissen, dass man selbst auch prominent ist. Die Lesung von Gysi und Schorlemmer ist also vorbei, ich schlüpfe ins Treppenhaus, wundervolle Leuchter. Oben, im großen holzgetäfelten Tanzsaal sitzen noch ein paar Besucher, ich tue einfach so, als gehörte ich dazu. Die Säulen sind mit Hinterglasornamenten verkleidet. Eine separate runde Bar schließt sich an, deren Wand die Szene vom Urteil des Paris schmückt; man denkt erst, es seien Intarsien, aber es ist mit goldener Farbe auf Holz gemalt. An der Decke die Sternzeichen. Der geschwungene Tresen mit verzierter Glasfläche.

Plötzlich tippt mich Holm Friebe an, aber er bleibt nicht der einzige Bekannte, es stellt sich heraus, dass das hier der Empfang zum siebzigsten Geburtstag des Aufbau-Verlags ist. Friedrich Schorlemmer ist auch noch da, ich traue mich aber nicht, ihn nach Wittenberg auszufragen. Die Verlagsmitarbeiterinnen sind alle schon ziemlich betrunken, es geht darum, zur Party welchen Verlags man jetzt weiterzieht? Zu den Unabhängigen Verlagen oder zu den Antiquaren? Ich desinfiziere nach jedem Händedruck mit meinem Spezialgel meine Hände, sonst überlebt man die Messe nicht. Freund Kirk ist begeistert von dem Foto, das ich ihm zeige. Ein Betonpilz, der als Unterstand auf der Terrasse des Dessauer Kornhauses steht, eines schiffsförmigen Tanzcafés, in den 60ern ein Treffpunkt für Beat-Fans. Das sei ja der Lärmschutzpilz aus Molpe! Molpe? Sein Bruder hat einmal fürs Radio ein Feature über eine fiktive bundesdeutsche Stadt geschrieben: »Molpe«, der Ort, der am weitesten weg von jeder Autobahn ist. Der Nachbarort ist Kreisstadt geworden, deshalb sind sie verfeindet. In Molpe gibt es überall Lärmschutzpilze zum Unterstellen, wegen der NATO-Düsenjäger. Ich freue mich wieder, was ich für originelle Freunde habe, gleichzeitig habe ich Angst, sie könnten mich langweilig finden. Diese Angst steigert sich noch, als Egbert, der das Leipziger Stadtmagazin *Kreuzer* gegründet hat, mich an einen Tisch mit Clemens Meyer winkt. Unter dessen Ärmel gucken bunte Tätowierungen hervor, in seiner Sprache heißt das sicher »zugehackt«. Er bemerkt Egberts Uhr: »Ist das 'ne Nomos? Hier, ich hab 'ne Glashütte von 1969.« So ein goldenes Papamodell. Leider komme ich nicht darauf, sie zu fotografieren. Ich habe ja auch eine Nomos, aber sie ist mir zu wertvoll zum Benutzen. Meyer ist von Geburt an schwerhörig, daher die Kopfhaltung und die Lautstärke, mit der er spricht, ich hatte gedacht, seine Trommelfelle seien beim Boxtraining geplatzt. Mit 13 hat er sich eine Fliege gekauft, er sei frühreif gewesen. Wir haben mal einen Abend über DEFA-Indianerfilme und den Ort in Kroatien gesprochen, wo Winnetou gestorben ist.

Als ich mit Egbert zum Auto gehe, rasen draußen ein Dutzend kleine Ratten über die Beete, direkt vor dem Schild, das daran erinnert, dass hier angeblich das »Kapital« gedruckt worden ist. Er weiß alles über Leipzig. Er will bei einer Versteigerung die gebundene Version der *DAZ* kaufen, der Leipziger *Anderen Zeitung*, einer Wendegründung, die nur gut ein Jahr überlebt hat, weil die Leute lieber die *Bild* oder ihr gewendetes SED-Blatt lasen. Ich fahre ihn zur alten Krügerol-Fabrik (»Zonen-Wick-Blau«), wo er wohnt. Im »Ring-Café« sei übrigens 1959 der Lipsi erfunden worden, dieser sozialistische Paartanz, der allen Ernstes dem Rock 'n' Roll Konkurrenz machen sollte. Er empfiehlt mir das Volksbad Oderwitz in der Lausitz, da gebe es eine seltsame selbst geschweißte DDR-Rutsche. Die Öffnung sei so klein, dass kaum ein Kind durchpasse. Ein Betrunkener von der Freiwilligen Feuerwehr sei da mal stecken geblieben. Und ich solle ruhig in Strausberg bei Sigmund Jähn klingeln, das habe er auch schon gemacht. Und wenn ich einmal Lust hätte, er sei fast jedes Wochenende in Nordböhmen, weil er sich so für die dortigen Kleinbahnen interessiert.

Leipzig-Grünau

Grünau kennt man als prominente Berliner S-Bahn-Endstation, bis zu der man normalerweise nie fährt, aber ein Stück weiter gibt es ein anderes Grünau, ebenfalls am Stadtrand, nämlich das Leipziger Neubauviertel. Der Taxifahrer verrät mir, dass man dort früher in einem Restaurant Nutria essen konnte. »Und Hamster nicht?«, hake ich nach. Es ist Frühling, die Vögel zwitschern, und die Bienen summen, der Beton der Gebäude täuscht, in Wirklichkeit befindet man sich hier mitten in der Natur, jeder Balkon ein kleiner Schrebergarten. Die Bewohner der Parterrewohnungen haben nach der Wende eine markante Nachbesserung vorgenommen: Sie haben ihre Balkons mit einem Zaun versehen, sodass man von der Treppe aus nicht mehr einsteigen kann. Bei den renovierten Häusern ist so eine Sperre aus Glas sogar schon serienmäßig angebracht worden. Offenbar ist beim Bau der Häuser nicht bedacht worden, wie leicht man hier einbrechen kann. Oder gab es in der DDR weniger Einbruchsdiebstähle? Man möchte es gerne glauben, aber stimmt das auch? Interessant ist die Vielfalt der Lösungen: Bretterzäunchen, Blumentopfständer, Schmiedearbeit, ein Strahlenkranz aus Stahlspitzen. Ein Bedrohungsbiedermeier. Dafür gibt es einen Freizeittreff »Völkerfreundschaft«.

Dass man seinen Kindern seine alte Schule zeigen kann, ist heute im Osten fast das Privileg einer Minderheit, so viele sind schon abgerissen worden. Dabei ist die alte Schule doch so etwas wie die Mutter, die sollte man noch möglichst lange besuchen können, sonst kommt sie in den Träumen wieder. Meine EOS (Erweiterte Oberschule) ist inzwischen eine moderne Stadtbibliothek, innen total umgebaut. Das Foyer mit dem Bild von Richard Sorge ist verschwunden, unsere FDJ-Grundorganisation trug seinen Namen. Er sah immer ein bisschen wie Mr. Spock aus. Beim 3000-Meter-Lauf ging es 15-mal ums Gebäude, ob das je korrekt vermessen worden ist? Meine POS (Polytechnische Oberschule) ist geschlossen, und ich habe immer Angst, dass sie verschwunden sein könnte, wenn ich mit der S-Bahn vorbeifahre, die baugleiche Nachbarschule ist schon abgerissen worden. Vielleicht sollte ich mal die Lehrer besuchen? Man denkt ja immer, deren Leben hätte aufgehört, sobald man aus der Schule raus war. Überlebt hat nur die finstere Altbauburg, wo ich eingeschult worden bin und mir in der ersten Klasse die Schneidezähne an der Kante einer Schulbank eingerannt habe. Aber weil es in der DDR einheitliche Schultypen gab, finde ich eigentlich überall im Land noch Schulen, die aussehen wie meine. Nur manchmal hängt an der Fassade vom Treppenhaus ein abstraktes Keramikbild mit Friedenstaube und Hammer und Sichel, wie in Leipzig-Grünau. Die Komplexrichtlinie, die bei der Errichtung von Neubaugebieten bindend war, sah vor, dass man dort einen Schulweg von höchstens wenigen Hundert Metern hatte. Die Klassenräume hatten den ganzen Tag Licht. In Leipzig-Grünau stehen drei Schulen vom selben Typ hintereinander. Zwei sind in keinem sehr guten Zustand. Die Grünanlagen hatten wir als Schüler selbst pflegen müssen. Die dritte steht schon leer und wird vielleicht abgerissen. Dahinter ist bereits ein aus Abrissbeton von Plattenbauten errichteter Kletterturm, da könnten ja noch mehr dazukommen, bis eine »Leipziger Schweiz« entsteht. Vielleicht wäre es auch eine Idee, allen Alumnis zu erlauben, ihre eigene Schule an einem langen Wochenende selbst einzureißen und in Staub zu verwandeln, um nicht länger nachts vom Zuspätkommen und vergessenen Hausaufgaben zu träumen?

Auf dem Freigelände eines Kindergartens entdecke ich herrlich sachliche Betonelemente zum Aufhängen der Jacken und ein im Boden verankertes Auto mit drei Sitzbänken und beweglichem Lenkrad. Man erlaubt mir, das zu fotografieren. Die Erzieherin schließt für mich den Schuppen auf und zeigt mir blaue DDR-Plastebagger von PLASTO. Sie deutet auf eine nachträglich angebrachte Schraube: »Die Bagger benutzen wir noch! Weil hier noch ein Hausmeister ist, der die Sachen repariert!«

Probstheida

Auf einem Dorfanger in Leipzig-Probstheida, ausgerechnet in der Russenstraße, gab es zu DDR-Zeiten eine Gedenkstätte, weil Lenin an dieser Stelle in einer sozialdemokratischen Druckerei die ersten Ausgaben seiner Zeitung *Iskra* (der Funke) illegal drucken ließ. Wenn man nichts davon weiß, findet man kaum noch eine Spur; ich bin 20 Jahre zu spät, aber damals hat mich das noch nicht interessiert. Zehntausende Schulkinder sind hier durchgeschleust worden und haben das sicher nur so mittel interessant gefunden, weil sie lieber im Zentrum von Leipzig Eis essen wollten. Zwischen zwei Häusern kann man durchgehen, auf ein Wiesenstück, das wie ein kleiner Park wirkt. Man sieht ein gemauertes Rondell, wo früher eine Gedenktafel stand, mit einem Bild von Lenin und der Inschrift: »*In diesem Hause wurde im Dezember 1900 die erste Nummer der von W. I. Lenin geschaffenen ersten gesamtrussischen marxistischen Zeitung Iskra gedruckt*«. Durch die Scheiben des verrammelten Gebäudes ist nichts zu erkennen.

Die Druckerpressen und alle anderen Ausstellungsmaterialien sollen im Stadtmuseum eingelagert sein, die Gedenkstätte passte nicht mehr in die neue Zeit, außerdem hat man die ganze Geschichte auch angezweifelt. Eine Künstlerin aus Argentinien hat hier eine interessante Arbeit vorgestellt, eine biografisch motivierte historische Forschung zur Geschichte dieses Orts, den ihr Großvater in den 70ern auf einer Reise in die DDR besucht hat.

Ich gehe noch einmal in die Büsche, da ruft mir ein Nachbar durchs Fenster zu: »Ist schon verkauft!« Offenbar hält er mich für einen Investor, ein zeitgemäßes Äquivalent für die Peinlichkeit, für einen Dieb gehalten zu werden. Ich erfahre, dass in der Straße ein Mann vom Bürgerverein wohnt, der sich auskennt. Als ich dort am Gartentor klingle, weiß ich nicht so recht, wie ich formulieren soll, wonach ich suche. Aber dann stelle ich mir vor, ich sei Gerd Ruge, der nuschelt immer etwas in irgendeiner Landessprache, und gleich schütten ihm alle ihr Herz aus. Herr B. ist auch sehr freundlich, er erzählt mir, dass hier früher aus den Kasernen jeden Tag Mannschaftswagen voller russischer Soldaten kamen, die diese Station aus Lenins Biografie sehen wollten. Auch andere Touristen kamen scharenweise, das Pflaster vor seinem Gartentor ist von den Bussen regelrecht eingedrückt. Da hat man als Kind Abzeichen gegaupelt. »Gegaupelt?« – »Na, getauscht.« Wenn »Persönlichkeiten« zu Besuch kamen, wurde die Straße gefegt. Am Haus steht noch das Schild vom Denkmalschutz, aber offenbar sind die Auflagen durch geschickte Verkäufe der Treuhand umgangen worden. Das Nachbarhaus soll abgerissen werden. Daneben sieht man an der Fassade ein Kreuz aus dunklen Punkten, das seien Kanonenkugeln von der Völkerschlacht, die hat man da eingearbeitet. Hier würde man überall Eisen von damals finden, wenn man danach suche.

Ich frage Herrn B. noch nach seinem schönen, aus Eisenteilen geschraubten Gartentor, vor allem die Hausnummer fällt auf. Ja, die hat er selbst gebastelt, die Zahl ist aus silbernen Punkten gebildet, das ist genietet, eigentlich sollte das ein Lichtkasten werden. Die hängt hier schon 40 Jahre. Aber sie haben jetzt sowieso eine andere Hausnummer, weil die Nummerierung von der Stadt Leipzig vereinheitlicht wurde. Früher gab es die preußische »Hufeisennummerierung« und die französische. Hier war die Nummerierung umlaufend. Für die Alteingesessenen war das ganz natürlich, aber die Neuen von heute kommen damit nicht zurande, die Rettungswagen auch nicht. Aber die Neuen leben hier oft nur, solange sie hier arbeiten, dann sind sie wieder weg.

Gleich um die Ecke steht das Völkerschlachtdenkmal, die Treppe ist noch voller Schnee und rutschig. Giganten mit Kriegern im Schoß, leider gefällt mir so etwas. Ich fahre bis nach oben und studiere Leipzig, die Plattenbauten im Südosten muss ich noch abgrasen. Das große Backsteingebäude im Süden ist nicht etwa ein Schloss, sondern das Krematorium vom Südfriedhof. Und im Norden sieht man einen roten Stern, am russischen Pavillon auf dem alten Messegelände. Das kommt in einem meiner Lieblings-DEFA-Kinderfilme vor, »Immer Ärger mit Blasius«, in dem ein Roboter in Menschengestalt bei der Leipziger Messe vorgestellt wird und außer Kontrolle gerät. Am Interessantesten ist für mich aber die Vitrine mit Leipziger Müll, den man bei Renovierungen gefunden hat. Vor 100 Jahren ist damit der Hügel aufgeschüttet worden, Müll ist für Archäologen ja immer ein Fest. Eine kolorierte Postkarte »*Napoléon intime*« kaufe ich, darauf guckt ein Napoleondouble verliebt ein dickes Kind an, die Frau steht daneben. Als 2013 die Völkerschlacht mit Hobbysoldaten nachgestellt wurde, sah man überall an den Bushaltestellen Menschen aus dieser Epoche stehen, Soldaten von Napoleon und Blücher, die eine rauchten oder ihr iPhone checkten. Männer haben so seltsame Hobbys. Ich habe gar kein Hobby, die Hobbys sterben ja eigentlich aus.

Ich fahre zum Siegfriedring, der mir auf der Karte aufgefallen war, weil er rund ist, ein Ensemble von mehreren Ringen von Häusern aus den Zwanzigerjahren. Das Rondell in der Mitte wird konsequenterweise von einem Trampelpfad gekreuzt. Auf dem Weg von dort zur S-Bahn überrascht mich ein Flugzeug der Interflug, eine Iljuschin 62, die mitten an der Straße steht und einer Bowlingbahn als Caféterrasse dient. Sogar die fahrbare Treppe zum Aussteigen haben sie, die entfernt an einen Stretch-Trabant erinnert. In Leipzig-Lindenau habe ich auch schon eine IL 18 gesehen, auf dem Dach eines Oldtimermuseums. Konnte man die Flugzeuge irgendwann von der Treuhand kaufen? Leider hatte ich damals kein Geld – das wäre eine ungewöhnliche Wohnung geworden, aber eine, mit der man zur Not wegfliegen konnte. Aber am liebsten würde ich im Riesenrad vom Kulturpark Plänterwald wohnen, jede Gondel ein Zimmer, und wenn man von einem ins andere Zimmer möchte, steigt man aus und dreht an der Wohnung.

Von einer Brücke sieht man die Gleise, in deren spitzem Winkel es Schrebergärten gibt. Ich bewundere diese Enthusiasten, die an den unwirtlichsten Orten, umtost von Verkehr und Geratter von Zügen, an ihrer Idylle festhalten, der Mensch ist so anpassungsfähig. Ich gehe Richtung S-Bahnhof Stötteritz, der in »Als wir träumten« vorkommt, der Erzähler wird hier von Skinheads überfallen. Wenn die Besucher eine Stadt durch die Brille eines Romans betrachten, hat man es als Autor geschafft. Auf einem der hier parkenden Sattelschlepper steht 3348. Ein alter Mann sagt zu einem anderen: »Die Draiundraißisch is dis Gäßamtgewischt von der Zugmaschine, und die Achtunvierzisch ist die Pä-Es-Zohl.«

»Jawoll«, antwortet der andere.

Geheimwissen alter Männer.

Später lese ich, dass man am Völkerschlachtdenkmal in einer Vitrine ein Brötchen besichtigen kann, das am 18. Oktober 1813 gebacken wurde. Das habe ich nicht gewusst und deshalb nicht gesehen, sehr ärgerlich, aber soll ich deshalb noch einmal hin?

Erfurt

Weil ich meinen Schal vergessen habe, gehe ich in Erfurt schnell zu Rossmann: »Haben Sie auch Schals?«

»Sogar so viele, dass wir ihnen einen verkaufen können.«

Ich nehme den Billigsten, so etwas kauft man ja nicht fürs Leben.

»Oh, da ist noch die Friedensfahne dran«, sagt die circa 55-jährige Verkäuferin, weil noch ein Preisschnipsel dranhängt. Sehr sympathisch, die hat bestimmt eigentlich etwas ganz anderes gelernt, wie die meisten Ostfrauen in ihrem Alter. Vielleicht »Verfahrenstechnikerin«, oder sie war Traktoristin in der LPG. Früher hätte ich mir so einen schönen Schal lange »erstehen« müssen.

Am Abend habe ich eine Lesung in einer früheren Scheune in der Altstadt, das Mikrofon wurde mit Tape an einer kaputten Nachttischlampe festgeklebt. Es gibt anschließend noch eine Kneipenrunde, ein Jurist will mich zu einer sanierten Synagoge aus dem 11. Jahrhundert führen, die über 600 Jahre lang Lager- und Wirtshaus und zu DDR-Zeiten Kegelbahn war, die Treuhand wollte eine Brauerei einrichten. Er ist Mitte der 90er aus dem Westen hergekommen und hat den Mieterbund aufgebaut. Bei einer der ersten Demos verhängte die Stadt ein »Bekleidungsverbot«, sie meinten allerdings eigentlich ein »Verkleidungsverbot«, leider hätten sie dann nicht nackt demonstriert. Eine Frau, ebenfalls aus dem Westen, erklärt, sie hätten drüben das Lesen nach dem »Prinzip der dicken Mitte« gelehrt (weil »Wortstamm« zu kompliziert klingt?). Sie arbeitet beim BUND und kümmert sich um »Das grüne Band«, den Versuch, die ehemalige Grenze, die über 12 500 Kilometer von Finnland bis Bulgarien reicht, als Lebensraum für seltene Arten zu erhalten. Sie haben ein Lockstockprojekt für Wildkatzen, die seien Leittiere für die Öffentlichkeitsarbeit, weil sie so kuschlig aussehen (hässliche Tiere bringen weniger Spenden, das ist so ungerecht wie im Literaturbetrieb). Eine Comic-Heuschrecke haben sie für die Öffentlichkeitsarbeit eingeführt. Beim Fernsehtermin war die echte Heuschrecke aber so vollgefressen gewesen, dass sie den Grashalm nicht hochkam. Rechts neben mir sitzt ein Autor, der zwischen Erfurt und Berlin pendelt. Wir besprechen, wie man das seit Jahren tut, die Vor- und Nachteile des gesellschaftlichen Umbruchs, den wir erlebt haben. In Berlin hätten die Kohlenhändler bei ihm mal mit den aufgeschütteten Bruchkohlen eine Ratte erschlagen, die er dann beim Schippen fand. Ich solle mir mal das Plattenbauviertel »Venedig« im Erfurter Zentrum ansehen, da würden Enten in den Balkonblumentöpfen vom ersten Stock nisten. Ich gehe nachts noch einmal zum Dom; eistütenförmige Metallgebilde vor den Wohnhäusern von Deportierten der Nazis erinnern an ihre ehemaligen Bewohner. An einem Bestattungsinstitut wirbt ein männliches Medium mit »Jenseitsberatung«. Im »Andreas Kavalier« läuft »*Riders on the Storm*«, »*Stairway To Heaven*« und dann tatsächlich »*Blowin' in the Wind*«. »Jeder Gang macht schlank«, sagt einer am Tresen.

»Männer ohne Bauch sind Krüppel.«

»Die Geschirrtücher haben früher noch Wasser aufgesaugt, nicht wie die heute.«

»Die Zeitungen auch, mit denen kannste nich mal mehr Fenster putzen.«

»Und die Blitzkracher waren lauter.«

»Du weißt nicht, wo in Erfurt die DSF war? Und der FDGB?«

An der Wand hängt ein Kasten mit vielen kleinen Fächern, die mit Namen beschriftet sind, hier können Stammkunden Geld sparen. Ich hole mir noch Wasser bei »nahkauf«. Zu DDR-Zeiten hätte sie zu Ostern drei Tische Geschenke gehabt, sagt eine Verkäuferin zur anderen. Es gab Mint-Kissen, Erdbeer-Drops (die immer den Gaumen aufrieben), Schokolade aus Delitzsch, Cottbusser Keks (nach jeder Schwimmstunde aß ich eine Rolle). Die Gelee-Bananen, manche waren sicher enttäuscht, dass richtige Bananen ganz anders schmeckten.

Am Morgen fahre ich mit der Linie 3 Richtung Norden zum Neubaugebiet, wo die Straßen Moskauer Straße, Bukarester Straße, Hanoier Straße oder Sofioter Straße heißen, was mir aus komplizierten psychologischen Gründen sympathisch ist. Auffällig, wie viel besser die Gebäude aussehen, wenn beim Renovieren das Fugenraster der Plattenelemente erhalten wurde, denn das war durchaus Absicht: grafisches Linienspiel statt plastischer Durchgestaltung wie bei Altbaufassaden. Es gibt auch schöne Reliefelemente, die ich noch nie gesehen habe. An einem Buddelkasten steht eine lange Beton-Formsteinwand; dem Rondell sieht man den gestalterischen Gedanken noch an. Der Stein ist das »X-Element SE1« vom genialen Hubert Schiefelbein, in senkrechter Ausrichtung. Ich frage mich, wo hier das KuFZ stand, das Kultur-und Freizeitzentrum, von der markanten runden Ecke ist Josep Renaus Glassteinmosaik »Die Beziehung des Menschen zu Natur und Technik« abgebaut und eingelagert worden. Das Kunstwerk war zwar denkmalgeschützt, aber nicht das Gebäude.

Als ich in der Straßenbahn den Automaten studiere, spricht mich eine Oma an, ich könne auf ihr Ticket mitfahren, es sei ja teuer. Sie ist mal aus Versehen, als sie sich verquatscht hatte, eine Station zu weit gefahren und musste 60 Mark zahlen. Sie war zum Friedhof zu ihrem Mann unterwegs gewesen, da traf sie dann auch den Kontrolleur wieder, der zu seinem Sohn wollte, da tat es ihm fast leid, sie dort wiederzusehen. Aber die dürften nicht kulant sein, die seien ja immer zu zweit unterwegs, »wie früher« (also bei der Stasi), damit der eine den anderen kontrolliere. Ich frage sie nach ihrer Neubauwohnung, ja, das war damals sensationell, sie hatten vorher bei drei Kindern kein Bad. Leider war das Bad im Neubau dann so klein und ohne Fenster, aber immerhin. Wie sie das geschafft haben, da alle durchzuschleusen morgens ... Die beiden Mädchen beschwerten sich immer, dass sie zusammen baden mussten und der Junge alleine durfte. Nach dem Anbringen der Wärmedämmung ist die Miete jetzt 20 Prozent hochgegangen, und dafür wird die Heizung manchmal nachts noch nicht eingeschaltet, dabei haben sie zurzeit nur 18 Grad in der Wohnung. Nach dem Krieg fuhr die Erfurter Straßenbahn eine Zeit lang mit einem Leichenwaggon zum Hauptfriedhof, fällt mir ein, aber danach frage ich sie lieber nicht.

Morgens eine Lesung im obersten Stockwerk einer Schule, im »DUG-Raum«, was »darstellen und gestalten« heißt. Ich solle doch mal nach der einen Seite aus dem Fenster sehen, der Dom. Mich interessiert aber die andere Seite mehr, mit dem leer stehenden Hochhaus der *Thüringer Allgemeinen*. Die Schüler werden nach fünf Minuten unruhig, und ich leide mit ihnen mit. Nichts könnte sie mehr langweilen als die Vergangenheit. Vielleicht sind ihre Kinder ja dann wieder zu gebrauchen, oder die Enkel. Dass der Platz vor dem Erfurter Fress-Ex früher inoffiziell »Wim-Thoelke-Platz« hieß, wegen

»Der große Preis«. Um ihnen den Witz zu erklären, bräuchte man eine ganze Schulstunde.

Am Gagarin-Ring steht eine Gagarin-Büste. Das Hochhaus der *Thüringer Allgemeinen* mit schönem Portal, durch die Betonelemente vom Vordach wächst ein Baum, so lange steht das hier schon leer. An einem Imbiss fallen mir Betonformsteine mit halbkreisförmigen Höhlungen auf, die ich noch nie gesehen habe. Teile der Wand fehlen, an anderen Stellen hängt Dönerwerbung drüber. Mein Gott, sieht denn niemand, wie spektakulär so ein Bauwerk ist? Etwas, worauf man als Stadt stolz sein könnte? Erfurt ist die Hauptstadt der Betonformsteine, das hier ist die »Halbschale SE 2« von Hubert Schiefelbein, die ab 1970 gebaut wurde. Diese Steine sind vom Gestalter für Wohnungsbaukombinate, in dem Fall für das Erfurter, entworfen worden, und dann konnte sie jeder kaufen und verbauen. Deshalb weiß man nie, wo man sie noch findet, es gab sogar Lizenzen für die Sowjetunion.

Durch eine Lücke zwischen zwei Hochhäusern gelange ich auf einen großen Spielplatz, Abdrücke von Kinderfüßen im Asphalt, sicher so alt wie das Viertel. Ich fotografiere das quadratische Pflaster, mit einzelnen roten und blauen Pflastersteinen, das Muster kommt direkt aus meiner Kindheit. Die Halbschale ist hier für die Umgrenzung eines Grillplatzes verwendet worden, einem konstituierenden Ort der DDR-Gesellschaft. Vielleicht konnte man Grillen sogar als kulturelle Veranstaltung für den Wettbewerb der Hausgemeinschaften um eine »Goldene Hausnummer« abrechnen? Oder tue ich ihnen Unrecht, und das war früher eine Bühne für Laienspielaufführungen? Zwei Rentner wollen wissen, warum ich das fotografiere. Den Grund sage ich ihnen lieber nicht, nämlich, dass ich solch einen Stein gerne als Grabstein hätte. »Zu DDR-Zeiten war das sauberer hier«, sagen sie. Jeden Montag sei da wer gekommen. Und dass es nur noch ein Spielgerät gebe. Aber die Plattenbauten seien saniert besser. Die große, tiefer gelegene Fläche im Asphalt, das sei früher im Winter eine Eisbahn gewesen. Ob sie sich noch an den Puhdys-Bassisten Harry Jeske mit seinem goldenen Mercedes erinnern? Der war doch Erfurter?

Ein schmaler Durchgang, die Mohrengasse, führt von den Plattenbauten direkt in die Altstadt, mit dem Stadtmuseum, einem Renaissancebau. Ich liebe solche intensiven Gegensätze beim Spazieren. Ein paar Schritte weiter wohnt Christian in einem Altstadtplattenbau. In seiner gut geschnittenen Wohnung hat er die Tapete von den Wänden entfernt, der Beton wirkt plötzlich sehr apart, nur an der Decke hat er ein Rechteck Erfurt-Raufaser gelassen. An der Wand kamen auf dem rauen, porigen Beton die Bleistiftinschriften der Bauarbeiter zum Vorschein: »Westliche Leninstraße«, so hieß seine Straße also früher. Wir klären erst einmal unsere Haltung zur DDR, damit kein Verdacht aufkommt, wir würden etwas verharmlosen, dann darf man auch die positiven Dinge besprechen, er nennt das »den Gesslerhut grüßen«. Das eine ist, dass im Osten Altbauten angehackt wurden, damit es reinregnete und man sie abreißen konnte (»Ruinen schaffen ohne Waffen«), das andere, dass die »Innenstadtplatte« Fernheizung hatte, was natürlich auch umweltfreundlicher war. So muss man reden: immer beide Seiten der Medaille. Für die Küche hat er sich sogar ein paar originale DDR-Kacheln besorgt, mit diesem blauen, verwaschenen Dekor. Warum man, wenn man seine Plattenbauwohnung mit stilvollen Ostmöbeln ausstatte, als »Ostalgiker« gelte, der Vorwurf käme nur bei der DDR und wäre für andere Stilperioden absurd. Bei ihm besonders, da er als Pfarrerkind kein Abitur machen durfte, weil er nicht in der FDJ und bei den Pionieren war. Wegen der Pioniere hat er sogar noch geweint, deshalb nahmen ihn seine Eltern am Tag, als die anderen ihr Halstuch bekamen, nach Hermsdorf in den Intershop mit, damit er auch was Schönes hatte. Er kommt vom Dorf, da wurde einmal im Jahr ein Schwein von der LPG geschlachtet, man versuchte, autark zu sein. Das Schwein hat seine Schularbeiten gefressen und Cola getrunken. Er machte eine Tischlerlehre und konnte dadurch Theaterwissenschaften studieren. Keine schlechte Reihenfolge, viele Schauspieler und Autoren haben im Osten zunächst einen Beruf gelernt. In einer Anthologie mit 100 DDR-Gedichten waren unter den 59 Autoren neben einigen ehemaligen Germanistik- oder Psychologiestudenten Werbetexter, Tiefbauarbeiter, Handelskaufmann, Elektronikfacharbeiter, Hochfrequenztechniker, Kugelschreibermonteur, Dreher, Traktorist, Bauarbeiter, Dekorationsmaler und eine Blumenbinderin vertreten. Christian hat lange im Westen gearbeitet, wo er »zum Ossi geworden ist«. In Thüringen wurde er Redenschreiber für die Regierung, Ostbezüge und Ostformulierungen werden aus Reden rausgestrichen. Aber »Zukunft braucht Herkunft«, so würde er das als Redenschreiber formulieren. Die Westchefs, die es hier überall gebe (und diese Eliten reproduzierten sich), träfen den Ton der Leute nicht, auch bei den Reden der Politiker. Er hat dem Minister mal bei der Eröffnung eines neuen Gebäudes reingeschrieben, er solle *zuerst* die Bauarbeiter begrüßen und dann erst die Honoratioren. Das fand der klasse, auf die Idee wäre er nie gekommen, und die Bauarbeiter waren begeistert. Ich tappe selbst in die Falle, als ich »Wendeverlierer« sage. Das seien überhebliche Sprachbilder von heute, genau wie »im Westen angekommen«. Wer ist denn ein Gewinner? Wer sein Haus mit dem neuesten Gediegenheitsgerümpel ausgestattet hat und zweimal im Jahr in die Sonne fährt? Wir hätten eine Gesellschaft ohne die Herrschaft des Geldes erlebt, das sei kein Mangel, sondern eine Ressource, eigentlich ein Erziehungsziel. Es würde aber immer so hingestellt, als müssten wir lernen, uns zu vermarkten, warum? Mit dem Verdrängen der DDR-Erfahrung wolle man die Kritik an der Gegenwart verhindern. Er zeigt mir im Internet eine Karte mit der durchschnittlichen Milchleistung der Kühe in Deutschland. Die DDR ist noch deutlich zu sehen, denn dort gibt es viel höhere Erträge.

Wir wollen noch einmal ins Neubaugebiet, aber er führt mich erst zu einem magischen Ort in der Altstadt, einem Aquarium, das sich mitten zwischen Wohnhäusern befindet, auf einem Hof, in dem ein Brunnen plätschert. »*Das Aquarium Erfurt wurde als erstes Kulturobjekt der Stadt Erfurt von Kulturbundmitgliedern in den Jahren 1949 – 1967 in 100 000 Stunden ›NAW‹ errichtet.*« Also im Rahmen des Nationalen Aufbauwerks. »Bitte nicht an die Scheiben klopfen!«, steht in leuchtenden Buchstaben über der Tür. »Der König vom Amazonas«, dass solche Fische im Osten nicht heimlich gegessen wurden? Das Eingangstor mit Metallfischen kann noch nicht lange verschwunden sein, eine neue Tür wurde eingesetzt, aber die Aufsicht weiß von nichts. Christian wird dem nachgehen und sich beim Denkmalamt beschweren.

Wir fahren noch einmal in die Wohngebiete Nordhäuser Straße und Rieth, auf der Suche nach der »Kreuzkehre« von Hubert Schiefelbein, der Mona Lisa der Betonformsteine. Ich knipse einen alten Anhänger Klaufix, damit konnte man schnell was von einer Baustelle entwenden, sagt Christian. Er hatte ein Moped, jetzt hat er wieder eine Schwalbe. Allen ab 30 würde das ein Lächeln aufs Gesicht zaubern, wenn sie die Schwalbe knattern hörten. Er war aber nicht in der GST, wie so viele andere, um den Führerschein zu machen. »Gesellschaft für Schießen und Töten«, nannte es seine Mutter.

Freunde der Betonform sollten unbedingt nach Erfurt reisen. »Halbschale«, »X-Element«, »Falter«, »Erfurter Rad« finde ich und schließlich auch die »Kreuzkehre«. Vielleicht liegt es am Wetter, oder an meiner Verfassung – die Gegend macht auf mich einen freundlichen Eindruck. Ich bin immer wieder begeistert von den Wohnscheiben mit dem Farbmuster in Pastelltönen, das ich nur von hier kenne. War das Mawils Onkel? Man sieht auch, was für einen Unterschied es macht, wenn eine Wohnungsbaugesellschaft die Plattenbauten mit Feingefühl renoviert. Die Punkthochhäuser im Viertel Moskauer Platz haben schöne Farben bekommen, an einem taucht sinnigerweise ein Zwiebelturm als Motiv auf.

Es gab ja in der Stadtplanung immer diese thematischen Zusammenhänge, wie auch im Erfurter Zentrum, wo das Hotel »Kosmos« nicht zufällig am Juri-Gagarin-Ring stand. Heute heißt es »Radisson«, man hat den Reiz missachtet, der darin lag, dass gegenüber eine Gagarin-Büste steht. Das ist mir unverständlich, noch dazu klingt Hotel »Kosmos« viel toller. Warum verspielt eine Hotelkette solche Ressourcen an Sinn, wenn es gar nichts kosten würde? Christian hat sich aus dem Stadtarchiv Fotografien von Erfurt vor der Wende besorgt, man sieht, wie schön das Hotel früher aussah, allein der Schriftzug. Dass die Skulptur »Der Lesende« sich gegenüber der Bibliothek befindet, ist auch so eine Spur von Sinn. Unweit davon die »Kaffeetrinkerin« von 1982. War das damals eine Provokation? So kurz nach der Kaffeekrise um »Erichs Krönung«? Wurden da nicht »unerfüllbare Bedürfnisse« geweckt? An der Stelle des KuFZ, das ich nicht mehr gefunden habe, ist ein Einkaufszentrum gebaut worden, und man hat dem Investor den Kompromiss abgetrotzt, wieder eine runde Ecke einzuplanen, an die das Bild von Josep Renau angebracht werden soll. Das sind die feinen Unterschiede im Umgang mit der Vergangenheit, und das mache der Chef der KOWO, der aus dem Westen stamme, sehr gut. Im Rieth, das als zweites Erfurter Neubaugebiet von 1969 bis 1977 gebaut wurde, steht am Einkaufszentrum ein kühn gestalteter Uhrenturm aus Beton, mit einem Glockenspiel. Die Wendeltreppe ist als Fluchtweg für die benachbarte Vilnius-Passage gedacht. Ein Denkmal für die Zeit, leider bröckelt es schon. Die Besitzer der angrenzenden Gebäude streiten darum, wer die Renovierung zahlen soll.

Durch den »Schmidtstedter Verkehrsknoten«, einen spektakulären Irrgarten aus Fußgängerbrücke, Fluss, Wehr und Autotunnel, fahre ich auf dem Gagarin-Ring und dann am haushohen Gagarin-Bild vorbei, das die Wohnungsbaugesellschaft dort in Auftrag gegeben hat, zum Gelände der IGA (Internationale Gartenbauausstellung), das seit 1991 egapark heißt. Damals musste eben alles Neue Namen bekommen. »Der Aufbauhelfer« von Fritz Cremer wacht am Eingang, ein junger Mann mit Spitzhacke, Hemd und Schiebermütze. Auf dem Sockel steht: »*Der Erfurter Bevölkerung Dank, welche beim Aufbau der internationalen Gartenbauausstellung der sozialistischen Länder 1961 364 000 Stunden im Nationalen Aufbauwerk leistete.*« (Also vier Aquarien.) Mir gefallen die großen blau gekachelten Springbrunnen und die weißen Blumenschalen, die aus Stahl sind, wie ich beim Dagegenklopfen bemerke. Was ist eigentlich eine Gartenbauausstellung? Ich weiß es nicht, aber es gibt hier angeblich »Europas größtes ornamentales Blumenbeet«. Mich interessieren die neu gestrichenen Sitzbänke mehr, denn sie sind vom Typ der Linden-Bank von Fritz Kühn, die Unter den Linden in Berlin standen (von ihm stammt auch das A-Portal der Berliner Stadtbibliothek). Ein anderer Banktyp begeistert mich aber besonders, weil an zusätzliche Holzleisten als Kopfstütze gedacht wurde. Die zärtliche Geste eines Designers. Am runden Pavillon von 1974 gibt es viele Spielplätze. Zwei Kinder stehen auf einer kleinen Schiffsschaukel und rufen: »Überschlag! Überschlag!« Das schaffen sie aber zum Glück nicht. Alte Peitschenleuchten gucken wie immer liebevoll sorgend auf das Beleuchtete herab, hier einen »Bootscooter«, ob der im Sommer wirklich in Betrieb ist? Mit Wasser? Eine der vielen alten Skulpturen heißt »Schulkinder«. Zwei Jungen und ein Mädchen hocken im Sand und lösen eine Geometrieaufgabe. Ich werde meiner Tochter sagen, dass ich dafür als Kind Modell gestanden habe. Überhaupt hätten wir so unsere Freizeit verbracht. Sie glaubt mir sicher nicht, ich habe das schon zu oft bei irgendwelchen Skulpturen behauptet.

Gotha

Abends habe ich wieder eine Lesung, diesmal in der Stadtbibliothek von Gotha. Zusammen mit David Wagner lese ich aus »Drüben und drüben«. Wenn er etwas Spöttisches über die DDR sagt, stöhnt das Publikum, aber durchaus mitfühlend, als könne er wegen seiner Herkunft ja nichts dafür, so zu denken. Wir sollen das Ausleihexemplar von »Drüben und drüben« signieren. Ob ich reinschreibe: »Aber bitte keine Randglossen«? Ob den Witz in Gotha noch wer versteht? Hinterher spricht mich ein junger Mann an, wir würden uns kennen. Er sieht aus wie der Vater eines meiner Mitschüler, aber in Wirklichkeit ist er der Mitschüler! Wir sprechen den Rest des Abends über unsere Schule. Unser seltsamer Mathelehrer fällt uns ein, der beim Computerunterricht immer ankündigte, um welche Uhrzeit er den Stecker ziehen werde, was er auf die Sekunde pünktlich tat, auch wenn man sein mühsam eingetipptes Programm noch nicht abgespeichert hatte. Bei einer Klassenfahrt nach Polen habe er jungen Polinnen die Haarschleifen aufgezogen.

Auf dem Rückweg kommen wir am Kulturhaus vorbei, und ich husche schnell rein, um das Foyer zu sehen. Über der Treppe gibt es bunte Bleiglasscheiben, die Heizung hat eine schöne Metallverkleidung, als Deckenleuchten dienen Pressglaslampen, die aber in dieser Fülle etwas Prächtiges haben. Im großen Saal steht sogar eine Orgel. Ich erfahre, dass das ehemalige Kulturhaus »Johannes R. Becher« eine Art Trost für das in den 50ern völlig unnötigerweise abgerissene Theater war, das genau gegenüber stand. Am nächsten Tag lande ich im Antiquariat »Hannah Hoech«, angelockt von DDR-Postkarten im Ständer. Ein Plattenbau-FDGB-Heim »August Bebel« in Friedrichroda mit interessanter Fassade. Eine alte Karte mit Ansichten von Gotha, kein Mensch ist darauf zu sehen, aber das Neubaugebiet Gotha-West und ein ziemlich kahles »Hochhaus am Leninplatz«; auf so etwas war man damals stolz. Das sei die »Wermutsäule« gewesen, weil oben Werbung für den Gothaer Wermut stand, erfahre ich. »GOTANO«, fällt mir wieder ein. Ein Eintrag in der langen Liste von Likören und Schnäpsen, die es damals gab, das reichhaltigste Regal in der Kaufhalle, eine Art Heimatkunde in Alkohol. Die Lizenz für diese nachgedruckten Karten habe er teuer von »Bild und Heimat Reichenbach« erworben. Die Karte ist 1987 vom Eulenspiegel-Verlag zur »Nullexpressivsten Postkarte des Jahres 1987« gewählt worden. Gerade die ist mir aber aufgefallen. An der Stelle vom Hochhaus ist im Geburtsjahr des Buchhändlers das Theater abgerissen worden, sagt er mit bitterem Unterton. Dafür wurde dann zum Trost oder zum Hohn das Kulturhaus gebaut. Und wo das Hochhaus stand, gibt es inzwischen ein hässliches Textilkaufhaus, muss man ergänzen, als Geschenk der deutschen Einheit.

Ich kaufe einen Nachdruck von Elizabeth Shaw »Der kleine Angsthase«. Die Kinderbücher dieser genialen Irin, die in der DDR gelebt hat, kannte im Osten jedes Kind, und es schmerzt mich immer, dass sie es kaum in westdeutsche Buchhandlungen schaffen. Meine Kinder haben Glück, sie wachsen mit »Bettina bummelt« und »Bella Belchaud und ihre

Papageien« auf. Es gibt auch ein Dutzend herrlich illustrierter Bände mit Märchen aus aller Welt, die haben meine Eltern gesammelt, und ich habe sie missachtet, weil ich nur »Tim und Struppi« lesen wollte. »Das Kind und seine Umwelt«, VEB Verlag Volk und Gesundheit Berlin, 1975 für 1 Euro. Ich kaufe jetzt manchmal Bücher von damals über Säuglingspflege und Kindererziehung, um zu erfahren, wie ich erzogen worden bin. In einer Tabelle »Bitte vergleichen Sie!« hat der Vorbesitzer unter »Freier Raum für Notizen über Ihre Beobachtungen und für Fotos« Notizen zu seinem Kind eingetragen. »*9 Monate: sagte allein ›a, a‹ und war bei Groß sauber (Aufenthalt bei Oma)*«. Da hat die Oma wohl das Trockenwerden vorangetrieben. »*1 Jahr: Rückkehr nach Dresden, Rückfall, sagt nicht vorher ›a, a‹, manchmal macht er Groß ein.*« 1 Jahr ist natürlich ziemlich früh für solche Ansprüche. »*1 Jahr, 4 Monate: hilft schon bei kleinen Arbeiten im Haushalt (Aufwischen, Einstapeln von Kohle, Wäsche)*«. Bei uns haben die Kleinkinder also schon mit 16 Monaten Kohlen gestapelt? Das passt natürlich ins Bild. Der Buchhändler legt Nick Cave auf, ich sehe, dass der Name der Buchhandlung nicht zufällig gewählt ist, es gibt ein ganzes Regal mit Dada und Hannah Hoech. Ein Kunde kommt herein, man kennt sich mit Namen. Das Regal Reiseberichte aus Afrika, eine heimliche Leidenschaft? Wie lange wird es solche Orte des Trosts noch geben?

In einem Oma-Café esse ich Oma-Pflaumenkuchen und sinniere über diesen äußerst resistenten Spitzendeckchengeschmack in Altrosa. Das Schlimme ist, dass der, wenn er ausstirbt, durch Cindy-aus-Marzahn-Ästhetik ersetzt werden wird. Das Café ist nach der Wende auf schick renoviert worden und sieht aus wie ein Möbel-Höffner-Vorführraum. Aber auf der Toilette finde ich einen verräterischen schwarzen Türgriff. Den hat Wolfgang Dyroff gestaltet, der unser Leben mitbestimmt hat, denn von ihm stammten die multimax-Bohrmaschine, der Omega-Staubsauger, der Trabant-Türgriff, die Schlüssel zu den Hellerau-Schränken meiner Eltern und vor allem das »System 80«, also die Lichtschalter und Steckdosen, die jeder aus den Neubauwohnungen kennt und die man immer noch überall im Land sieht. Ich bin ja der Meinung, wer jeden Tag eine gut gestaltete Türklinke berührt, wird dadurch ein besserer Mensch. Form ist Ethik. Man sollte also seine Kinder in Gotha unbedingt auf die Toilette dieses Cafés schicken (wenn sie schon trocken sind). Oder eben Kohlen stapeln lassen.

Probstzella

Steil geht es hoch in den Thüringer Wald, immer nur Kurven. Porzellanmanufakturen, Technikmuseen, in den Gärten Osterschmuck. Die rundum mit grauem Schiefer verkleideten Häuser, manchmal sind Motive eingearbeitet worden, eine Mühle oder ein Tier. Abends komme ich durch Probstzella, wo früher ein Grenzbahnhof nach Bayern war. Eigentlich will ich noch zwei Stunden fahren, aber dann lese ich einen Hinweis auf das »Haus des Volkes« und erinnere mich, dass ich das vom ICE aus immer gesehen habe, auf der quälenden Strecke zwischen Jena und Lichtenfels, wenn einem schlecht ist von der Neigetechnik und der Zug die Berge hochschleicht und schließlich in Probstzella hält. Das »Haus des Volkes« hat einen großen Garten mit einem interessanten Ausschank-Kiosk, eine Wandfläche ist golden gestrichen, in schönem Gegensatz dazu der DDR-Plastewasserhahn. RSL2-Leuchten im markanten Bauhaus-Rot-Weiß-Schwarz, auch ein Trafo-kasten ist so gestrichen, denn das Haus ist ein »Bauhaus-Hotel«. Es gibt ja im Moment im Land diese Mode, Trafo-häuschen mit gepaintbrushten, hyperrealistischen Kitschmotiven zu tarnen, davon hebt sich das hier angenehm ab. Und wo eine Kurmuschel ist, muss ich natürlich eigentlich übernachten. Ich schleiche in den »Roten Saal« mit Empore, die Holztreppe zur Bühne knarrt, gleich muss ich meine Abi-Abschlussrede halten (die hat damals eine Schülerin gehalten, die mir bis dahin nie aufgefallen war, und als Erstes bedankte sie sich bei den Lehrern, was ich unfassbar verlogen fand. Seitdem halte ich manchmal meine eigene Rede, wenn ich nicht einschlafen kann). Vom Türgriff bis zur Schrift an den Wänden ist das Haus einheitlich gestaltet worden. Es gibt einen »Raum zum Stillen und Insulinspritzen«, ein Hinweis auf unser Demografieproblem. Da ich heute der einzige Interessent bin, fällt es mir schwer, nicht eine Nacht zu bleiben. Sie schließen mir die Räume der Ausstellung über Franz Itting auf, den Erbauer des Hauses, dessen Schicksal mich an das meines Großvaters erinnert. Weil er als alter SPDler aus der SED ausgeschlossen worden ist, hatte die Familie spätestens seit 1948 mit der DDR abgeschlossen, nicht erst wegen Biermann, Prager Frühling, Mauerbau oder 17. Juni. Für meine Eltern ist alles, was danach kam, nur vor dem Hintergrund des Stalinismus zu verstehen. Tatsächlich kann man ja einen Zusammenhang zwischen der Erosion der Macht in den 80ern, an die ich mich erinnere, und dem immer stärkeren Ausbau des Staatssicherheitsdienstes sehen.

Der Industriepionier Itting ist ein Junge aus einfachen Verhältnissen, Jahrgang 1875. Er interessiert sich für die aufstrebende Technik seiner Zeit, die Elektrotechnik. Die Elektrifizierung des Landes soll die Menschen verbinden und paradiesische Zustände bringen. Schon vor dem Ersten Weltkrieg sorgt er mit seiner Fabrik für die Elektrifizierung eines großen Gebietes um Probstzella. Dafür muss er jede Gemeinde persönlich besuchen, einmal schläft er auf einem Billardtisch, weil das bequemer als das Bett ist. Die Bauern haben Vorbehalte gegen die Leitungen und Strommasten. Die einen argwöhnen, dass die Leitungen »atmosphärische Elektrizität aufsaugen« und es kein Gewitter mehr gebe, die anderen fürchten Unwetter, Erdbeben, Hagel und Missernten. (Das erinnert mich an die Aussage eines alten Bauern auf dem Dorf, die vielen Hochwasser in unseren Tagen kämen »von die Windräder und Asseliten«.) Als überzeugter Sozialdemokrat lässt Itting ein »Haus des Volkes« mit Massageräumen, Kegelbahn, Festsaal, Turnhalle, Restaurant, Sauna bauen. Vieles davon kann umsonst benutzt werden. Und das Unglaublichste: Er will das Haus im modernsten Stil seiner Zeit errichten und engagiert den 28-jährigen Bauhäusler Alfred Arndt, der die Farbgestaltung und die Architektur überarbeitet, der ursprüngliche Architekt wird abgefunden. So entsteht ein Leuchtturm in der Provinz, eine Insel für die Seele. Es wird Salat fürs Restaurant gezogen, mit den Küchenabfällen füttert man die Hühner, geheizt wird mit Abwärme aus dem E-Werk. Selbst die Inflation übersteht der Betrieb ohne Entlassungen, weil die Mitarbeiter zusammenhalten. Von den Nazis wird er als Marxist *und* Kapitalist angefeindet, kommt in »Schutzhaft«, wofür er dann anschließend Verpflegungsgeld zahlen muss, mehrmals wird er eingesperrt, zuletzt in Buchenwald. Das Haus des Volkes muss umbenannt werden. Trotzdem glaubt er weiter an die Menschen. Aber nach dem Krieg kommt die Zwangsvereinigung von SPD und KPD, die SPDler werden diskriminiert. Er wird von den SED-Verbrechern der ersten Stunde – darunter ein Staatsanwalt, der vorher ein Nazi war – verfolgt und mit seinem Sohn über ein Jahr ins Gefängnis gesteckt. Enteignung, natürlich »freiwillig«. Er hätte gar nichts dagegen gehabt, den Betrieb in Volkseigentum zu überführen, aber er wollte nicht mit Kriegsverbrechern gleichgestellt werden, denn das waren die Anschuldigungen, er habe am Krieg profitiert und sei Nazi gewesen. Er darf nicht mehr in den Ort zurück, muss in den Westen fliehen und baut unweit von Probstzella, jenseits der Grenze mit über 70 Jahren noch einmal eine Fabrik auf. Mit 91 Jahren stirbt er, den Tod seiner ersten Frau und großen Liebe im Ersten Weltkrieg, den Tod eines Sohns im Zweiten Weltkrieg und den Unfalltod eines anderen Sohnes hat er nebenbei auch noch wegstecken müssen.

Es blutet einem das Herz, wenn man liest, dass solch ein progressiver Ingenieur und Unternehmer aus der DDR vergrault wurde, und das betraf damals ja sehr viele. Auch die Bauhausästhetik ist bald als Formalismus angegriffen worden. Ein Gestalter konnte für Jahre seine Arbeit verlieren für eine elegante, zylindrische Vase, mit dem Argument, dass »unsere Werktätigen« so etwas Schmuckloses nicht wollten. Das wollen die meisten in der Tat auch heute noch nicht, Form ist immer Pionierarbeit.

Das Haus des Volkes ist 2003 von einem Medizintechnik-Unternehmer aus dem Ort gekauft und im Originalstil eingerichtet worden. Man muss nicht denken, dass das Haus im Ort sehr beliebt sei, für viele sieht es wegen seiner Ästhetik und der Abwesenheit von Gemütskitsch nach Bahnhofshalle aus. Durch die großen Fenster im Essenssaal blickt man über den Bahnhof in den Wald, wo die Grenze verlief und heute das »Grüne Band«. Auf dem Bahnhofsgelände steht noch ein Haufen Mauersegmente. Ein guter Ort, um über die schöne, aber für die damalige Zeit nicht untypische Verbindung von technischem Pioniergeist, Unternehmertum, Philanthropie, Sozialdemokratie, Form- und Körperbewusstsein zu meditieren und darüber, welche Chance in der DDR schon bei ihrer Gründung durch das Machtdenken und die Borniertheit vieler SED-Kader verspielt wurde. (Mehr dazu in: Roman Grafe: »Mehr Licht. Das Lebenswerk des ›Roten Itting‹«, Halle (Saale) 2012)

Um halb 8 finde ich im Ort noch eine Gaststube, in der ich gefragt werde: »Was möchten Sie essen?«

»Was gibt es denn?«

»Na, ich kann ihnen ein Schnitzel mit Bratkartoffeln machen.« Dann kommt die Dame noch mal wieder: »Soll ich ihnen ein paar Champignons dazu machen?«

Manche behaupten ja, die Teller würden in den Gaststätten immer kleiner, hier ist das nicht der Fall. Ich lese die Zeitung, jemand schreibt, die Angst vor den Wölfen sei übertrieben, in Australien würden winzige giftige Spinnen in den Briefkästen wohnen. Und auch in Erfurt wird ein Straßenbauvorhaben von der Hufeisennase behindert. Tapfere kleine Tiere, haltet durch!

Mödlareuth

Im vogtländischen Mödlareuth steht neben dem Parkplatz ein T34, der »*nachweisbar an der Besetzung und Befreiung Sachsens und Thüringens durch die Rote Armee beteiligt war*«. 1969 überließ ihn die NVA dem Haus der Jungen Pioniere in Pößneck als »*sichtbares Zeichen der deutsch-sowjetischen Freundschaft*«. Eine Frau will ihren Mann vor diesem Hintergrund fotografieren: »Setz dich mal drauf, wie Münchhausen.« Wie Münchhausen? Ach so, die Kanonenkugel ... Er erklärt ihr die Technik, sie interessiert das kein bisschen. »Sieht aber nicht so gut verarbeitet aus«, sagt sie. »Das ist russisch, das ist aus einem Stück.« Ivan Lokomofeilow fällt mir ein, der eine Lokomotive aus einem Stück gefeilt hat. Er deutet auf den weißen Wachturm: »Die Dinger haben im Wind geschwankt, wenn de runtergelugt hast, durch die Schießscharten.« Also ein ehemaliger Grenzer, der sich das noch mal ansehen will. Der Ackerboden ist hier voller Schieferstücke. In den kleinen Ortschaften, durch die ich gekommen bin, waren die Häuser auch rundherum mit grauem Schiefer verkleidet.

Mödlareuth wurde Klein Berlin genannt, weil mitten durch das Dorf mit 50 Einwohnern die Grenze verlief. Ein Stück von den Grenzanlagen, die viel mehr waren als eine einfache Mauer, ist noch erhalten und kann besichtigt werden: Suchscheinwerfer, Beobachtungsbunker, Hundelaufanlage, Straßensperre »Igel« und Straßensperre »Jumbo«. Das Fachwissen über ihren Aufbau brauche ich hoffentlich nie wieder. Ich steige in einen Beobachtungsturm von 1974, man kommt über eine Metallleiter hoch. Die Hände riechen danach wie von den Klettergerüsten auf dem Spielplatz. Oben liegt noch das alte Linoleum. Acht Stunden Wache bis zur Ablösung, ohne Toilette – ob sie durch die Luken gepinkelt haben? Oder sind sie doch heimlich runtergestiegen? Wie langsam Zeit vergehen kann, lernt man beim Wachdienst. Ich habe dabei einmal mit dem Kopf gegen eine Wand gelehnt zu schlafen versucht. Angeblich haben die Amerikaner an der Grenze Leinwände aufgebaut und den Grenzern freizügige Filme gezeigt.

Ich gerate in eine Führung für Rentner. Wie ist das eigentlich rechtlich, darf man mit einer Führung mitlaufen, für die man nicht bezahlt hat? Es kann einem ja nicht verboten werden, sich gleichzeitig dort aufzuhalten? Ein Mann, der aus der Gegend stammt, erzählt sehr anschaulich. Ich mache eigentlich nichts anderes: Nachgeborene oder andere Interessenten für eine symbolische Summe durch mein Leben führen. Heute gebe es keine Probleme zwischen den Ortsteilen, sagt er, aber im Osten werde immer noch die *OTZ* (*Ostthüringer Zeitung*) gelesen, im Westteil der *Hofer Anzeiger*. Beim Telefonieren führt man ein Ferngespräch. Es gibt hier übrigens ein Funkloch, das Handy geht nicht. Oder haben die Russen im Wald noch einen Störsender versteckt? Für möglich würde man es halten. Er stammt aus einem Ort 3 Kilometer weiter und durfte zum ersten Mal nach der Wende nach Mödlareuth. Seine Oma sagte immer: »Geh nicht zu nah an die Grenze, nicht dass sie uns umsiedeln!« Es gab mehrmals Zwangsumsiedlungen, eine dieser Aktionen hieß »Ungeziefer«. Wenn jemand ohne Erben starb, wurde das Haus abgerissen, es konnte ja als Versteck für Flüchtlinge dienen. Sein Opa hatte drei Sparbücher, eins für die Beerdigung, eins für den Hausabriss und eins für Sonstiges. Eine japanisch-indische Schülergruppe überholt uns, der Ort dürfte inzwischen von seiner Geschichte leben. Ob das immer so schön ist, jeden Tag diese Reisebusse? Die Verwandten konnten damals sehen, ob der andere abends noch fernsah. Aber sie durften nicht über die Grenze rufen oder winken. Als Rentner durfte man ja in den Westen, man fuhr dann aus dem einen Teil Mödlareuths über Plauen und Hof, wo man vielleicht mit dem Auto abgeholt wurde, und war nach acht Stunden im Ortsteil gegenüber.

Es gibt eine große Fahrzeugausstellung mit SIL, GAZ, URAL, gigantischen russischen Militär-LKWs, die teilweise 100 Liter auf 100 Kilometer verbrauchten. Leider hat mich das bei der Armee überhaupt nicht interessiert, sonst hätte ich mich vielleicht weniger gelangweilt. Und jetzt versuche ich mir zu merken, in welcher Stadt die LKWs hergestellt wurden und was die Abkürzungen bedeuten. In einem Film sieht man, wie 1989 die Mauer durch den Ort ein Loch bekommt, durch das eine Schalmeien-Kapelle marschiert: »Ja mir san mit 'm Radl da«. Es wird angestoßen, die Ostler sind an ihren russischen Pelzmützen zu erkennen, das ist heute oft immer noch so.

In einer Ausstellung über die Ungarnflüchtlinge liegt ein Plakat für das Paneuropäische Picknick am 19.8.1989 in Sopron. Ich weiß, dass mein Schulfreund, den ich in Gotha wiedergetroffen habe, mir damals erzählt hatte, dass er dorthin trampen und teilnehmen wollte. Wie absurd ich es fand, dass noch jemand Otto von Habsburg hieß. Ich war zu dem Zeitpunkt mit einer Wandergruppe in den rumänischen Bergen. Wir wussten nichts von der Fluchtwelle, und ich wäre nicht spontan abgehauen, ich wollte unbedingt zur Rückkehr-von-der-Armee-Party eines Berliner Freundes, Ende August in der Lychener Straße, aber wir sind zu langsam gewandert. Mein Freund schwärmt immer noch von dieser Party, nach der er aufgeschürfte Knie und eine gebrochene Nase hatte.

Am Dorf-Informationskasten hängt eine Bekanntmachung: »*Widerspruch gegen Fortgeltung der Darstellung von Vorhaben, die der Erforschung, Entwicklung oder Nutzung der Windenergie dienen, im gemeindlichen Flächennutzungsplan für die Zwecke der Anschluß- bzw. Konzentrationswirkung im Sinne des § 35 Abs. 3 Satz Baugesetzbuch.*« Die Deutschen brauchen keine Grenzanlagen mehr, sie haben ja ihre Sprache. Auf der Ostseite liest man: »*Satzung der Thüringer Tierseuchenkasse über die Erhebung von Tierseuchenkassenbeiträgen für das Jahr 2015*«. So sehen die Themen heute aus. Aus komplizierten psychologischen Gründen fühle ich mich im Ostteil von Mödlareuth etwas heimischer und esse im Restaurant »Grenzgänger« Roulade mit Klößen.

Morgenröthe-Rautenkranz

Schon das Ortsschild in Morgenröthe-Rautenkranz wirbt mit dem Hinweis »Geburtsort des ersten deutschen Fliegerkosmonauten«. Beim Bäcker gibt es ein »Space-Café«. Vor der Deutschen Raumfahrtausstellung lockt ein Kinderspielplatz mit einem Space Shuttle. Daneben steht die von Sigmund Jähn geflogene Mig 21, die auch erstaunlich spielzeughaft wirkt für ein Jagdflugzeug, der Rumpf sieht von hinten aus wie ein Blechfass. Die sehr schöne Ausstellung präsentiert gleichberechtigt amerikanische und russische Raumfahrt, aber mich interessiert die russische mehr, weil es mir immer noch unbegreiflich ist, wie sie es mit ihrer Auffassung von Technik in den Weltraum geschafft haben. Russische Geräte funktionierten zwar unter extremsten Umweltbedingungen, aber um Präzision ging es ihnen nie. Dafür konnte man unter dem Motor ein Feuer entzünden, wenn er im Winter nicht ansprang. Die damalige Generation tröstete sich: Wir haben zwar kein Brot, aber wir sind die Ersten im Kosmos.

Sympathisch ist mir, dass Gagarin einen richtigen Beruf gelernt hat, bevor er Kosmonaut wurde, er war diplomierter Gießereitechniker. Die russische Raumfahrtnahrung sieht nicht anders verpackt aus, als man es aus den dortigen Lebensmittelgeschäften kannte. Worum es sich handelte, erschloss sich meistens erst beim Essen, oftmals nicht mal dann. Eine Tüte mit Zahnpflegeläppchen ist immerhin liebenswerterweise mit einem Krokodil und einem Spatzen bedruckt, das erklärt sich von selbst. Man kann aber auch in einer Vitrine einen westlichen Corny bewundern: »*Seit vielen Jahren sind Müsli-Riegel die ideale Nahrungsergänzung im All.*« Bei meinen Rundfahrten mit dem Auto sind sie sogar ein Hauptnahrungsmittel. Was alles auf Raumfahrttechnik zurückgeht, kann man hier sehen: Akkuschrauber, Barcode, Knopfzellen, Rauchmelder, Sekundenkleber, Carbon-Skistöcke, Klettverschluss – was wäre die Welt ohne diese Dinge? Mir gefällt das Nebeneinander von Mülleimer in Raketengestalt und Sputnik. Eine russische Sputnik-Spieluhr, warum hat mir mein russischer Brieffreund damals nicht so etwas geschickt? Statt einem Damespiel mit Matroschkafiguren?

Viele Szenen aus dem Raumfahrerleben sind von Vereinsmitgliedern liebevoll als Modell nachgebaut worden: »Der erste Mensch in den Weiten des Weltalls« – man spürt sofort, wie einsam er sich gefühlt haben muss. Sigmund Jähns Landekapsel in der kasachischen Steppe – was hat er danach mit Kreide an die Kapsel geschrieben? Das sowjetische Interkosmos-Programm, dem er seinen Raumflug verdankte und an dem Raumfahrer der befreundeten Nationen teilgenommen haben, stellt in Auswahl und Reihenfolge der Flugpartner eine subtile Hierarchie dar, ein Abbild der damaligen diplomatischen Interessen der Sowjetunion: Zuerst ein Tscheche und ein Pole, beide Länder machten notorisch Probleme und brauchten etwas Zuwendung, dann kam aber schon ein Ostdeutscher, was ziemlich erstaunlich ist, denn die handzahmen Bulgaren mussten noch warten. Dann ein Ungar, 1956 lag weit zurück, und der Kádár-Kommunismus hatte das Land zunächst einmal ruhiggestellt. Die Länder der Dritten Welt, Vietnamese, Kubaner, Mongole, erst jetzt ein Rumäne, was für eine Demütigung! Und schließlich Frankreich, das offenbar für seine Sonderrolle unter den kapitalistischen Staaten gewürdigt wurde, Indien, Syrien und Afghanistan. Die Doku »Fliegerkosmonauten« porträtiert zehn dieser Raumfahrer und zeigt, was sie heute machen. Der Tscheche wollte eigentlich Zierfischhändler werden, der Mongole fragt sich, woher seine fernen Vorfahren in ihren Liedern schon wussten, dass die Erde blau ist, und der Rumäne wurde als Einziger nicht als Held verehrt, weil die Ceaușescus keine Helden neben sich duldeten.

Eine Sonderausstellung zeigt Raumfahrt im Kinderzimmer: Ernie und Bert in Skaphandern, für die ich damals hundert russische Plastepuppen eingetauscht hätte. Im Museumsshop entdecke ich zwischen allerhand Weltraumkitsch Restbestände von originalen DDR-Aufklebern, von »KOSMOSHELDEN KLASSENBRÜDER« kaufe ich sogar den letzten. Dann esse ich im »Space-Café« ein Brötchen mit Schnitzel, der rote Ketchup tropft auf mein Hemd, ein schlechtes Omen? Sie bieten auch »weltraumtaugliches Voll-kornbrot« an, in einer runden Büchse. Allerdings hält es sich nur noch fünf Monate, spätestens dann muss ich meinen Raumflug antreten, wenn ich es nicht umsonst gekauft haben will. Aber wird es je dazu kommen? Früher schien mir das Erlernen der russischen Sprache, um die Bedienungsanleitung des Raumschiffs und die Aufschriften auf den Knopf- und Schalterleisten zu verstehen, ein größeres Hindernis als das Gravitationsfeld der Erde. Heute, wo ich nach intensivem Nachsitzen halbwegs Russisch verstehe, ist es vor allem eine Zeitfrage.

Die Nacht verbringe ich in Jocketa, an der Talsperre Pöhl, wo wir mit der Familie 20-mal Urlaub gemacht haben, immer im selben Ferienheim. Heute ist die Villa vermietet, ich traue mich zwar zu klingeln, aber die Bewohner lassen mich nicht rein, nicht mal in den Garten. Ich müsse erst den Vermieter fragen. Ich starre das Haus an und fühle nichts als Verlust. Hunderte Stunden Tischtennis im Keller mit Brause aus Bad Brambach, Rommé im Clubraum und Sommerabende auf der Hollywoodschaukel, während es Sternschnuppen regnete, die Perseiden. Auch die Gaststätte »Vogtländische Schweiz« ist abgerissen, kein Polyplay mehr. Im Nachbarort verfiel das Herrenhaus von Jahr zu Jahr mehr, meine Eltern litten immer mit. Es ist fast nur noch eine Ruine. Im Wald steht aber noch die alte Raubritterburg. Ein Schild warnt: »Zutritt verboten, Einsturzgefahr. GeoCash befindet sich nicht in der Ruine!!! Vielen Dank – Ihr Vogtl. Volksmusikverein ›De Gockeschen‹ e. V.« Der Blick von der Betonschanze der Talsperre, das romantische Ineinander von sachlichem Beton und wildem Fels. »Talsperre Pöhl. Erbaut vom VE Spezialbaukombinat Wasserbau Weimar Betriebsstelle Talsperrenbau 1958–1964«, informiert ein Schild. Das alte Dorf Pöhl liegt am Grund des Wassers, in Trockenperioden, wenn der Wasserspiegel fällt, tauchen die Mauern der Häuser wieder auf. Seine Heimat zu verlieren, davon gibt es viele Varianten.

Ich gehe zur Elstertalbrücke, der zweitgrößten Backsteinbogenbrücke der Welt (nach der Göltzschtalbrücke). Da fuhr ich damals bäuchlings auf dem Schlitten rüber, mit den Armen zog ich mich am Geländer weiter. Die bedrohlichen Schlünde neben den Pfeilern. Oben fährt ein Zug über die Brücke. Sie ist ab 1856 gebaut worden, für die Gerüste hat man die umliegenden Wälder abgeholzt. Am 16.4.1945 hat die Wehrmacht den mittleren Pfeiler gesprengt, eine Zeit lang mussten die Reisenden das Tal zu Fuß durchqueren. Plötzlich taucht jenseits der Absperrung eine Gestalt auf – ein Trauma meiner Kindheit, dort am Abgrund zu stehen, aber diesem Jugendlichen scheint das nichts auszumachen, er spaziert einfach über das schmale Mauerstück. Er ist den Abhang hochgeklettert und dann auf der Brücke weitergelaufen, sagt er. Ich hätte bei so etwas Angst vor einem plötzlichen Erdbeben.

Früher gab es im Ort ein Dutzend Ferienheime und Unterkünfte, jetzt nur noch den Landgasthof »Alt-Jocketa«, die junge Bedienung weiß nichts mehr darüber, dass der frühere Besitzer des Hauses Richard Wagner hieß. Aber über dieses Holzschild »Di e dos itzendi esit zenim merdo« habe ich doch schon damals gerätselt? Im Flur hängen Fotos vom Bau der Talsperre 1960 bis 1962 und vom später gefluteten Pöhl. »Achdung: bei hochgegladschden Haubdschaldor is Briehe of dor Schnure, ne neidadschn mid de Griffeln is gefährlich wie de Sau. Machd gleen und runzlisch«, steht an einer Tür. Schöner sind die alten Holzbalken unter der Decke, auf denen immer noch zu lesen ist: »De Baamer su grü und de Wiesen su bunt und de Junge su darb und de Maadle su rund«. Sie haben noch eine alte Schaukel und ein Bogenklettergerüst hinter dem Haus. Wegen Versicherung und TÜV seien die im öffentlichen Bereich zu teuer. »Aber wir sind damit groß geworden.«

Chemnitz

Um 16 Uhr komme ich am Chemnitzer Küchwald an, eine
Stunde bleibt mir noch, um mir einen alten Traum zu erfül-
len: das Kosmonautenzentrum zu besuchen. Ich steige über
die Gleise der Pioniereisenbahn und gehe auf das Gebäude
zu, dessen Dach eine silberne Rakete ziert. Der Sozialismus
hat ja die christliche Verheißung durch die Vorstellung von
einer gerechten Gesellschaft ersetzt, die es, von den Klassi-
kern wissenschaftlich bewiesen, in der Zukunft geben würde.
Im Kosmos konnte man sozusagen schon in der Gegenwart
in die Zukunft reisen, Science-Fiction-Literatur war äußerst
populär, manchmal versteckten sich in der Beschreibung seltsamer Zustände auf anderen Planeten sogar Ansätze von
Gesellschaftskritik. Das überaus präsente Bildprogramm der
Kosmonautik hatte den Vorteil maximaler Wissenschaftlich-
keit und Technikeuphorie in Verbindung mit quasireligiösen,
metaphysischen Inhalten, wie einer extremen Überhöhung
des modernen Menschen, vor allem in Gestalt von Gagarin,
der als eine Art Ersatz-Jesus bereit war, sein Leben für die
Menschheit zu opfern (was er in der Erzählung von seinem
Tod dann auch tat). Ich glaube nicht, dass die Kosmonautik
in der DDR so populär war wie in der Sowjetunion, aber man
war ungeheuer stolz auf den ersten Deutschen im All und auf
die Multispektralkamera vom VEB Carl-Zeiss Jena, mit der
man, gerüchteweise, durch Kleidung gucken konnte. Die
Chance, Raumfahrer zu werden, war sehr gering, aber darauf
einstimmen konnten sich Kinder in Kosmonautenzentren
nach russischem Vorbild. Im ehemaligen Pionierpalast (heute
FEZ) in Berlin heißt das Zentrum jetzt aus unerfindlichen
Gründen »orbitall«, das in Chemnitz heißt aber immer noch
Kosmonautenzentrum »Sigmund Jähn«. Es stammt von 1964
und ist als Einziges vom Konzept her »von Kindern für Kin-

der«, das bedeutet die Kinder werden von Kindern angeleitet. Es gibt dort eine rührende Sammlung von selbst gebastelten Raumschiffen (die Apollo-Sojus-Kopplung von 1975!), man muss Reaktionstests bestehen und einen Schleudersitz besteigen; Gerätschaften, die noch von früher stammen und herrlich Patina angesetzt haben. Hat man die Ausbildung hinter sich, folgt ein Flug im Cockpit eines Raumschiffs, das sich – eine Besonderheit, wie mir versichert wird – als einziges Cockpit eines Kosmonautenzentrums direkt unter einer 35 Meter hohen Rakete befindet (auf der seit der Renovierung nicht mehr »V. Pioniertreffen« steht). Ein Junge in Kosmonautenmontur führt mir einen »kosmischen« und einen »irdischen« Hammer vor (ein Rückstoßexperiment), der Bordarzt misst meinen Puls. Dass der Flug noch von einem Z9001-Heimcomputer gesteuert wird, an dem ich schon in der Schule BASIC gelernt habe, freut mich, und die russischen Essentuben mit einem Apfelsinen-Moosbeeren-Getränk und Quark sind sogar noch älter, aber, wie mir die jugendliche Besatzung erläutert, die würden ja nicht schlecht. »Wollt ihr denn auch Kosmonauten werden?«, frage ich den Bordingenieur. »Ich könnt mir's vorstellen, wenn mir keine andere Berufswahl zur Verfügung steht.«

Am Abend erwarten mich Jan und Beate in ihrer Wohnung, einer Etage in einer früheren Strumpfveredelungsfabrik. Wir essen Nudeln und amüsieren uns über einen Katalog aus den 70er-Jahren, vom zentralen Handelsunternehmen »konsument«, einer DDR-Warenhauskette. Genauso intensiv wie früher einen geschmuggelten Otto-Katalog studiere ich jetzt die alte DDR-Werbung. Ein Blick in eine völlig fremde Welt, die aber mal die eigene war. Ich wusste bisher gar nicht, dass es im Osten überhaupt Versandhauskataloge gab. Anfang der 70er hat man das Honecker-Tauwetter wohl überschätzt und Produktnamen wie »Heino« und »Trier« eingeführt, wofür bei »konsument« Köpfe rollten. Für Nachgeborene werden sich die östlichen und westlichen Kataloge nur unwesentlich unterscheiden, da die Models aus der Vergangenheit generell so komisch wirken, und der östlichen Kunstfaserkleidung fehlte es nicht an psychedelischer Buntheit. Aber damals hatte man den Eindruck, in verschiedenen Erdzeitaltern zu leben. Wunderschöne Tableaus wurden hier inszeniert, Frauen in Dederon-Schürzen, die einen macht das älter, die anderen nicht wirklich jünger – ich glaube, ich hatte die alle als Hortnerinnen –, man guckt sich interessiert in den Topf, eine hält ein Ei bereit und eine einen Salzstreuer. Was sie wohl vorhaben? Wie Frauen so sind! Der Mann sitzt dagegen nachdenklich auf seinem Angelhocker vor einem Grill und wendet einen Broiler. Ein Paar in blauen Trainingsanzügen, die nicht mal unsere Sportlehrer getragen hätten, aber auf die Germina-Schuhe wäre ich inzwischen wieder scharf. Die Werkenschürze mit den aufgedruckten Werkzeugen (wie sinnig!) hatte ich auch, leider gibt es in Deutschland keinen verbindlichen Werkunterricht mehr. Rätsel gibt der Geschirrspülautomat GA 4 auf. Mir fällt vielleicht mit viel Grübeln jemand ein, der vor '89 einen Videorekorder hatte, aber ein Geschirrspülautomat? Und noch dazu aus »eigener Produktion«? Jan zeigt mir eine russische elektrische Zahnbürste, auch so etwas kannte ich nicht. Ihr Nachbar hatte einen Russen auf Arbeit, der behandelte seine Zahnschmerzen mit einer Autobatterie.

Heute ist Jan Künstler, aber im Osten war er Musiker in einer Elektronik-Dada-Band, die fast den Techno erfunden hätte, sich aber als Kunstperformance verstand und lieber Rhythmen zum Stolpern spielte, die verschrobenen Texte konnten wir als Schüler auswendig. Er arbeitete nebenbei am Theater, da traf man viele, die »unterm Radar« lebten. Ein Bandmitglied war offiziell Schriftenmaler bei der TU. »Ja, das kann ich Ihnen machen, wird aber ein paar Tage dauern«, habe er immer gesagt. Der habe nachts zu Hause gearbeitet und auf der Arbeit auf zusammengeschobenen Sesseln geschlafen und seine Chefin darauf abgerichtet, nicht vor 3 Uhr zu klopfen. Beliebt als Arbeit waren Essen austragen für Rentner und Zähler ablesen.

Wir reden über kuriose DDR-Erlebnisse. Jan hat mal eine Wohnung gesehen, bei der eine Familie die Wand durchgebrochen hatte, Mauern setzte und sich so ein Kinderzimmer schuf, das ins Nebenhaus reichte. Er kommt aus dem Neubau, Fritz-Heckert-Viertel in Chemnitz, da gab es keine Verwahrlosung, das waren alles junge Eltern mit vielen Kindern. Die Zeiten haben sich geändert, sie erzählen von einem Kindergeburtstag, bei dem sich die Kinder tätowieren lassen konnten. (Von einem Schulfreund, dessen Großvater Fritz Heckert war, wisse er übrigens, dass das kein sympathischer Mensch gewesen sei. Der habe immer gesprochen wie vor Massen, auch wenn er nur zwei Zuhörer hatte.) Irgendwann in den 80ern wurde über eine Gemeinschaftsantenne offiziell Westfernsehen eingespeist, um den Wildwuchs von Antennen auf den Dächern zu bekämpfen. Als es hieß, es müsse dafür zwischen zwei Häusern ein Graben für die Kabel gebuddelt werden, sei das ein Bild wie beim Klondike-Goldrausch gewesen, jeder Vater sei erschienen und habe mitgegraben. Nur ein Überzeugter im Haus, der als junger Mann schon bei der »Lieber Bürger, sei kein Tropf, runter mit dem Ochsenkopf«-Kampagne dabei gewesen war, weigerte sich, dass »dieses Gift« durch seine Wohnung geleitet werde und musste sich vom ABV überzeugen lassen.

Im Atelier hat Jan eine kleine DDR-Volkskunstsammlung zusammengetragen. Ein Dutzend selbst gedrehte und gedrechselte Fernsehtürme, einer auch aus Streichhölzern. Ein aus Wäscheklammern geklebter Bierkrug für Westbüchsen. In der

Tradition der Kronkorkenmäuse hat er lebensgroße Kronkorkenmäuse aus Kunstfaser hergestellt, eine hat er an eine Bank in Mexiko verkauft. An den Wänden hängen seine Bilder. Eine Serie für eine Musikschule, traurige Gesichter, und darunter steht: »Ich mußte Trompete lernen« oder »Ich mußte Geige lernen«. Ich bin hier, um ihm ein Bild abzukaufen: »Des Gutmännlein Reise«, es soll ein Glücksbringer sein für mein weiteres Leben. Ein erdnussförmiges, lächelndes Kerlchen, das sich um eine Schafherde kümmert.

Am nächsten Tag fahren wir zu SBS-Deko, einer gigantischen Halle voller DDR-Trödel. Außen ist eine Replik des Chemnitzer Marx-Kopfs angebracht, der echte schaute ja auf einen Intershop. Unterwegs zeigt mir Jan ein Hochhaus, den »Paprikaturm«, da lebten ungarische Vertragsarbeiter, die gab es auch bei ihnen im Heckert-Viertel. Die saßen auf den Balkons und baumelten mit den Beinen, wie wilde Hippies, Levi's und lange Haare. Bei uns waren Jeans noch bis Anfang der 70er verpönt. Als die DDR dann eigene herstellte, »Wisent«, »Boxer«, trug man als Student die neuen Ostjeans bei der Kartoffelernte und im Hörsaal die zerfetzten Levi's. Bei SBS-Deko gibt es Berge von Nähmaschinenhauben, Radioapparate, Geschirr, Fernseherstapel, ungeöffnete Gemüsegläser, komplett eingerichtete DDR-Zimmer. Ein großer Pittiplatsch sitzt im berühmten Senftenberger Ei. Aber noch seltener sind die hölzernen Fix-und-Fax-Figuren. Ich kaufe eine leere Flasche in Fernsehturmform. In der benachbarten Bücherhalle finden wir das Kinderbuch, das Jan zum Gutmännlein inspiriert hat, das »Eichelmännlein«, von einer lettischen Kinderbuchautorin, 1969 in Riga auf Deutsch erschienen. Damals gelangten Kinderbücher aus dem gesamten Ostblock in die DDR.

Auf einem kurzen Gang durchs Zentrum bekomme ich eine große Zahl DDR-Kunstwerke zu sehen. Je zerstörter die

Städte im Krieg waren, umso mehr hat man versucht, sie mit Kunst auszustatten. Ein rotes Relief mit den Friedensfahrern. Die Stadthalle mit der Formsteinfassade von Hubert Schiefelbein. Ein Mosaik mit Schülern und Schülerlotse über dem Durchgang zur Straße der Nationen. In Chemnitz melde niemand Ansprüche daran an, wie die Stadt »eigentlich« aussehen solle oder zu einem als ideal empfundenen früheren Zeitpunkt einmal ausgesehen habe. Jan empfiehlt mir das frühere »Interhotel« und heutige »Mercure«-Hotel, da gebe es eine original erhaltene Sauna. Den »Bazillentunnel«? Wir schauen in der »Parteisäge«, einem Gebäude neben dem »Nischel« genannten Marx-Kopf, wo gerade die alte Inneneinrichtung rausgerissen wird, den Arbeitern zu, das Wandbild haben sie mit Spanplatten geschützt. Neben der Stadthalle steht der »Rote Turm«, dessen Form als Modell für die »Fit«-Flasche vom VEB Fettchemie diente. Hartnäckig hält sich das Gerücht, die bundesdeutsche Polizei habe nach der Vereinigung große Mengen vom Abwaschmittel »Fit« eingelagert, weil sich das originale »Fit« in bestimmter Verdünnung zur Sichtbarmachung von Blutspuren am Tatort eignete.

Auf der Straße der Nationen steht eine Plastik von Johannes Belz, die »Jugendbrunnen« heißt und 1965 zur 800-Jahrfeier der Stadt aufgestellt wurde. Zurzeit gibt es so einen Trend zu scheußlichen hyperrealistischen Porträtskulpturen; hier kann man sehen, dass figurative Kunst auch in der Plastik funktionieren kann. Ich habe das Werk schon öfter fotografiert, weil mir das Kofferradio so gefällt, das der junge Mann um den Hals trägt. So schnell altern die Attribute des Fortschritts! Was ich gar nicht wusste, dass der Künstler Ärger bekam, weil er hier angeblich Halbstarken ein Denkmal gesetzt hatte. Diese nach heutigen Maßstäben sittsamen Jugendlichen tragen nämlich Röhren- und Caprihosen, die »Heule« (hieß das wirklich jemals so?) spricht für sich, und der Junge hat eine Sonnenbrille und eine provokative Brecht-Frisur (Verweigerung des Scheitels). Mithin ein schlimmer Finger. Die Mädchen scheinen aber auf ihn zu stehen, so ist das nun mal. Der Künstler hat sich 1976 in seinem Atelier erhängt, weil ihn die Arbeit an einem Auftragswerk über den Sieg der Arbeiterklasse in Depressionen gestürzt hat.

Jan erzählt mir, dass man Chemnitzer daran erkenne, dass sie, auch bei Besuchen in anderen Städten, immer schnell durch die Straßen huschten. Das liege daran, dass es in Chemnitz durch den Krieg so viele Freiflächen und breite Straßen gebe, durch die der Wind pfeife, und man schnell wieder in Deckung kommen müsse. Für eine Ausstellung der Neuen Sächsischen Galerie Chemnitz, bei der Künstler Konzepte für die Chemnitzer Innenstadt vorstellten, hat Jan die Idee eines jährlichen »Weltseniorenmarsches« beigesteuert, um die im Zentrum von Chemnitz reichlich vorhandene Fläche zu nutzen.

Görlitz

Zwischenstopp in Freiberg, direkt neben dem Haus, in dem Lomonossow als Student gewohnt hat. Im »Café Hartmann« am Marktplatz kaufe ich Makronen. An der Wand hängt ein hölzernes, öffentliches Telefon, das bis 1985 in Betrieb war. Dann behauptete die Post, es gebe Störgeräusche, und man wollte es mitnehmen, was die Besitzer verhindern konnten. Vielleicht geht es noch, und man kann damit im Jahr 1985 anrufen? Aber was würde man den Menschen von damals sagen wollen? Ich will durchs Erzgebirge nach Görlitz fahren. In der Zeitung steht: »*Im Erzgebirge und im Vogtland tritt bei bestimmten Wetterlagen Katzendreckgestank auf. Bundesministerin Hendricks informierte sich in Olbernhau.*« Mit der Strecke nehme ich mir zu viel vor, nach vier Stunden bin ich noch nicht mal an der Festung Königstein, meine Nerven sind von der Kurvenfahrt und dem Anspruch, nichts für mein Buch zu verpassen, am Ende, ich biege auf die Autobahn ab, fahre um Dresden, das tatsächlich eindrucksvoll im Tal liegt, und klemme mich hinter Lastwagen, weil es dunkel wird und ich kaum noch die Kraft habe, geradeaus zu fahren. Ist das ein Kreislaufkollaps?

In Görlitz begrüßt mich auf dem erstaunlicherweise kostenlosen Parkplatz an einer Backsteinwand der riesige Schriftzug: »WÄHLT THÄLMANN!« Stammt das aus einem der vielen Hollywoodfilme, die jetzt hier gedreht werden? Oder ist die Schrift in der DDR konserviert worden? Das mittelalterliche Görlitz ist so reizvoll, dass mich der oft zu hörende Satz: »Aber die Altstadt von *Görlitz* ist schön renoviert!« schon wieder ärgert, weil darin mitschwingt, dass der übrige Osten nicht schön sei. Außerdem klingt es, wie wenn Erwachsene früher sagten: »Wenigstens sind die Beatles ordentlich angezogen.« Außerhalb der Innenstadt stehen noch viele Häuser leer, und man liest alte Inschriften: »Elektrische Ofenreinigung rußfrei, staubfrei«, mit »Fernruf«. An einer Fabrik hängt die Neonschrift des VEB KONDENSATORENWEK GÖRLITZ. In der DDR-Zeit ist die Altstadt verfallen, der »Flüsterbogen«, den es hier am Markt gibt – ein Torbogen, der geflüsterte Worte weiterleitet – war sicher nur ein schwacher Trost für fehlende Telefone. Görlitz wirbt um westdeutsche Rentner, die sich hier für ihren Lebensabend ansiedeln sollen. (Pensionopolis hieß die Stadt aber schon unter den Preußen, und bei einem Bevölkerungsrückgang seit der Wende von circa 100 000 auf 54 000 Einwohner bräuchte man einen weiteren Weltseniorenmarsch.) Die Rettung der Altstadt wurde mit der fast kompletten Zerstörung der Industrie (Waggonbau, Textilindustrie, Frottana-Handtücher in Großschönau!) bezahlt und mit dem Weggang der Jugend. Im polnischen Teil der Stadt, jenseits der Neiße, herrscht dagegen Wohnungsmangel, und viele Polen, die in Deutschland arbeiten, wohnen inzwischen in Görlitz. Die polnische Seite beeindruckt mich immer durch einen kaskadenartigen Plattenbaukomplex, auf einer Anhöhe jenseits des Flusses. Neuerdings wird dieser brutale Bau schamvoll von einer die Altstadtarchitektur imitierenden Häuserzeile verdeckt. Aber man sieht die markanten Plattenbauten trotzdem in der Fluchtlinie der Görlitzer Straßen, und aus Prospekten des Tourismusbüros werden sie schon mal rausretuschiert. Man sollte sie sich von Nahem ansehen! Zur schmucklosen Rückseite, die an ein graues Gebirgsmassiv erinnert, gehört die Vorderseite mit den bunten Balkons, die von ihren Bewohnern erzählen, weil jeder sich dort gestalterisch anders ausgelebt hat. Gleich auf mehreren Spielplätzen stehen noch schöne alte Stahlklettergerüste, die bei uns der TÜV auf dem Gewissen hat.

Die Decke der Peterskirche auf der deutschen Seite hat ein »Himmelsloch« für den Heiligen Geist, aber auch, weil dort mit einem Flaschenzug das Korn hochgezogen wurde, für das das Kirchendach als Speicher diente. Vom Turm aus sieht man die Altstadt, die Jägerkaserne, im Osten ein Heim für »schwer erziehbare Kinder«, daneben eine Hausruine, die habe mal wer mit einem russischen Hubschrauber umsetzen wollen, erklärt man mir. Ich freue mich am abgegriffenen Holzgeländer, das erinnert mich an den Dachboden in den Sommern meiner Kindheit auf dem Dorf. Die kreisförmig angeordneten Orgelpfeifen der Sonnenorgel halte ich erst für die Bastelei eines DDR-Heimwerkers, sie stammt aber von 1703. Und das Licht in der Kirche wird mit Schaltern von Wolfgang Dyroff betätigt.

Ich sehe mir auch die Kopie des Heiligen Grabs von Jerusalem an, eine Anlage voller symbolischer Bezüge. Unter dem

Kreuz gibt es einen Spalt, durch den das Blut eine Etage tiefer in die Adamskapelle fließt. Drei Linden stehen für die drei Kreuze. Ein junger Kirchenmann klingt etwas bitter. Ja, blühende Landschaften gebe es hier, Löwenzahn auf leerem Fabrikgelände. Man müsse doch auch leben können. Hier arbeiteten sie für'n Appel und 'n Ei, oder vielmehr nur für'n Appel. Im Osten war die Altstadt fast leergewohnt, kaum jemand hatte Bad. Neubau war ein Glück, aber er war »nie in der Mafia« und durfte dort nicht wohnen. Als Kinder haben sie auf den Dachböden verfallener Altstadthäuser nach Schätzen gesucht und sich in Stapeln vom *Völkischen Beobachter* festgelesen.

Ich esse an einem Imbissstand polnischen Bigos. Eine Tatra-Bahn biegt um die Ecke, daran erkenne ich immer zuverlässig, dass ich im Osten bin. Andere Hinweise sind: VT-Falten (Dächer aus vorgefertigten, trapezförmigen Faltwerkträgern), Fahnenhalter an den Fensterbrettern, Kinderwagenschrägen, Feuerlöscher aus Neuruppin, Frauen mit Dagmar-Frederic-Frisuren, Mosaikkunst, Mädchen mit Impfnarben.

Zufällig fällt mir ein Plakat auf, das für ein Spielzeugmuseum in der Rothenburger Straße wirbt, eine Frau schließt mir auf. Ihr Mann ist kürzlich verstorben. Er war als NVA-Soldat in Russland und hat dort russische Automodelle gekauft, den Grundstock seiner Sammlung. Wieder entdecke ich mir völlig neue Spielgeräte. Eine Sandmann-Wackelfigur. NVA-Soldaten, die leger auf einem Panzer von »anker Spielzeug« lagern. Seiffener Holzpioniere, aber immer noch besser als die scheußlichen neuen Weihnachtsfiguren, die jetzt hergestellt werden, ein riesiger Laden in Görlitz ist voll davon. Die klassischen Figuren sind dort in der Minderheit. Verschiedenste Pittiplatsche. Angeblich stand in Ulbrichts Wohnung noch bis zum Tod seiner Frau, die ja fast 100 geworden ist, ein Pitti. Dass der spröde Sachse den herzensguten, über-

mütigen und vielleicht sympathischsten DDR-Bürger ge-
mocht haben soll, ist so absurd, als hätte Putin ein Tattoo der
Village People. Hatte Pitti eigentlich ein Verhältnis mit
Schnatterinchen? Heute sehe ich ihre Rollenaufteilung kri-
tisch, der lustige Pitti und das streberhafte, pädagogisch auf
ihn einwirkende Schnatterinchen.

Ruf der Wildnis

Als ich mich am nächsten Tag ins Auto setzen will, entdecke
ich unter dem Scheibenwischer einen Zettel in einem Plas-
tetütchen, das ihn vor dem Regen schützt. Ich hätte falsch
geparkt, dies sei aber nur ein Hinweis, ein Verwarngeldange-
bot werde mir demnächst schriftlich zugehen. Ich hatte kein
Parkverbotsschild gesehen, die Aufforderung: »WÄHLT
THÄLMANN!« hatte mich abgelenkt. Ein zweiter Zettel, aus
einem Ringblock gerissen, klemmt hinter dem Scheibenwischer: »*Werter Autobesitzer. Das passiert halt, wenn man falsch
parkt wie Sie. Ich habe beim Rückwärtsausparken ihr Auto leicht
tuschiert. Rechts vorn Glasbruch. Bitte melden Sie sich bei mir, wenn
wir das besprechen müssen. MfG Martina W.*«
  Ich steige noch einmal aus und gucke mir die Scheinwerfer an, einer hat ein Loch und Risse. Ich habe das Auto nur
geborgt und weiß nicht, ob man so fahren darf. In Bulgarien
habe ich erlebt, dass auf das Blinken ganz verzichtet wurde,
damit die Blinkerlampe länger hielt. Und immer wieder
kamen einem Motorräder entgegen, die sich als Autos mit
einem kaputten Scheinwerfer entpuppten. Der perfekte Zustand, den wir in Deutschland von unseren Autos verlangen,
scheint mir eigentlich übertrieben. Es ist ja nur Sachschaden.
Es hätte schlimmer kommen können: »*Werter Autobesitzer. Das
passiert halt, wenn man falsch parkt wie Sie. Mein Mann ist auf*

dem Nachhauseweg über ihr Auto gestolpert und war sofort tot. *Bitte melden Sie sich bei mir, wenn wir das besprechen müssen. MfG Martina W.*«

Ich fahre durch das Neubaugebiet Königshufen, die Sechsgeschosser sind teilweise auf zwei und drei Etagen rückgebaut worden, was mir seltsam amputiert vorkommt. Dann geht es an der Neiße entlang über die Dörfer, herrliche Bauernhäuser, man müsste nur das Geld haben, eines instand zu setzen. Ich habe schon wieder Hunger; je weiter ich nach Osten komme, umso mehr Lust bekomme ich auf Fleisch, außerdem wächst mein Bart irgendwie schneller. Die Straße führt durch ein Waldgebiet, links und rechts stehen Hunderte Baumhäuser, jemand muss hier seit Jahren den Wald in einen Spielplatz verwandeln. Auf Baumstämmen sind Autos aufgespießt worden, vielleicht ist hier auch ein Verbrechen an Verkehrsteilnehmern geschehen, und alle denken, es handle sich um Hippie-Kunst. In den Vorgärten der Ortschaften hängen Transparente:

FRACKING IST MORD DIE UMWELT IST TOT!

ROHSTOFFE KANN MAN NICHT ESSEN!

SAGT NEIN ZUR KUPFERBOHRUNG!

VOGELGESÄNGE STATT BOHRGESTÄNGE!

Ich hätte schon längst eine Sammlung von solchen empörten Verlautbarungen anlegen sollen, denn das ist eine ganz eigene Kommunikationsform: Immer, wenn jemandem etwas nicht passt, teilt er das in Deutschland den durchreisenden Autofahrern mit. Besonders absurd:

GÜTER GEHÖREN AUF DIE AUTOBAHN!

In der Lausitz ist nämlich der Ausbau einer Schienengütertrasse geplant, auch gegen Schienenverkehr kann man sein, wenn man direkt an der Strecke wohnt.

KEIN PUMPSPEICHERWERK AM BEERBERG!

KEINE SCHWEINEMASTANLAGE IN OLDISLEBEN!

BAUBEGINN DER ORTSUMGEHUNG NEUZELLE
JETZT!
KEINE B90 OHNE RAUMORDNUNGSVERFAHREN!
»DIE BETROFFENEN«!

Udo hat gesagt, sein Haus in Sorge stehe ungefähr in der Mitte des Orts, genauer wollte er es nicht machen. Ich halte auf gut Glück vor einem Haus und sehe an der Klingel seinen Namen und den seiner verstorbenen Eltern. Nach ihrem Tod hat er den Schritt gewagt, in diese Gegend zu ziehen, in ihr Haus, und hier als Lyriker zu überleben. Ich finde es schön, wenn man so der Familie treu bleibt. In der Zeitung habe ich von einem Paar aus Oppach bei Bautzen gelesen, das die Zeit als Rentner dazu nutzt, das Umgebindehaus, in dem der Mann geboren wurde, denkmalgerecht zu renovieren. Er hat dabei auf der Rückseite der Bretterverkleidung Inschriften seines Urgroßvaters von 1891 gefunden, der damals das Haus zum ersten Mal renoviert hat. Er schreibt, dass er keine Kopfschmerzen mehr habe, denn er habe die Decke um 30 Zentimeter gehoben.

Ich bekomme von Udo zu kleine, geblümte Pantoffeln, denn es ist fußkalt, es gibt hier keine Keller wegen des Grundwasserspiegels. Gegenüber wohnt eine 84 Jahre alte Frau, mit der er manchmal am Gartenzaun spricht. Die Frauen hier seien alle nach dem Krieg vergewaltigt worden, darüber musste man aber im Osten schweigen, auch dass man von der polnischen Seite stammte, erzählte man nicht im größeren Rahmen, bei uns hießen die Vertriebenen ja auch Umsiedler. Herta ist operiert worden, sie habe sich gewundert, dass sie in ihrem Alter eine neue Herzklappe bekommen habe, dass sich das lohne. Zur Kur musste sie nach Bad Schandau, da wollte sie aber weg, da war Programm von 6 Uhr bis nachmittags.

Udo wird vielleicht irgendwann der Letzte im Ort sein, einer der Jüngsten ist er schon. Seine Eltern waren Flüchtlinge, einmal haben sie den Hof in Polen besucht, von dem der Vater stammte. Die Polen, die jetzt dort lebten, waren sehr freundlich und mitfühlend, sie waren ja selbst aus einem Gebiet in Ostpolen vertrieben worden, das heute in Weißrussland liegt.

Obwohl ich noch nie hier war, ist mir die Gegend vertraut, und ich fühle mich sofort heimisch. Man kann bei jedem Menschen kratzen, es kommt immer ein Schicksal zum Vorschein.

Udo reicht mir das örtliche Anzeigenblatt mit einem der vielen Artikel über Wölfe, die momentan erscheinen. Das Thema wird hier sehr emotional diskutiert. Jäger haben auf einer Versammlung gedroht, ihr Hobby aufzugeben, für das sie schließlich bezahlen würden. Sie behaupten, das Wild lasse sich wegen der Wölfe nicht mehr blicken. Man könne doch nicht nur eine Art schützen und die anderen vernachlässigen. In Wirklichkeit wird das Wild mehr durchmischt dank der Wölfe. Wie Udo sagt: »So 'ne Rotte Wildschweine geht im Mai in den Mais rein und kommt bis September nicht mehr raus. Da kann der Jäger ansitzen, wie er will.«

Wovor hat man Angst? Der Wolf aus den Märchen? Oder geht das noch tiefer bei uns, verdrängte Triebe, Mongolensturm, Asien? Ende der 90er wurden die ersten Wölfe in Brandenburg gesichtet, kamen sie über die Oder? Der berühmteste hatte nur drei Beine, weil er sich das vierte abgebissen hatte, um sich aus einer Falle zu befreien. Eine Brandenburger Schäferhündin verliebte sich in den unwiderstehlichen Kerl, der jede Nacht vor dem Dorf auf sie wartete. Er legte ihr die Pfote auf den Rücken und hätte sie gern mitgenommen, aber sie war zu gut erzogen. Woher kommen die Wölfe? Sind sie aus Tierparks ausgebrochen? Sind sie hier ausgesetzt worden? Russische Militäreinheiten haben sich angeblich Wölfe als Haustiere gehalten, haben sie welche zurückgelassen? Wie kann eine Hündin noch einen normalen Hund wollen, wenn sie einen Wolf wittert, der ums Dorf schleicht?

Wir sprechen über Udos Armeezeit. Er zeigt mir ein Foto vom schmalen jungen Mann mit langen Haaren, der er damals war. Die seltsamen Erfahrungen mit den Russen. Bei uns wurde ja jede Patrone peinlich genau abgezählt, wenn man beim Wachwechsel ab- und aufmunitionierte, die Russen hielten einfach ihren Helm hin und der wurde vollgeschüttet mit Mumpeln. Hier im Ort ist mal eine Kolonne Russen aus dem Wald auf die Dorfstraße eingebogen, ein übermüdeter Fahrer fuhr ihren Zaun kaputt. Aus dem ersten Fahrzeug sprang ein Offizier, rannte zum Fahrer und schlug ihm ins Gesicht. Später kamen zwei Russen mit Holz und reparierten den Zaun tadellos. Manchmal vergaßen sie ihre eigenen Straßenposten, die einer LKW-Kolonne den Weg weisen sollten; tagelang wagten die sich nicht vom Fleck, die Anwohner brachten den armen Kerlen Verpflegung, wenn ihnen nicht von ihren eigenen Leuten ein Sack hart gefrorener Kartoffeln hingeworfen worden war. Wenn er für die Grenze gemustert worden wäre, wäre Udo Bausoldat geworden, da er der Meinung war, wer gehen wollte, hätte schon seine Gründe, und er würde nicht auf ihn schießen. Das Gesetzblatt über Bausoldaten hatte er sich mühsam besorgt, ein befreundeter Christ hatte es für ihn abgeschrieben. Das gab es damals nur unter der Hand. Es war nicht erwünscht, dass die jungen DDR-Männer die Gesetze ihres eigenen Landes kannten. Er hat es dann geschafft, als Einziger vom dritten Diensthalbjahr nicht befördert zu werden, wegen eines Wachvergehens. Trotzdem hatte er ein goldenes E-Koppel und ein E-Käppi, bei denen konnte man die Seiten runterklappen, und sie wurden immer weitergereicht von Generation zu

Generation. Am Tag des letzten Sommerbefehls, wenn die »Bärenfotze« genannte Schapka für immer eingepackt wurde, gab es auf dem Flur ein ausgelassenes Befo-Treten, alle trampelten auf den Mützen herum und schossen sie durch die Gegend. Der ganze Armeedienst war ein einziges Abhaken solcher Rituale, die die Zeit verkürzen sollten. Sie haben sich einmal beim Vorgesetzten beschwert, dass sie nicht fernsehen durften, daraufhin mussten sie jeden Abend das »Sandmännchen« gucken. Das erzählt sich immer sehr lustig, aber die NVA-Zeit war furchtbar, weil das System darauf angelegt war, die schlechtesten Eigenschaften der jungen Männer zu fördern und Sadisten mit Machtgewinn zu belohnen.

Ist es wirklich einsam hier im Dorf? Warum denkt man das als Städter? Es gibt ja das Internet, man kann in Sekundenschnelle mit seinen Kindern in Kanada kommunizieren. Da Udo sich kein Auto leisten kann, fährt er die 6 Kilometer zum Bedarfshalt der Regionalbahn immer mit dem Fahrrad, so kommt er von hier weg. Dafür kann er jeden Tag auf Waldboden joggen, er war früher im Braunkohlekraftwerk Betriebssportler. Der dreibeinige Wolf habe, als man ihn abholte und in den Tierpark Eberswalde brachte, versucht, die Gitterstäbe durchzubeißen, bis ihm Tierschützer ein größeres Freigehege beschafften. Die Schäferhündin hat von ihm Junge bekommen, sie hat ihn aber nie wiedergesehen. Ihre Besitzerin ist Russin, sie kannte es noch aus ihrem sibirischen Dorf, dass sich Bauern Wölfe als Hofhunde hielten.

Udo legt im Küchenherd Kohlen nach und kocht uns auf der Flamme, die wie früher mit verschieden großen Metallringen reguliert wird, Spaghetti. Er zeigt mir Dinge, die nach dem Krieg aus altem Kriegsgerät gebaut wurden und die immer noch benutzt werden, er sammelt so etwas. Eine mit Blümchen bemalte, gläserne Puddingform war ursprünglich eine Glasmine. Ein Buddelsieb wurde aus einem Gasmaskenfilter hergestellt. Ein Küchensieb aus einem Wehrmachtshelm. Milchkanister aus Kartuschen. Die Erde ist hier immer noch voller Eisen. Nach der Wende tauchten aus dem Westen Schatzgräber auf, die sich von Bauern Informationen holten, wo Soldaten verscharrt lagen. Wenn man sich auskennt, sieht man das aber auch an der Vegetation.

Nachts kann ich nicht schlafen, die letzten Schlucke vom Gyulova Rakiya aus Schwerin sind mir zu Kopf gestiegen. Es ist Vollmond, die Marder rutschen vom Dach und ziehen dabei ihre Krallen über die Ziegel, es klingt, als würden Dachziegel runterfallen. Udos Bett ist leer, ich gehe raus. Das seltsame Mondlicht, genau wie am Hafen von Sassnitz, man erkennt alles, am Himmel sind so viele Sterne, wie ich sie noch nie gesehen habe. Man müsste alle Verbindungen kappen, nie wieder zurückgehen in die Stadt. Wie sich das anfühlt, wird man nie erfahren, wenn man es nicht tut. Ich gehe ein Stück in den Wald und lausche. Überall raschelt und knackt es, aber Angst habe ich nur vor Menschen. Vielleicht sitzt dort einer dieser beleidigten Jäger? Oder folgen mir aus dem Dunkel zwei glühende Augen? Ich streiche mir über den Bart. Was hält mich eigentlich? Ich muss mir nicht mal ein Bein abbeißen. Mit zwei Sätzen bin ich im Unterholz verschwunden und laufe Seite an Seite mit meinem wilden Bruder.

Danksagung

Ich danke allen, die sich für dieses Projekt interessiert und mich unterstützt haben. Ganz besonders danke ich:
Jan und Christel Brokof (Schwedt)
Vanessa Miriam Carlow (Berlin)
Leif Greinus (Dresden)
Nadja Gröschner (Magdeburg)
Thilo Köhler (Balzac)
Mathias Körner (Dresden-Gorbitz)
Jan Kummer, Beate Düber (Chemnitz)
Dirk Lienig (Hoyerswerda)
Jana Löve (Greifswald)
Andrea Lütkewitz (Potsdam)
Mawil (Polnischer Prog-Rock)
Dirk Moldt (Thälmann-Park)
Egbert Pietsch (Leipzig)
Udo Tiffert (Lausitz)
Christian Werner (Erfurt)

237 Seiten, 13 Abbildungen. Gebunden. ISBN 978-3-406-68186-8

„Ich würde ja gerne", sagt der Erzähler in Jochen Schmidts Titelgeschichte, „die letzten 30 Jahre meines Lebens damit verbringen, mir die ersten 30 Jahre als Film anzusehen", auch weil seine erste Freundin immer meinte, mit 30 bereits tot zu sein. Aber der Ich-Erzähler möchte nicht tot sein, sondern endlich eine Duschkabine besitzen. Und er möchte ein richtiges Schriftstellerleben führen, wenn er nur wüsste, wie das geht.

„Jochen Schmidt schreibt so zärtlich, als wäre er in jedes einzelne Wort verliebt und in die Bilder, die er sich von der Welt macht."
Volker Weidermann, Frankfurter Allgemeine Sonntagszeitung

C.H.BECK
WWW.CHBECK.DE